山东大学儒学高等研究院科研成果
山东大学曾子研究所科研成果
曾子研究院科研成果
曾智明"曾子学术基金"科研成果

汉字中国

曾振宇 主编

Chinese
Characters

刘绍云

著

华夏出版社

HUAXIA PUBLISHING HOUSE

图书在版编目（CIP）数据

戒 / 刘绍云著 . -- 北京 : 华夏出版社有限公司 , 2024.1
（汉字中国 / 曾振宇主编）
ISBN 978-7-5222-0282-2

Ⅰ . ①戒… Ⅱ . ①刘… Ⅲ . ①汉字—通俗读物 ②中华文化—
通俗读物 Ⅳ . ① H12 - 49 ② K203 - 49

中国版本图书馆 CIP 数据核字（2022）第 003432 号

戒

著　　者	刘绍云
责任编辑	蔡姗姗
责任印制	周　然

出版发行	华夏出版社有限公司
经　　销	新华书店
印　　装	三河市万龙印装有限公司
版　　次	2024 年 1 月北京第 1 版
	2024 年 1 月北京第 1 次印刷
开　　本	880 mm × 1230 mm　1/32
印　　张	9.375
字　　数	182 千字
定　　价	59.00 元

华夏出版社有限公司　地址：北京市东直门外香河园北里 4 号　邮编：100028
网址：www.hxph.com.cn　电话：（010）64663331（转）
若发现本版图书有印装质量问题，请与我社营销中心联系调换。

序

《汉字中国》丛书即将付梓，主编曾振宇教授嘱我在书端写几句话。我认为"汉字中国"是个好题，丛书的出版是件好事，摆到读者面前的是一套好书，振宇教授美意岂能却之？遂谨献鄙意如下。

首先我想说，这是一套什么样的丛书。显然，它不是研究中国文字的学术丛书，而是在文字研究基础上通俗地讲述中国自有的文化哲学体系中一批重要概念的著作，是一套把汉字与它所承载的哲学概念如何紧密地融合起来这一独特的现象呈现出来的创新之作。

丛书的编著者们认为"中国本土哲学与文化形态中的概念、文字和词语是中国哲学与文化的'结晶体'"。这是一个含义很深邃又很形象的比喻。这就意味着《汉字中国》将对中国哲学与文化的概念进行深入解读，探索其内涵和外延，从而发掘、展现中华文化与其哲学的精神、品质、性格的独特性，消解中国哲学与文化之双足只穿西方哲学之鞋履所带来的误解、困惑与尴尬。反过来看，通过对中国哲学与文化的认知和体验，又可以明了并深化对这些汉字形音义的来龙去脉、衍生变异以及遗存、渗透在现代汉语词汇中的文化基因的认识。或许这也是本套丛书冠以"汉字中国"之名的用意所在吧。

　　诚然,《汉字中国》所分析、论列的,大多是日常所用的字词,有些即使是"专门"词语,也已经为越来越多的人所习见;但是,由于种种历史的、社会的原因,今人也常常与这些字词的深意若即若离。而如果忽略了汉字在数千年传承、延绵、孳乳、变异过程中沉淀于后世语言形式里的传统文化意义,就会冷淡了中华文化的特性,很可能语言 / 概念发生"漂移"现象,不得已时只好乞灵于异质文化,从而难以形成阐述中华文化的中国话语体系。

　　"结晶体"这样一个形象而很有意趣的比况,更会引发读者的遐想:在这个"结晶体"里面,有着丰富多样的微观世界,中国文化的种种现象和思想都在有序地存在着、排列着。由此可以想见,《汉字中国》的筹划、酝酿、研究,用心良苦矣!我不由得又想到,《汉字中国》的影响所及,可能并不仅限于人文社会科学、哲学领域,即使在构建科学技术伦理、自然语言处理、人机对话、中外语言互译,乃至人工智能等领域,似乎也可以参考一下吧。

　　话说得远了些,就此搁笔。
　　忝谓之"序"。

2019 年 8 月 22 日

汉字
中国
◆
戒

目录

绪　论

　　"戒"，是汉字体系里的一个重要元素，"戒"字附着丰富而源远流长的文化历史与意蕴，"戒"文化是解读中华五千年文明的一个重要的文字符号。

　　为什么中华文明能绵延不绝数千年？很多学者从不同角度做过解释，都颇有创见。笔者以为，从思想文化的特征来看，原因之一在于中国文化具有突出的忧患意识，特别强调个体的戒惧自警、自律自修，在社会组织规则与国家政治伦理层面上，同样十分突出生存忧患与危机意识。"三省吾身""静以修身，俭以养德""诸恶莫做，众善奉行""居安思危""未雨绸缪""国无外患，必有内忧""人无远虑，必有近忧"……这些警句名言，千年流传，每一个中国人都耳熟能详，而这些正是"戒文化"的沉淀。不断地戒惧省察，不懈于至善追求，厚德载物且自强不息，凝聚出由"内圣"而"外王"的生命伦理与政治智慧，涵养出不怒而威的浩然正气与怀柔来远的大国气度，由是而呈现出中华文明的卓越与韧性之所在。

中国文化重视内在的伦理道德修养，思想哲学与认知模式上"内在化"的特征十分明显，这使得我们成为一个以伦理型为文化特征的国家。传统文化是历史内涵的核心构成，戒文化则是传统文化的子系统，对戒文化的微观探究可以反映传统文化的整体特征与发展路径。儒家在提炼周代及其以前历史文化经验的基础上，形成以戒慎自修为特点的伦理主张和以德主刑辅为核心的礼教规则。这些思想滥觞生发出后世封建官僚制下的官戒文化、宗法制社会结构下的家戒文化，加上传统宗教的戒律文化，戒文化构成了传统文化体系中渊源久远、较为完整的一个子系统。

对戒文化的探究，必须坚持历史宏观性与具体微观性的结合。本书致力于戒文化的历史源流梳理及对其在具体历史阶段文化表现、地位与影响的具体考察。中国文化戒惧自警、自律、自修，这种特殊的意识源自何时、源自哪里？孔子因何能以率性修道、正心诚意为立足点，倡导发扬善性、推己及人，由"内圣"而至"外王"，从而奠定了中国两千多年的德治传统？他的思想继承是什么？儒家戒惧自修的德治理论在后世又是如何与宗教伦理相互融合强化的？这是一个漫长的思想文化发展历程，让我们从"戒"字说起，开启一段探源之路。

第一章
"戒"与汉字

　　汉字是世界上最古老的四大自源文字[1]之一，也是其中唯一沿用至今的文字。汉字除了是一种语言符号之外，它更蕴含着我们这个民族无数先辈们在探索自然、体悟人生中总结出的深刻智慧。

　　汉字是伟大的，它哺育了世世代代的中华儿女，成就了中华民族一代又一代的辉煌。凝聚在汉字中的丰厚的自然之道、人生哲理值得体悟玩味。参悟汉字玄机，可以学习为人处世，可以体悟人生之道，更可以帮助我们读懂中国文化。"戒"就是这样一个典型的汉字。品味它，可以教会我们如何更好地完善自我，为我们的立身处世带来良助。

第一节　"戒"字探源

　　"戒"字出现得很早，在早期的汉字——甲骨文中，"戒"已是

1　两河流域的楔形文字、古埃及的圣书字、中国商朝甲骨文、玛雅文字。

一个经常使用的字。

关于汉字的起源，中国古代文献上有种种说法，如"结绳""八卦""图画""书契"等，古书上还普遍记载有黄帝史官仓颉造字的传说。传说仓颉看见一名天神，相貌奇特，面孔长得好像是一幅绘有文字的画，仓颉便描摹他的形象，创造了文字。有的古书说，仓颉创造出文字后，由于泄漏了天机，天落下了小米，鬼神夜夜啼哭。还有一种传说，说仓颉观察了鸟兽印在泥土上的脚迹，启发了他发明文字的灵感。这种种传说都是靠不住的。文字是广大劳动人民根据实际生活的需要，经过长期的社会实践才慢慢地丰富和发展起来的。

我国已发现的最早的文字，因刻在乌龟甲壳和牛的肩胛骨等上面，故被称为"甲骨文"。甲骨文是汉字的"祖先"，约形成于公元前 14 世纪的殷商后期，距今约 3400 年，我国有文字记载的历史即从那时开始。甲骨文之所以刻在龟甲兽骨上，与当时人们的卜筮和祭祀等活动的方式有关。甲骨文记录和反映了商朝的政治和经济情况，主要指中国商朝后期（前 14—前 11 世纪）王室用于占卜吉凶记事而在龟甲或兽骨上契刻的文字，内容一般是占卜所问之事或者是所得结果。殷商灭亡周朝兴起之后，甲骨文还使用了一段时期，是研究商周时期社会历史的重要资料。从形体结构上看，甲骨文已经由独立体的字趋向了合体的字，而且出现了大量的形声字。它上承原始刻绘符号，下启青铜铭文，是汉字发展的关键形态，被称为"最早的汉字"。现代汉字即由甲骨文演变而来。在总共 10 余万片已发现的有字甲骨中，含有 4000 多个不同的文字图形，其中已经识别的有 2500 多个字。

在出土的甲骨文中，"戒"字的基本写法如下图中右边的字，从构字特点来看，属于象形兼会意。《说文解字》分析认为，该字中左右两边的叉形分别象征左手和右手，而中间贯通上下的图形象征的是兵器戈，可见，甲骨文"戒"字是由"手"和"戈"组合而成的合体字，象征两手持戈，以表达警戒之意。

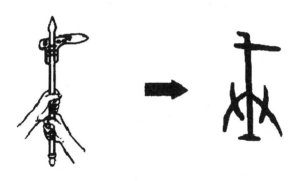

采自《图解〈说文解字〉：画说汉字》[1]

"戒"字在甲骨文中的字形写法，还有其他六七种，这可以从一些甲骨文资料中得到证实。[2] 甲骨文毕竟是早期的文字，同一个字在写法上存在差异，甚至有多个异体字，是很正常的现象。

1　（东汉）许慎著，吴苏仪编：《图解〈说文解字〉：画说汉字》，陕西师范大学出版社 2011 年版。

2　徐中舒主编：《甲骨文字典》，四川辞书出版社 2014 年版，第 239 页。刘兴隆著：《新编甲骨文字典》，国际文化出版公司 1993 年版，第 134 页、第 152 页、第 166 页、第 848 页。

　　"戒"字在汉字中产生之后，便一直传衍不断。到了周代，汉字有了进一步的发展变革。周代留传下来的文字主要镌刻在青铜器物和石器上，称为金文（钟鼎文、石鼓文）。金文阶段，"戒"字的书写有了一定的变化，基本写法见下页表。例如，在周代戒叔尊上的铭文中，在晚周戒鬲的铭文中，都有戒字。[1]西周后期，金文发展为大篆（"籀文"）。周宣王的一个史官叫作史籀，他别创新体，以趋简便。新字体大篆更加线条化，早期粗细不均的线条更加均匀柔和，简练生动；大篆也更加规范化，字形结构趋向整齐，逐渐离开了图画的原形，奠定了方块字的基础，缺点是字形繁复，书写不便。大篆"戒"字基本字见下页表，具体写法也有数种之多。[2]周代实行分封制，各个封地基本上都是独立王国，在钱币形制、文字书写等方面往往各行其是。秦始皇统一诸国之后，实行了一连串的改革，其中，统一文字就是一项十分重要的政策。统一后的字称为小篆。丞相李斯对大篆加以删繁就简的改造，在小篆的创作过程中发挥了主要的作用。小篆中"戒"字的写法演变为：𢦏。汉代时，书写工具和书写材料有了重要的发展，促进了文字功能的进一步发挥，而对文字书写进行进一步简化和标准化就成了时代的需要。在此背景下，隶书得以发展成熟。其后，汉字又有楷书、行书、草书等字体的演变。经由上面的梳理，

1 《新编甲骨文字典》，第134页。

2 见王文耀编著：《简明金文词典》，上海辞书出版社1998年版，第148页。

"戒"字的字形书写演变历程清晰可见。

"戒"字的字形书写演变

甲骨文	金文	大篆	小篆	隶书	楷书	行书	草书

第二节　商周之"戒"

"戒"在上古时期是什么意义呢？又是怎样一步步繁衍出戒惧自警、自律自修的中国文化传统呢？让我们继续回到甲骨文时代，追寻这一思想文化概念的意义发轫之所在。

从现存甲骨文、金文内容考察分析，"戒"在商代、西周时期，表达的意义主要与祭祀仪式和军事防范等有关。

其一，祭祀仪式。"戒"在卜辞中也用作"祴"，指持戈而舞的祭祀仪式。《说文解字·示部》："祴，宗庙奏祴乐。从示从戒。"甲骨文例句"惟戒祐雨，九月"[1]，指当时的人们持戈舞蹈，通过这样的献祭仪式来祈求上天降雨。同样意思的句子又见："惟持戒禘于妣辛"[2]，"甲申卜中贞更戒祐雨九月"[3]，"庚寅卜何贞更执戒福于妣辛"[4]。"戒"又指宗教活动中的斋戒仪式，如：《易·系辞》"圣人以此斋戒"，《礼记·礼器》"七日戒"，《周

---

1 2 《新编甲骨文字典》，第134页。

3 4 《甲骨文字典》，第239页。

礼·太史》"戒及宿之日"。

其二，军事防范。甲骨文中有这样的内容："王呼万戒师，九月。"[1]此句中"戒"为警戒、戒备的意思。又如《甲骨文合集》第七册："丑卜勺贞，王乎万戒。"《诗·小雅·采薇》曰："岂不日戒。"《说文解字·廾部》认为："戒，警也。从廾持戈，以戒不虞。"[2]春秋时期齐国彝铭叔夷镈铭文记载："女（汝）台（以）専戒公家""女（汝）台（以）戒戎伎（作）"。《易·萃》有文："君子以除戎器，戒不虞。"[3]

其三，生产预备。《诗·小雅·大田》有文："既种既戒。"

此外，"戒"在商周时也偶有其他意义，例如，用于人名："……戒取宁"[4]，这里大概是用于人名。又如晚周戒鬲铭文："戒乍（作）莽官明隮彝。"[5]又如，告戒之意，东周中山王错方壶铭文："惟逆生祸，惟顺生福，载之简策，以戒嗣王。"[6]

戒鬲铭文

综合来看，在商周时期，"戒"字已经常使用，在意义上与生产生活、军事政治这些最重要的事情紧密相关，主要是指军事警

---

1 4 《新编甲骨文字典》，第 134 页。

2 《甲骨文字典》，第 239 页。

3 5 6 《简明金文词典》，第 148 页。

戒、宗教祭祀等外在活动。商周时期,对于人们来说最重要的事情,除了生产,就是军事防范和祭祀活动,所谓"国之大事,在祀与戎"(《左传·成公十三年》)。军事与部落族众的安全息息相关,而祭祀则无论与人们的生活还是政治都密切相关。那时,祭祀在部族的重大决策中占据着核心的地位,甲骨文多为卜辞,而记载卜辞的龟甲兽骨正是人们用来占卜的器物。殷墟大量占卜甲骨的出土正说明当时祭祀占卜活动的频繁。《礼记·曲礼上》载:"龟为卜,策为筮,卜筮者,先圣王之所以使民信时日、敬鬼神、畏法令也;所以使民决嫌疑、定犹与也。"由此可见,"戒"在上古时期,即已与人们的生产、生活、政治和军事密切相关,在这些活动中扮演着举足轻重的作用。

上古时期,"戒"与祭祀活动紧密相关,决定了"戒"在后来的思想文化发展史中将发挥重要的作用。祭祀活动与早期宗教信仰密切相关,又与后来周礼的形成关系密切。在原始的祭祀活动中,斋戒仪式逐渐形成,而专门的戒舞往往就是当时重要祭祀活动的组成部分。如《易·系辞》载:"圣人以此斋戒。"《礼记·礼器》载:"七日戒。"《周礼·太史》载:"戒及宿之日。"上古时期,人们出于对自然力量之"天"的敬畏而有祭祀仪式,从中感获天意而戒惧敬从,自觉地将"天意"转化为对自我的思想约束和行为控制,初步具备了伦理学的意义,并在继之而来的伦理化建构过程中发挥重要的作用。

甲骨文之"戒"出现后,便在中国文化中长久发展,扮演着重要角色。周以后，戒的文化发展呈现这样几个特点：一是系统化。在有关领域里，以戒为核心，分别形成了系统的、有传衍的子文化系统，比如官戒文化、家戒文化、宗教戒律文化。二是世俗化与宗教化并行。世俗层面，戒是政治文化的重要组成部分，又是家教文化的重要构成；宗教层面，佛教戒律学、道教戒律学都获得了系统的发展。而最终，世俗之戒与宗教之戒趋同融合，成为儒、释、道三教合一的典型表现。

第三节　儒家"戒"说

西周以降，历史进入春秋战国时代，中国迎来了第一个思想文化大发展大繁荣的时期。中国文化的基本特性也于此时期得以奠定。社会的急剧发展，政治的急剧变化，促使人们就理想之人、理想之世、理想之政进行深刻的探讨，诸子百家因时而崛起，有若灿烂星辰。在这一探索过程中，基于上古时期"戒"这一思想概念，萌生了中国由修身齐家而治国平天下的德治传统。这一思想体系的建构，源自孔子及其儒家。

"有虞始戒于国"[1]，根据现存文献分析，"戒"在五帝时代向夏商周时代的转变过程中，逐渐由以军事意义为主过渡到以政治伦理意义为主，这从《尚书》等儒家经典所包含的丰富的戒思想可

1 （南朝梁）刘勰著，范文澜注：《文心雕龙注》，人民文学出版社1958年版，第377页。

以看出。《尚书·虞书·大禹谟三》："吁！戒哉！儆戒无虞，罔失法度"，"戒尔卿士，功崇惟志，业广惟勤，惟克果断，乃罔后艰"。这些文句中包含的政治警戒、规劝之意显而易见。"戒之用休，董之用威"，"戒慎恐惧，其用必美；督之使行，必雷厉风行"。《尚书·五子之歌》："五子咸怨，述大禹之戒以作歌。"太康失德失政，其群弟五人怨恨不满，申述大禹的训诫以作歌。《尚书·夏书·胤征》："其尔众士，懋戒哉。"大家同心用命，应以戒慎恐惧的心情对待战争。《周礼》："正岁，则以法警戒群吏。"《礼记·曲礼上》："齐戒以告鬼神。"遇有婚丧等大事要斋戒禀告祖先，"故君子戒慎，不失色于人"。君子小心谨慎，在什么场合就要有什么场合的神态。"修身践言，谓之善行"，涵养自己的德性，实践自己的诺言，这就叫作完美的品行。《礼记·效特牲》："玄冕斋戒，鬼神阴阳也。"《礼记·礼器》："三月系，七日戒，三日宿，慎之至也。"祭天祭祖，祭前的三个月就要精心饲养牺牲，祭前的十日，要先进行七天的初步斋戒，接着再进行三天严格的斋戒，然后才举行祭祀，真是谨慎到顶点了。《礼记·中庸》："天命之谓性，率性之谓道，修道之谓教。道也者，不可须臾离也，可离非道也。是故君子戒慎乎其所不睹，恐惧乎其所不闻。"《中庸》为儒家最重要的经典之一，该书开篇阐述了先天之性、修道之教与戒慎自修间的逻辑关系，由此完全形成了戒字的伦理训诫之意。

任何人和时代的思想发展，都有其历史继承性。孔子对于"戒"及其相关文化的传承发挥是其思想发展的重要基础。《论

语·八佾》载："子曰：周监于二代，郁郁乎文哉！吾从周。"周
礼借鉴了夏、商两朝的礼法，真是丰富多彩啊，孔子赞同周礼，
甚至认为"不知礼，无以立"（《论语·尧曰》）。而据前文分析，
周礼正是脱胎于以戒舞等为仪式形态的上古祭祀活动。《论语·述
而》曰："子之所慎：斋、战、疾。"孔子最慎重的事情包括斋戒、
战争、疾病。故此，孔子对斋戒仪式极为肃重："祭如在，祭神如
神在"，"吾不与祭，如不祭"（《论语·八佾》），"斋，必有明衣，
布。斋必变食，居必迁坐"（《论语·子罕》），"虽疏食菜羹，瓜
祭，必斋如也"（《论语·子罕》）。

　　正因"不知礼，无以立"，所以，"不患无位，患所以立"（《论
语·里仁》），"君子"应当"怀德"，应当"克己复礼"（《论语·颜
渊》），应当"见善如不及、见不善如探汤"（《论语·季氏》），即
见到好的行为，就努力追求，只怕赶不上；见到坏的行为，就像手
探进开水里一样，赶紧避开。"德之不修，学之不讲，闻义不能徙，
不善不能改，是吾忧也"（《论语·述而》），对品德不进行培养，对
学问不进行钻研，听到好人好事不能跟着做，有了错误不能及时改
正，这就是孔子所担忧的。围绕具体怎样怀德修身，孔子还提出了
著名的"三戒"[1]。

1　《论语·季氏》："孔子曰：'君子有三戒：少之时，血气未定，戒之在色；及其壮也，血气
　　方刚，戒之在斗；及其老也，血气既衰，戒之在得。'"孔子说："君子有三件事要警戒：年
　　轻时，血气还不成熟，要戒女色；年壮时，血气正旺盛，要戒争斗；年老时，血气已衰落，
　　要戒贪婪。"

怀德修身不仅是立身的根本，也是治国理政的根本。季康子问政于孔子，孔子对曰："政者，正也。子帅以正，孰敢不正？"（《论语·颜渊》）"为政以德。譬如北辰，居其所而众星拱之。"（《论语·为政》）管理国家要以身作则，如同北极星，安然不动而众星绕之。因为"其身正，不令而行；其身不正，虽令不从"（《论语·子路》），领导自己身正，即使不下达命令，群众也会自觉去做；领导自身不正，即使下达了命令，群众也不会服从。"无为而治者，其舜也与？夫何为哉？恭己正南面而已矣"（《论语·卫灵公》），不发号施令就能治理好天下的人，只有舜吧！他做了些什么呢？只不过是庄严地坐在宝座上而已。这是因为孔子认为："道之以政，齐之以刑，民免而无耻；道之以德，齐之以礼，有耻且格。"（《论语·为政》）以政令来管理，以刑法约束，百姓虽不敢犯罪，但不以犯罪为耻；以道德来引导，以礼法约束，百姓不仅遵纪守法，而且以犯罪为耻。

子路向孔子请教什么样的人才算得上君子，孔子回答说："修己以敬。"又问："如斯而已乎？"孔子答："修己以安人。"又问："如斯而已乎？"孔子再答："修己以安百姓。"（《论语·宪问》）从子路与孔子之间的这段对话可以看出，儒家以"大同"之世为社会理想，基于性本善的人性逻辑，倡导通过基于修己以安人的道德示范，通过阐发善性的修身与政治伦理，作为治世与修身之路径。

关于治世与修身的路径，后世有礼法之争、德刑之辩，东西方宗教也有自力救助与他力救助的理论分歧。孔子以其"修己以安人"的立论,较早地回答了这一问题。汉代以后,孔子的这一德治路径渐成历代封建统治者的基本依赖,而孔子的地位也日渐隆崇,以至代代加封而为"大成至圣文宣王",以孔子为主祀的文庙则遍及华夏九州。

第四节 "戒"之字义

作为一个现代常用汉字,"戒"的字义丰富,应用广泛。

字义之一:警戒、戒备。"戒"的字形构成以会意为主,上面是"戈",下面像两只手(即"廾"),两手持戈,会戒备森严之意。这正是其本义的形成,表示警戒、戒备,《说文》曰:"戒,警也。"使用例句有:《诗·小雅·采薇》"岂不日戒",《礼记·曾子问》"以三年之戒",《庄子·养生主》"怵然为戒",《玉台新咏·古诗为焦仲卿妻作》"戒之慎勿忘",唐魏征《谏太宗十思疏》"知足以自戒"等。

字义之二:告诫。与"诫"字相通,为告诫之意,有戒勉、戒约、诫谕、申戒等组词,古文例句有:《仪礼·士冠礼》"主人戒宾",清徐珂《清稗类钞·战事类》"三保戒团众"等。

字义之三：留神，当心。如：戒口，谨慎言语；戒火，慎于用火；戒谨；戒慎。

字义之四：预备；准备。《诗·小雅·大田》"既种既戒"。戒装，准备行装；戒辖，准备车辆。

字义之五：登程，出发。如：《南齐书·高帝纪上》"执金板而先驰，登寅车而戒路"，《旧唐书·宪宗纪上》"无辐车之戒路，有沴气之滔天"。戒路、戒行、戒途、戒程、戒道，登程或出发上路之意。

字义之六：戒除。如：魏征《谏太宗十思疏》"戒奢以俭"，戒杀，戒绝，戒烟，戒酒。

字义之七：告请；约请。如：戒期（定期）；戒速（谓事先告知，再届时邀请）；戒食（约期共食；招宴）

字义之八：斋戒。如：《易·系辞》"圣人以此斋戒"，《周礼·太史》"戒及宿之日"，《礼记·礼器》"七日戒"。

字义之九：警戒之事。如：《论语》"君子有三戒"；《庄子》"天下有大戒二"[1]

字义之十：通"界"，界限，分界。如：《史记·天官书》"星茀于河戒"，《新唐书·天文志》"江河为南北两戒"。

字义之十一：用于告戒的一种文体。如：戒书，汉代皇帝四

---

1 （清）郭庆藩：《庄子集释》，中华书局 1961 年版，第 155 页。

种命令之一，用以戒敕刺史、太守及三边营官。

字义之十二：宗教戒律。如：佛教《沙弥尼十戒》、道教《智慧度生上品大戒》、基督教《摩西十诫》。

字义之十三：戒指的简称。如：钻戒，婚戒。[1]

1　参考汉典网"戒"的解释，https://www.zdic.net/hans/%E6%88%92。

第二章

家　戒

中国传统文化中，有一种文化形式：它是家庭教育的基础教材，是指对子孙立身处世、持家治业的训示、教戒；它是传统伦理的重要载体，是传统伦理弘扬、传续的重要途径；它是宗族成员的行为准则，是重要的社会自治规约。这就是家戒。家戒在中国历史上对于个人的修身齐家、社会的治理、文化的传续都发挥着重要的作用。

家戒自先秦产生，汉魏时期兴起，不断丰富发展，直到民国时期仍发挥着重要作用。直至今日，许多治家教子的名言警句，依旧是人们倾心企慕的治家良策，成为"修身""齐家"的典范。例如"一粥一饭，当思来处不易"的节俭持家思想，"非淡泊无以明志，非宁静无以致远"的励志思想等，今天看来也仍有积极意义。在传统家谱中有不少详记家戒、家训、家规等以资子孙遵行的，当中，最为人称道的名戒，如嵇康《家诫》、颜之推《颜氏家训》、李恕《诫子拾遗》、诸葛亮《诫子书》、朱柏庐《治家格言》等，至今脍炙人口。

第一节　家戒的初创

一、桐叶封侯

　　西周初年，周武王姬发驾崩后，太子姬诵继位，是为周成王。继位之初，姬诵年幼，其叔叔姬旦辅助国政，这就是史上著名的政治家周公。玩耍随性是小孩的天性，姬诵和弟弟叔虞时常在一起玩耍。一天，姬诵在和弟弟叔虞一起玩耍时，看到地上落了一片桐树叶，姬诵随手捡起，别出心裁地把桐树叶剪成了大臣们朝会时用的玉圭形状，然后对弟弟叔虞戏言说："我赐给你这个玉圭，你就是我的大臣了，就封你到唐国去做新的诸侯吧！"天子的一言一行都是有史官随时进行记录的。史官们听到姬诵的话后，一时不知这样的情况要不要正式记录下来，就向周公进行请示。周公斟酌良久，然后去见姬诵，问道："我王，你分封了叔虞吗？"姬诵说："怎么会呢？刚才我那只是跟弟弟说着玩的。"周公严肃地说道："王乃是天下之主，一言一行都很重要，说了的就要做到。你要记住，天子无戏言，言之必行之。"于是，姬诵只得选择吉日，举行册封仪式，颁布册命，把叔虞正式封为唐国的诸侯，史称唐叔虞。这则著名的典故"桐叶封侯"（"桐叶封弟"）记载于《吕氏春秋》。

"桐叶封侯"一事使得年幼的周成王受到深刻的教育，此后他对一言一行都很慎重，终身都再"不敢有戏言，言必行之"，并且后来也注重对自己儿子的教育。周成王励精图治，与其子周康王先后统治的期间，社会安定祥和，百姓安居乐业，史称"成康之治"。周公重视教育，要求侄子成王做到言而有信，维护为君者的威严，把训诫子侄提到王室兴衰存亡的高度来认识，对培养一代明君做出了贡献，也开创了帝王家戒与仕宦家戒的先河，在中国教育史上产生了影响。《逸周书·大戒解》也专门记录了成王求教周公，周公诫告成王的一些言词。因其在帝王家戒形成方面的积极贡献，周公被认为是中国传统家戒家训的开创者。

西周之所以成为家戒起源的时代，是因为西周是我国奴隶制时代政治、经济、文化发展的顶峰，也是井田制、分封制、礼制发展完备的时期。在礼乐文明高度发展的背景下，家戒有了突破性的发展，如周公的《戒子伯禽》《戒侄成王》。周代家戒主要是王室家戒，因为那时"学在官府"，文化教育还被垄断在上层。周武王在位时，其子姬诵尚幼，无法教以君道，为传位万世，便将自己的心迹以格言形式刻于器物上，以使他长大后接受训诫，"予一人所闻，以戒后世子孙"[1]。北宋太常少卿孙景修"集《古今家诫》，得四十九人"，包括"自周公以来至于今，父戒四十五，母

---

1 （清）王聘珍撰，王文锦点校：《大戴礼记训诂·武王践阼》，中华书局 1983 年版，第107 页。

戒四"[1]。周公家戒规定了中国传统家戒家训的基本定势，其中勤政无逸、戒骄戒奢、明德慎罚等思想深刻影响了尔后帝王家训或贤臣进谏的基本内容。[2]《礼记·内则》是我国古代最早系统论述家庭日常生活行为、日常规范的教化文献，称得上是第一部带有理论性的家戒著作。《尚书》《诗经》等典籍中也散见大量的家戒言论和事例。

二、孔鲤过庭

春秋时期的大思想家、教育家孔子不仅重视国家教育，也十分重视自己孩子的教育。孔子二十岁时得子，这也是孔子一生唯一的儿子。国君鲁昭公特地送来了一条大鲤鱼以示庆贺，孔子很高兴，也觉得得到国君的礼物很荣幸，就给儿子取名为鲤，字伯鱼。孔鲤略长大后，有一天，孔子站在自家庭院里，儿子孔鲤见父亲在，便"趋而过庭"，就是恭敬地小步快走经过庭院。正在庭院杏树下思考周礼要义的孔子看见孔鲤，便说："站住，你学过《诗》了吗？"孔鲤答："没有。"孔子说："不学《诗》，何以言？"一个人不学《诗》的话就不会懂得如何好好表达自己的思想，就不能正确地说话。孔鲤答："是，父亲。"回到屋里

---

1 （宋）苏辙：《古今家诫叙》，《唐宋八大家文》，（清）沈德潜选、许晶如注，岳麓书社1995年版，第700—701页。

2 参见徐少锦、陈延斌：《中国家训史》，陕西人民出版社2003年版，第65—67页。

开始认真学《诗》。又一天，孔子站在庭院里研究《周易》，孔鲤又"趋而过庭"。孔子看见他，就询问他近来学习情况："站住，你学过《礼》了吗？"孔鲤答："还没有。"孔子说："不学《礼》，何以立？"不懂得《礼》，一个人就不懂得怎么立身做人啊。孔鲤答："知道了，父亲。"便从这一天开始认真学习研究《礼》。

　　孔子训诫儿子的故事为史籍所记载，广为传颂。后来，父亲的训诫、父亲对儿女的教育、父辈所作的家戒家训也就被称作"庭训"。春秋战国时期是我国从奴隶制向封建制过渡的大变革时期，周王室衰微，诸侯并起，王权下移，"天子失官，学在四夷"（《左传·昭公十七年》），处士横议，私学兴起，一批学者和教育家涌现。"士"成为春秋战国时期最活跃的阶层。士阶层的崛起，带动了学术思想的大发展，出现了百家争鸣的繁荣景象。与此同时，宗法制崩溃，封建家长制形成，在这种背景下，家庭教育也发生了巨大变化。家教从以周王室、奴隶主为主转变为以士阶层为主，诸子的家戒家训思想勃兴。比如清廉正直、世称贤相的孙叔敖的《临终戒子》，首创私学、以诗礼传家的孔子的《庭训》等。《春秋》《左传》《战国策》等典籍反映了此时期家戒家训的大体面貌。[1]

1　参见张静：《先秦两汉家训研究》，硕士学位论文，郑州大学，2013年，第37—92页。

三、东方朔《戒子诗》

> 明者处世，莫尚于中。优哉游哉，于道相从。首阳
> 为拙，柳下为工。饱食安步，以仕代农。依隐玩世，诡
> 时不逢。才尽身危，好名得华。有群累生，孤贵失和。
> 遗余不匮，自尽无多。圣人之道，一龙一蛇。形见神藏，
> 与物变化。随时之宜，无有常家。[1]

上面这段话，是西汉东方朔《戒子诗》的内容。东方朔是汉
武帝时有名的大臣、擅长辞赋的文学家。汉武帝即位时，征辟四
方士人，东方朔上书自荐，即公车上书，用了三千木简，汉武帝
读了两个月才读完。东方朔的自荐书如此之长，给汉武帝留下深
刻印象，后任命其为郎官，侍奉左右。史书里的东方朔才思敏捷，
性情诙谐，言辞幽默，且不畏权贵，仗义执言，对于汉武帝的缺
点也敢于冒死劝谏。他后来任常侍郎中、太中大夫等职，并未获
得汉武帝充分的重用，仕途上不尽得志。在这封写给儿子的信中，
东方朔谈了自己对为人处世的认识，以此启发引导儿子。他认为，
明智的人立身处世，应当崇尚中庸之道，要把握恰到好处的分寸，
而不是一味地锋芒毕露。那些才华毕露的人处境时常危困，深孚

---

1 （西汉）东方朔：《戒子诗》，（清）沈德潜选《古诗源》卷二《汉诗》，中华书局 1963
年版，第 44 页。

众望的人往往一生劳碌，自命清高的人往往人缘不好，做任何事都要留有余地。人要依据时势，主动变化，不要一成不变，否则将陷于固陋。

东方朔的《戒子诗》是汉代家戒的代表作之一。汉代是家戒兴起的时期。汉代历时四百余年，其间有大量家戒出现。以文献形式面向训诫对象的家戒开始出现，表现出家戒著述的自觉性。经考述，两汉家训作者59位，作品75篇，较西汉更明显增加。南朝梁刘勰《文心雕龙·诏策》载："汉高祖之《敕太子》，东方朔之《戒子》，亦顾命之作也。及马援已下，各贻家戒。班姬《女戒》，足称母师矣。"[1] 可见，汉代开始，家戒已成为一类重要的、专门的文化作品。较为知名的如韦玄成《戒子孙诗》、欧阳地余《戒子》、刘向《诫子歆书》、陈咸《戒子孙》、樊宏《戒子》、严光《十诫》、杨震《诫诸子及门人》、张奂《诫兄子书》《遗命诸子》、郑玄《戒子益恩书》、司马徽《诫子书》、曹操《戒子植》、张负《戒女孙》、曹丕《戒子》等。

四、诸葛亮戒子侄

　　夫君子之行，静以修身，俭以养德。非淡泊无以明志，非宁静无以致远。夫学须静也，才须学也，非学无

1　（梁）刘勰著，范文澜注：《诏策第十九》，《文心雕龙注》卷四，人民文学出版社1958年版，第360页。

以广才，非志无以成学。淫慢则不能励精，险躁则不能
治性。年与时驰，意与日去，遂成枯落，多不接世，悲
守穷庐，将复何及！ ¹

　　这段流传千古的训诫出自诸葛亮的《诫子书》。三国时期"功
盖三分国，名成八阵图"的诸葛亮，年轻时专心于学问和天下大
事，46 岁才得子诸葛瞻，他对这个儿子自然是十分宠爱，并寄
予莫大希望，故此诸葛亮很是重视对儿子的教育，不仅日常督促
其学习，当身处外地、戎马倥偬之时还通过书信不断对孩子进行
教育，其中以蜀汉建兴十二年（234）写的《诫子书》最为出名。
这篇训诫写于临终前，因而也是诸葛亮一生修身治学的思考总结，
成为后世历代学子修身立志的名篇。《诫子书》的主旨是劝勉儿子
勤学与立志，指出修身养性之要在于能够做到淡泊宁静，既不能
怠惰，更不能险躁。有道德修养的君子是以静思反省言行来使自
己尽善尽美、以俭朴节约财物来培养自己高尚品德的。清心寡欲
才能使自己的志向明确而且坚定，安定清静才能长期刻苦学习并
实现远大理想。如果没有坚定不移的意志，就不能使学业成功。
要高度自律，纵欲、消极怠慢就不能砥砺心志，精神就会不振作。
要平和而坚韧，冒险草率、急躁不安就无法陶冶性情，也不能形
成高尚的节操。年华易逝，意志易衰，如果虚度时光、消磨意志，

1 《诸葛亮集》，中华书局 1960 年版，第 28 页。

那一个人最终就会像枯枝落叶般一天天衰老下去。这样的人，不会有益于社会，终将悲守在自己的穷家破舍里，悔之不及。诸葛瞻天资聪慧，又得父亲谆谆教诲，也终有所成，官至卫将军，一度执掌蜀国朝政。

诸葛亮的另外一篇《诫外甥书》也是古代家戒中的名篇，其阐述修身养性之法、治学做人之道，读之能发人深省。诸葛亮本出身官吏之家，诸葛氏本是琅琊（今山东临沂）望族，先祖诸葛丰曾在西汉元帝时做过司隶校尉，父亲诸葛珪在东汉末年做过泰山郡丞。但随着他3岁时母亲章氏病逝、8岁时丧父，诸葛亮家道中落，他13岁时，姐弟四人一起投奔了担任豫章郡（今江西北部）太守的叔父诸葛玄。诸葛玄很快失官，带着家人和他们投奔了旧友荆州牧刘表。诸葛亮16岁时，诸葛玄病逝。在乱世中流离，故而诸葛亮姐弟间的感情自然很深，诸葛亮对侄甥的教育也就很关心。二姐嫁给了庞山民，他是襄阳名士庞德公之子，与"卧龙"诸葛亮齐名的"凤雏"庞统是他堂兄弟。二姐有子庞涣，诸葛亮的《诫外甥书》就是写给庞涣的。《诫外甥书》：

　　夫志当存高远，慕先贤，绝情欲，弃凝滞，使庶几之志，揭然有所存，恻然有所感；忍屈伸，去细碎，广咨问，除嫌吝，虽有淹留，何损于美趣，何患于不济？若志不强毅，意不慷慨，徒碌碌滞于俗，默默束于情，

永窜伏于凡庸，不免于下流矣！ [1]

　　诸葛亮在《诫子书》里强调的是修身与学习的重要性，在《诫外甥书》中重点突出的是立志对于一个人成长的重要性。诸葛亮指出"志当存高远"，不甘平庸的人必须要抱有远大的志向，立志是一个人走向成功首先要有的条件。如何才能做到志存高远？诸葛亮从几个方面进行了阐述。

　　要做到志存高远，首先要解决好内在的问题。一个人要对远大志向的激励作用有强烈的感悟，要在内心产生并坚定地存守一个远大的志向，使这种志向成为内在的自觉追求，成为驱动前进的强大动力。这种志向的产生以及对这种志向的理解，更多的是要通过一定的主观上的努力才能获得。一是要做到见贤思齐。要以古圣先贤为榜样，从贤能之人的思想言行和业绩中获得启发，以榜样为标杆，以榜样为鼓舞，把"慕先贤"作为一种路径。二是要做到控制情绪欲望。人天然有口腹之欲，有懒惰倾向，有虚荣之念，有儿女情长，这些都是自然的，但如果不能控制这些情与欲，则一个人就做不到静心，就会不断分散精力，就不能专注于主要目标，就不能持之以恒地砥砺性格、不断进步。三是要时刻不能忘记自己行进的大方向，时刻不能模糊了自己的大目标，有志之人立长志，不能中断，不能懈怠，不能犹疑不前。要做到

----

1 《诸葛亮集》，第 28 页。

一往无前，有不达目标不松劲的坚韧，有"虽千万人，吾往矣"
的果勇。不"弃凝滞"，则必行而不远。所以，要"慕先贤，绝情
欲，弃凝滞，使庶几之志，揭然有所存，恻然有所感"。

要做到志存高远，其次要解决好外在的问题。一是要能坦然
面对外界的荣辱顺逆。前景虽然光明，但道路未必一直平坦。为
了高远的志向，必须要有广阔的胸怀，不计较一时的得失，冲破
一切顺境之惑、逆境之忧，不让任何事阻碍自己向着远大理想前
进，不怨天不尤人，做到能屈能伸、随遇而安，那么，即使暂时
得不到发展，才华不被别人所了解认可，也不会妨碍他去实现自
己的志向。二要做到不为杂事所困扰。无论谁，在日常生活中都
会遇到各种琐事、各种烦恼，作为一个要实现远大志向的人，必
须能够摒弃繁琐，不拘小节，要抛除心中无关的杂念，做到专心
致志。三要善于学习他人的经验知识。没有人是先知先觉的，一
个有志向的人必须做到虚心学习，善于学习，不耻下问，尽力扩
大自己的视野，丰富自己的知识结构和储备，做到不断蓄积势能，
厚积薄发。所以，如果能"忍屈伸，去细碎，广咨问，除嫌吝"，
那么"虽有淹留，何损于美趣，何患于不济"，即使一时实现不了
理想，最终也不会损害远大理想的实现。

人不仅要有高远的志向，还必须有保障实现志向的具体行动
和战胜困难排除干扰的毅力。"若志不强毅，意不慷慨，徒碌碌滞
于俗，默默束于情，永窜伏于凡庸，不免于下流矣！"如果没有
远大的志向，没有磅礴的斗志，没有坚韧的意志，那么一个人的

一生只会是在世俗中随波逐流,在儿女情长中蹉跎岁月,最终碌碌无为、地位低下,在平庸中耗尽一生!庞涣既出身名门,又得诸葛亮谆谆教诲,终不负众望,才学出众,仕途有成,曾官至郡太守。

汉末,特别是魏晋六朝时代士族门阀政治的发展带来了家戒衍生的第一个高峰期,多数世家大族、有文化教养的大家庭都编有自己的家教作品,家戒家规类作品进一步丰富,家戒家规日渐成为传统伦理规范的重要组成部分。《隋书·经籍志》著录有《集诫》《众贤诫》《诫林》《四帝诫》《杂家诫》《诸家杂诫》等近二百卷,其中当以北齐颜之推所作《颜氏家训》尤为突出。该书对修身、治家、处世等问题进行了系统的论述,是历代家戒典范之一,流传广泛。其他如蔡邕《女训》《女诫》、曹魏王修《诫子书》、王肃《家戒》、西晋李秉《家戒》、南梁简文帝萧纲《诫子》、南齐任昉《家戒》等,蔚为大观。"魏晋南北朝的家戒、家训,数量可观,南北各地皆有,据文献可考的,至少80余篇。"[1]此后,家戒逐渐向着固定化、规范化发展,对象也发展为整个宗族,成为族人共同遵守的伦理准则、行为规范,在整个宗族及其每一个体与外界的关系中,族规成为一种协调准则。

---

1 李必有:《魏晋南北朝家族教育的特点》,《安徽师范大学学报》1999年第5期。

第二节　家戒的发展

　　唐代家戒在前代基础上有所发展，内容丰富，形式更灵活多样。唐代家戒中，帝王家戒占有特殊位置，其代表作有唐太宗的《诫吴王恪书》《诫皇属》《帝范》，这些帝王家戒提出了一整套任贤、纳谏、自谦、崇俭、戒奢等治国理家思想。女戒方面的代表作有宋若莘仿照《论语》而作的《女论语》，它全面阐发了女子立身处世的原则和应具备的能力。唐代仕官阶层高度重视家戒，《新唐书·房玄龄传》载："（房玄龄）治家有法度，常恐诸子骄侈，席势凌人，乃集古今家诫，书为屏风，令各取一具。"士大夫家训的代表作有李恕的《诫子拾遗》、王方庆《王氏训诫》、姚崇《六诫》、陈崇《陈氏家法》、韦澄《女诫》、柳玭的《柳氏家训》等。民间家戒也有影响较大的，如敦煌写本《太公家教》通俗易懂，唐中后期传播甚广。唐代可考的家戒类著作约 54 部。[1] 唐太宗李世民非常注重对皇子们的教育，经常告诫皇室成员，必须遵守道德规范，加强自身道德修养，以作为修身治国的要义。在《诫皇属》中，唐太宗告诫皇属们说："朕即位十三年矣，外绝游观之乐，内却声色之娱。汝等生于富贵，长自深宫。夫帝子亲王，先须克己。每著一衣，则悯蚕妇；每餐一食，则念耕夫。至于听断之间，勿先恣其喜怒。朕每亲临庶政，岂敢惮于焦劳。汝等勿鄙

1　李光杰：《唐代家训文献研究》，硕士学位论文，吉林大学，2009 年 4 月。

人短，勿恃己长，乃可永久富贵，以保贞吉，先贤有言：'逆吾者是吾师，顺吾者是吾贼。'不可不察也。"[1] 唐太宗是历史上勤政的典型，他以自己的行为和心得为例，告诫"生于富贵，长自深宫"的皇属应当注意控制自己言行，要珍惜财物而不可奢靡，一饭一衣都要知其来之不易。他认为，作为掌权决策的人，要有善于听取其他人意见的意识，要避免任由自己的一己之见或者好恶取向左右决断，不能因别人存在短处就鄙视他们，也不能只看到自己的长处而盲目骄纵。不能对敢于直言的人存有偏见和芥蒂，要谦虚地把反对你的人当作老师，要明智地视一味逢迎你的人为贼子。只有这样才能够永久富贵，贞正吉祥。唐太宗对皇室家教的重视，对国家社会的治理产生重要作用，"贞观之治"的出现也就是顺乎其然的结果了。

宋元时期，家戒臻于繁荣。在北宋和南宋 141 位宰相中，出身官宦世家的有 62 人，不足一半，且其中有 53 人是科考出身。可见，在科举制下，当时大多数的官宦子弟在人才选拔中必须面对与平民子弟的竞争，如果科举及第，还得复试一次，要求比平民更严格。因此，宋朝的士大夫家庭不仅推崇文风，同时也存在着很大的危机感，他们认识到家族后代不能做到自身素质过硬的话便难保"家世昌隆"的久远，必须高度重视对子孙的教育。在

1　转引自《唐太宗的〈诫皇属〉》，江西师范大学网：http://jiawenhua.jsnu.edu.cn/68/cd/c15378a288973/page.htm。另参见《中国古代十大经典家训》，《文摘报》，2015 年 7 月 9 日第 7 版。

此过程中，家训起到了非常重要的作用。宋代家训很多，其中士大夫的家训尤其多。如范仲淹《义庄规矩》、包拯《家训》、陆游《放翁家训》、赵鼎《家训笔录》、叶梦得《石林家训》、赵鼎《家训笔录》、郑泳《郑氏家仪》等；还有很多善于以历史上的优秀家戒和人、事为案例教育子弟的家戒，如孙景修《古今家诫》、司马光《家范》、方昕《集事诗鉴》、刘清之《戒子通录》、董正功《续家训》、吕祖谦《少仪外传》和《家范》等。宋代大儒朱熹在《家训》中指出："有德者，年虽下于我，我必尊之；不肖者，年虽高于我，我必远之。"朱熹说："有德的人即使年龄比我小，我也会尊敬他；不肖的人，即使年龄比我大，我也必定要远离他。"从中可以看出朱熹对德的重视程度，这也就是孔子所说的"德不孤，必有邻"吧。朱熹认为，道德修身对于一个人就如同"衣服之于身体，饮食之于口腹，不可一日无也，不可不慎哉"，而且，善恶无小事，"勿以善小而不为，勿以恶小而为之"，只要是善事，多么细小也要积极而为，凡是恶事，不论多么微小也不能为之。善恶不能简单相抵，不能认为自己做过善事因而就可以忽视小恶，小恶不禁，终会变成大恶。德行的修养必须坚持原则，注意小节，恒久涵养，才能达到理想的德性圆满。

明清时期，家戒达到鼎盛，形式多样，内容丰富，制作主体进一步多元化，而且进一步趋向严格，多有处罚条款，家戒成为教与罚的综合体。明清家戒数量繁多，详数难以考证。《中国丛书宗录》所列公开刊行于世的117种家戒中，明清两代就占了89

种。明清家戒名篇众多,如明吴麟征《家诫要言》、王夫之《传家十四戒》、庞尚鹏《庞氏家训》、高攀龙《家训》、明仁孝文皇后《内训》、王士晋《宗规》,清刘德新《余庆堂十二戒》、孙奇逢《孝友堂家规》、朱柏庐《治家格言》、蒋伊《蒋氏家训》、康熙《圣谕广训》《庭训格言》等。此时期出现了家训丛书,如明代秦坊编《范家集略》,清代陈宏谋编《五种遗规》、贺瑞麟编《福永堂汇钞》等。这些家戒内容丰富,各具特色。明朝太常少卿吴麟征为人刚直,以敢于直谏著名,其《家诫要言》为《四库全书总目》所收录,清代《学海类编》记载全文。吴麟征倡导做人要有追求卓越的志向,"切须鼓舞作第一等人",如果认真去做,则"无不可图之功"。立身做人要勤于学习,做到"熟读经书,明析义理,兼通世务",不可浮浪虚度,碌碌度日则"少年易过"。"器量须大,心境须宽",人品砥砺要"从小作起",倘若"权宜苟且",则将导致"一生人品坏矣"。清朝大理寺卿王昶在家规中这样告诫子弟:见利不能忘义,不能产生贪心;对待别人,不能产生漠视心、欺诓心、徇情心,更不能产生自私自利占便宜心;待人要宅心宽厚,己所不欲勿施于人;等等。

清代后期,家戒文化走向衰落。家戒的产生是在重视家庭教育和约束宗族成员的需求下产生的,源于古代父祖对子孙、家长对族众训示教诲的传统。家训的发展与家庭形态的变化密切相关,战国至汉初,"一夫挟五口""今农夫五口之家"[1]"八口之

---

1 《汉书·食货志》录李悝、晁错语,中华书局1962年版,第1125页、第1132页。

家"[1]的个体小家庭是主流，这与生产力提升、宗法制瓦解有关，又与商鞅变法的推动有关[2]。《后汉书》中开始出现不少三世共财、规模较大家庭的记载，赵翼《陔余丛考·累世义居》认为汉末是义门兴起的时期。魏晋到隋唐累世同居家庭兴盛，晋朝济北的氾稚春"七世同财"[3]，南齐武陵的邵荣兴、文献叔八世同居[4]。据各时期正史中孝感、节义、孝友等传记统计，出名的数世同居在南朝有16例，北朝及隋19例。唐代旌表的累世同居家庭增多，《新唐书·孝友传》40例，达九世；《宋史·孝义传》52例，十世以上达21例，多达十九世；《明史·孝义传》41例，六、七世同居者多；清代大家族以五世、七世同居为多。[5]家庭规模的增大，尤其是义门的大量涌现，与政府废除商君的父子异籍令、鼓励子孙与父祖同产共居直接相关，隋唐法律明确禁止父子分产析户[6]，后代相沿不辍。重德、重教的文化特征和家族化社会构成特征是中

1　《孟子·尽心上》，见朱熹《四书集注》，岳麓书社1997年版，第508页。
2　商鞅变法推行小家庭政策，凡一户两子以上到立户年龄即须分居，以利于增加税收、丁役、兵源："民有二男以上不分异者，倍其赋。"（《史记·商君列传》，甘肃民族出版社1998年版，第427页。）
3　《宋书·陶潜传》，中华书局1974年版，第2289页。
4　《南齐书·孝义传》，中华书局1972年版，第961页。
5　以上统计数据见常建华《中华文化通志·宗族志》，上海人民出版社1998年版，第203—213页。
6　"诸祖父母、父母在，而子孙别籍、异财者，徒三年""诸居父母丧，生子及兄弟别籍、异财者，徒一年"（《唐律疏议·户婚》"子孙别籍异财""居父母丧生子"条，中华书局1983年版，第236页）。道教戒律一般以不与法律冲突为前提，由六朝道教戒律反对与父母族人分家、别居的规定可以推知，至迟在南北朝时期禁止或不鼓励分产析户的法律已经产生。

国传统家戒文化长久兴盛的两个基本条件。

第三节　家戒的形式

家戒的具体形式较多，古代文献中的名称也很多。有些古人家戒直接以"家戒（诫）"为题，如三国王肃、唐姚崇、宋欧阳修等；有些不以"家戒（诫）"为名，但也是典型的家戒，这样的作品很多，著名的如马援《诫兄子严、敦书》、王昶《戒子文》、诸葛亮《诫子书》等。

制作主体的不同，对家戒具体名称有较大影响。先秦时期，家戒主要出现在上层，以王室及贵族为主，家戒往往被称为诰、戒、令。两汉家戒主体整体趋向下移，主要集中于士大夫阶层，戒（诫）、书、家训、家范、庭训、家仪等成为家戒常用的名称。随着家戒适用范围向着家族的扩展，以族规、族训、宗规、祠规、乡约等为名的家戒不断增多。宋元以后，平民家戒变得普遍，家戒、家范、家训、家道、家仪、家法等成为常见的家戒名称。

从文体看，形式上包括诏诰、铭戒、家书、遗嘱遗训、诗文、专著等。先秦家戒多以"铭""诰"和语录体形式夹杂于其他著作中，两汉后家戒文体日益丰富，如以家书形式制作，以诗文形式制作。自北齐颜之推《颜氏家训》之后，独立制作的家戒专著逐渐成为家戒的主体形式。唐宋以后，特别是明清时代，家戒往往被编撰进家谱，成为家谱的组成部分，这类家戒的名称有家戒、家约、族规、宗规、祠规、乡约、乡禁等。有的家训是长辈在临终前所作的，往往称为遗令、遗诫（戒）、遗书、遗救等。在古代，因没有家戒的统一文体，此类作品大多归于儒家类文献中，如《清史稿·艺文志》"儒家类"中所收大多为家规家训善书类作品。它们形式各异，内容差别也较大。很多家谱中同时载有家戒、家法、族规，其功能各有侧重，往往相辅而行。

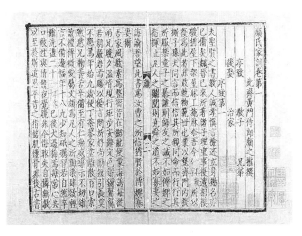

《颜氏家训》元刻版，上海图书馆藏

　　汇集整理他人较好的家戒作品，以供家人族众乃至全社会教习，也是家戒传衍创作的一种形式。到了宋元明清时期，综合众多的家训之作或相关资料，汇集为一部新书，已是极为普遍的现象。北宋孙景修的《古今家诫》辑录从周公到宋代的家训49篇；南宋刘清之的《戒子通录》汇总了南宋以前家戒171篇。清皇室编纂的大型类书都将家训分部收录，《中国丛书综录》收录家戒

119篇,《四库全书》收录171篇,《古今图书集成·家范典》收116卷31部155类,辑录了先秦至清初的家戒资料。清代陈宏谋分类辑录家戒,刊印了《养正遗规》《教女遗规》《训俗遗规》,连同官戒《从政遗规》《在官法戒录》总称《五种遗规》。

第四节　家戒的思想

家戒因创作主体不同、时代差异、具体背景差异、创作初衷差异,又没有一定的体例拘束和内容规定性,故而不同家戒间的思想特点、内容重点、系统性完备性差异较大,篇幅、容量也有很大差异。先秦家戒内容一般较为单一,唐宋以后的家戒往往内容较成体系。家戒族规总体上是以恪守和宣扬儒家伦理纲常为思想特点的,与传统主流意识形态高度一致。但作为一家一族的自我规范,其制定和施行可以有自己的个性和选择,因而家规旁取了诸多其他方面的思想养分,体现出灵活性和思想来源的复杂性。家戒的思想内容一般都是围绕励学励志、修身修德、治家理族、处世之方、帝王之道、为官之术等展开,有的则是专论女教或胎教。

一、励学励志

倡导学习是家戒的普遍要求。"孔鲤过庭"典故反映的是孔子在家庭教育中要求儿子孔鲤努力学习中国古代的传统文化，学习社会的典章制度和伦理道德规范，做到在学业和道德上都能够有所建树。强调读书与做人相结合，强调治学与修身相统一，"孔鲤过庭"典故彰显了中国家训的这一突出特色。"断织之戒"传述了孟母教子的感人故事。根据西汉刘向的《列女传·母仪传》记载，孟轲小的时候经常读书不用功，有一天，他放学后回到家里，母亲问他学习进展情况，他漫不经心地回答说还是老样子，还一副不以为意的神情。这使得孟母深感忧虑，于是便严肃地将孟轲叫到跟前，拿起一把刀把织机上纺了一半的布匹给割断，这一举动使孟轲迷惑不解，他"惧而问其故"，母亲回答："子之废学若吾断斯织也。夫君子学以立名，问则广知。今而废之，是不免于厮役，而不以离于祸患也。"母亲不惜废弃辛苦劳动的成果，断机织以示警戒，一席话使孟轲幼小的心灵深受触动，自此，他"旦夕勤学不息，师事子思，遂成天下之名儒"，成为战国时期杰出的思想家、政治家和教育家，历史上与孔子齐名的"亚圣"。嵇康《家诫》指出"人无志，非人也"，诸葛亮在《诫外甥书》中强调做人要"志当存高远"，都体现了家戒中重视励志励学的普遍要求。"唐宋八大家"之一的欧阳修，四岁时父亲就去世了，母亲对他进行了严格的教育。因经济困难，母亲就用芦苇、木炭当作笔，在浮土或沙子上教欧阳修认字。欧阳修后来在家训中也希望自己的孩子养成读书的习惯，并从书中学会做人的道理，要苦学以成人。他在教导次子欧阳奕时写下《诲学说》："玉不琢，不成器；人不学，不知道。然玉之为物，有不变之常德，虽不琢以为器，而犹不害为玉也。人之性，因物则迁，不学，则舍君子而为小人，可不念哉？"

二、修身修德

　　强调重德修身是传统家戒的重点内容。东汉郑玄在《诫子书》中强调"勖求君子之道，研钻勿替，敬慎威仪，以近有德"，要追随有德之人的道路，努力钻研学问而不间断，敬重地对待道德高尚的人，这样才能不断接近道德修养的境界。明代袁黄《了凡四训》认为，"务要日日知非，日日改过；一日不知非，即一日安于自是；一日无过可改，即一日无步可进"，修身砺德贵在恒久，须日日坚持，倘若一天没有过失可以改正，就一天没有进步可言。宋代大儒朱熹在《家训》中指出，"有德者，年虽下于我，我必尊之；不肖者，年虽高于我，我必远之"，彰显了勇于修身的决心。凡贤于自己的，必尊敬之、学习之；凡品行修养不肖的，人必远离之，以免受到消极影响，从中可以看出朱熹对修德的重视程度。在朱熹看来，重视道德修身就如同"衣服之于身体，饮食之于口腹，不可一日无也，不可不慎哉"。明代陈继儒《安得长者言》说："人生一日，或闻一善言，见一善行，行一善事，此日方不虚生。"人活在世上一天，如果能够听到一句善言，或者见到别人做一件善事，或者自己做一件善事，那么这一天就算没有白白度过。杨继盛在《杨忠愍公遗笔》中写道："心为人一身之主，如树之根，如果之蒂，最不可先坏了心。心里若是存天理，存公道，则行出来必是好事，便是君子这边的人。心里若存的是人欲，是私意，虽行好事，也有始无终。虽欲外面做好人，也被人看破你。如根衰则树枯，蒂坏则果落，故吾要你休把心坏了。"清代张英《聪训斋语》把读书视为颐养心性最重要的事，"读书可以增长道心，为颐养第一事也"。

三、治家理族

中国传统社会一直重视家族（家庭）治理，推崇"尊祖故敬宗"的宗族文化，崇扬孝道。家戒的主要思想之一便是重视齐家，强调孝顺父母，敬长辈，和睦家庭、宗族、乡里，规范祖宗祭祀、墓祭程序，倡导节俭。北宋时期杰出的政治家、文学家范仲淹被朱熹誉为"天地间第一流人物"，但其实范仲淹幼年时经历坎坷，两岁时父亲病卒，母亲孤苦无依改嫁，及少年，范仲淹得知家世，十分伤感而思奋进，独自一人来到应天府发奋求学，立志成才，终成栋梁。有这样的经历，范仲淹更是十分重视家教，他专门撰写了一篇家戒《百字铭》：

孝道当竭力，忠勇表丹诚。兄弟互相助，慈悲无过境。

勤读圣贤书，尊师如重亲。礼仪勿疏狂，逊让敦睦邻。

敬长与怀幼，怜恤孤寡贫。谦恭尚廉洁，绝戒骄傲情。

字纸莫乱废，须报五谷恩。作事循天理，博爱惜生灵。

处世行八德，修身奉祖神。儿孙坚心守，成家种义根。[1]

这篇家戒十分凝练，朗朗上口，主要就是劝诫子孙如何修身治家。他的几个儿子均能遵从父训，尤其是两度出任宰相的范纯仁，《宋史》载其"自为布衣至宰相，廉俭如一，所得奉赐，皆以广义庄"。朱柏庐的《治家格言》全文五百余字，成为后世传习广泛的经典家训。他倡导勤俭持家，和睦邻里，"居家戒争讼""勿恃势力而凌逼孤寡，勿贪口腹而恣杀生禽""家门和顺，虽饔飧不继，亦有余欢"，其中一些警句，如"一粥一饭，当思来处不易；半丝半缕，恒念物力维艰""宜未雨而绸缪，毋临渴而掘井"等，在今天仍然具有教育意义。唐代家训中行文优美、对后世影响颇大的是唐末柳玭的《柳氏家训》，是河东柳氏数代治家经验的总结，《旧唐书》对柳氏有"理家甚严，子弟克禀诫训，言家法者，世称柳氏"之誉。《柳氏家训》指出了败家的五大过失：一是只求自身的安乐舒适，不甘心恬淡寡欲，只求对自己有利，不考虑别人的看法。二是不习儒家伦理思想，不崇尚古人的道德义理，对经书茫然无知却没有羞耻之心，谈论时政时幼稚可笑，不自责于自身懂的很少，却常嫉妒别人的学识丰富。三是对才德超过自己

1　引自澎湃新闻：https://www.thepaper.cn/newsDetail_forward_11951949。

的人感到厌恶，却喜欢花言巧语奉承自己的人，听到别人有好事便不高兴，对别人的坏事却喜欢大肆宣扬。四是懒散游惰，贪杯嗜酒，把酗酒视为清高风雅，视勤恳做事为凡夫俗事。五是贪婪于做官弄权，不惜巴结权贵。在柳玭看来，这五种过失比痤疽更厉害，痤疽用药石可以医治，但这些过失任何巫术、医师都束手无策！

四、处世之方

家戒一般要求以遵从礼法为处世之道。例如，嵇康在《家诫》中强调要"立志"，他的意思是要做到"士志于道"，也就是要做有德的君子。在为人处世方面，嵇康的《家诫》要求子弟要善处浊乱之世，必须事事小心谨慎，做到"凡行事先自审其可，不差于宜"。如遇上"心所不忍"之事，当要本着仁义、礼让，尽力"密为济之"。要明哲保身，注意惜身爱命，"寿夭之来，生于用身；性命之遂，得于善求"。少管他人闲事，不刺探他人私事；言语"不可不慎"，以防言多语失、祸由口生；要秉持交往礼仪，宴聚之时不强劝人酒，自己也不陷于"困醉"，拿起酒杯，表示出醉醺醺的样子就够了。颜之推的《颜氏家训》指出，做人要注重培养真才实学的技能，积累财富不如以技强身可靠，"积财千万，不如薄技在身"。颜之推还强调要善于发挥优秀的人对自己的积极影响，警惕卑劣的人对自己的消极影响："与善人居，如入芝兰之室，久而自芳也；与恶人居，如入鲍鱼之肆，久而自臭也。"朱柏庐的《治家格言》强调立身处世要有气节，要坚持不卑不亢的姿态，认为"见富贵而生谄容者，最可耻；遇贫穷而作骄态者，贱莫甚""勿恃势力而凌逼孤寡"；处理家事当以和为贵，"居家戒争讼，讼则终凶"；待人接事要慎于言语，"处世戒多言，言多必失"。

五、为政之要

帝王之道与为官之术是帝王家戒和仕宦家戒的突出内容。"君子所，其无逸，先知稼穑之艰难"，这句出自《尚书·无逸》的名言，是周公所说。周公在周成王年幼时担任辅政之责，对侄子周成王尽心尽力，做了大量的教育引导。这句话是劝导侄子成王要勤俭执政。周公认为，爱好安乐本是人的天性，但作为君主，必须对此有所克制，修德养命，才能以德配天。如果放纵自己，骄奢淫逸，必然身毁德坏，失家亡国。为了使成王信服，周公总结了历史经验教训，列举了大量史实，并把先代君主分成两类。一类是明君，于政事小心谨慎，"不敢盘于游田"。明君在位时间往往比较长，如殷中宗"七十有五年"，周文王"五十年"。另一类是追求享乐的昏君，他们"惟耽乐之从"。昏君一般在位时间短暂，最后下场往往不好，最典型的是商纣王，最终众叛亲离，身亡国灭。周公在《戒侄成王》里一再告诫成王要修己敬德，防止骄奢淫逸，不可重蹈殷商失德亡国的覆辙。一代枭雄曹操，文治武功都十分突出，他的家教极为严格，著有《诸儿令》《内戒令》《遗令》等。曹操能够做到严于律己，率先垂范。他杜绝锦衣玉食，"吾衣被皆十岁也，岁岁解浣补纳之耳"，衣服都穿了上十年，有破损就缝缝补补再穿。为控制家人滋长享乐之风，曹操严禁自家人像其他官宦世家那样在家中熏香。对家人不遵守《内戒令》等规定的，曹操像他在军中执行军法一样严苛。曹操要求"侍御履不二采"，穿鞋子要朴素，不能有两种以上色彩。有一次，三儿子曹植的妻子一不小心犯了规矩，结果被曹操"以违制命，还家赐死"。最刚正不阿的清官包拯，写了篇仅有 37 字的家训，篇幅虽短，却字字凛然，朴实铿锵，充满刚正之气："后世子孙仕官，有犯赃滥者，不得放归本家；死不得葬于大茔中。不从吾志，非吾子孙也。"古代中国一直是宗法社会，家族归属是一个人安身立命的重要根基，如果被开除族籍或者禁止在死后葬入祖坟，是一种极为严重的惩罚，意味着生前不被家族和社会所认可，死后也将不为宗族所接纳，生是游民，死是游魂，生前死后都不能立足安处，可见包拯将要求子孙如果做官就必须清正作为头等大事。

六、女戒胎教

家戒中有一类专门以女性子女、女眷为规诫对象，是为女戒（诫），教导女子修身、持家、习修技艺等。著名的女戒有东汉班

昭的《女诫》、唐代宋若莘的《女论语》、明成祖仁孝徐皇后的
《内训》、明代江宁刘氏的《女范捷录》等。《隋书·经籍志》著录
有《妇人训诫集》《女训》《女鉴》《女篇》《娣姒训》《贞顺志》等
训教文籍近百卷。元代许熙载撰有《女教书》四卷。明代夏树芳
编撰有《女镜》。清代陈宏谋认为"天下无不可教之人，也无可
以不教之人，而岂独遗于女子也"，故而"采古今教女之书"，集
"格言至论，可法可戒之事"，汇编了《教女遗规》一书，以方便
世人"有以教其女"。蔡邕在《女训》中训诫其女说，不能忘记品
德和学识的修养。他比喻说，人心就像脸面一样，需要时常修饰，
脸一天不洗饰，就会蒙尘，心一天不修善，就会窜入恶念。人们
都知道修饰自己的脸面，却往往忽视了修养自己的心。女儿蔡文
姬在父亲的教导下，不仅博学多才，擅长文学、音乐、书法，更
形成了良好的品格，青史留名。晋代文人张华以长篇诗歌形式撰
写了《女史箴》，用于箴诫皇帝后宫中的女性尊崇妇德。"女史"
即宫廷妇女，"箴"是规劝之意。晋代大画家顾恺之以张华此文为
内容创作了历史名画《女史箴图》长卷，原文十二节，所画也为
十二段，用十二个人物场景展现了十二个贤妃良妇典故。

　　唐代一部有代表意义的家戒是宋若莘仿《论语》而作的《女
论语》。以古代罕见的"巾帼女学士"闻名于史的宋若莘出身唐朝
贝州清阳县（今清河县）的书香家庭，其父亲宋廷棻是当时的文
学名人。宋廷棻生有五女，宋若莘是长女，五个女儿个个聪明好
学，才华出众，而且都以学问为事，持重名节，以通过文学艺术

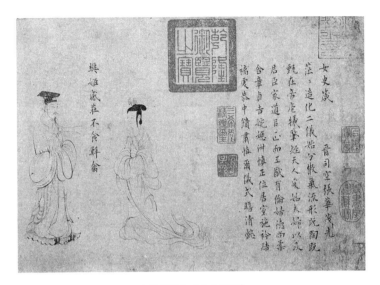

东晋顾恺之《女史箴图》

扬名显亲为理想，同时也为了侍奉父母终老而立誓不嫁人。唐德宗听闻了五女事迹，就把宋氏五姐妹召入宫。经测试，果然都能下笔成章、熟稔经史，德宗赞赏称奇，便把宋氏五姐妹全部留在宫中，并授予最出众的宋若莘尚宫之职，辅侍皇后，并参掌机密、著述文章，后来宋若莘主管秘阁图籍。皇帝一直很尊敬她们，"高其风操，不以妾侍命之，呼为学士"。后宋若莘病逝，唐宪宗赠封为河内郡君。《女论语》为四言韵文，语言简洁，文笔生动，详细规定了女子立身处世的原则和应具备的能力，要善女工，会操持家务，熟知礼节，懂得孝敬双亲、辅佐丈夫、教育子女等，可以说是古代淑女的一套标准。

女戒的一种内容是论胎教。《大戴礼记·保傅》中记述："周后妃妊成王于身，立而不跛，坐而不差，独处而不倨，虽怒而不詈，胎教之谓也。"周成王的母亲邑姜，在怀着成王的时候，更加注意做到站有站相、坐有坐相，与人说话不傲慢，生气的时候不口出恶言，独处的时候也不敢怠慢，对情绪和言行把控得极为妥当。汉代贾谊著有《新书·胎教》。为了教子而断机织、三迁居所的孟母也十分重视胎教，她说："吾怀妊是子，席不正不坐，割不正不食，胎教之也。"（《韩诗外传》卷九）汉代刘向在《新序》《列女传》中记述了胎教问题。《列女传·周室三母》说："古者妇人妊子，寝不侧，坐不边，立不跸，不食邪味，割不正不食，席不正不坐，目不视于邪色，耳不听于淫声。夜则令瞽诵诗，道正事。如此，则生子形容端正，才德过人矣。"刘向认为应当重视胎教，妇女怀孕时要注意睡姿、坐姿、站姿，避除邪味、邪色、淫声，晚上睡前应当听音乐、朗诵歌诗，端正自身言行思想，从而对胎儿产生积极的影响，这样才能保证诞生出"形容端正，才德过人"的孩子。

第五节　家戒的传习

唐宋八大家之一的北宋欧阳修在晚年曾为父母精心撰写了一篇祭文——《泷冈阡表》，它被誉为中国古代三大祭文之一。祭文以"修不幸，生四岁而孤"的不幸童年追忆开始，生动地记载了

母亲郑氏对自己的教育，殷殷教诲让欧阳修"泣而志之"，终身
"不敢忘"，显示了正是母亲的教诲深深影响了其一生的为人和做
官，其内容可说是一篇深刻感人的家戒。家戒是我国古代家庭教
育的重要内容，是传统社会自上层至下层个体自身修养的重要持
守，对于维持家族发展有着重要的意义。家规以大家庭内的所有
成员为对象，突出持身、治家、接世方面的内容。其社会调谐指
向的特征十分明显，其对理想价值观念的认同，对合理社会秩序
的遵从，对社会责任的自觉承担等，都可以反映出其秩序整合与
维系的基本功能，所谓"一家之教化，即朝廷之教化"[1]。家戒家训
的广泛性使得其社会协调意义在古代十分显著，《中国丛书综录》
所列书目记载的"家训"类著作中，公开印行的有 117 种，其中
明代 28 部，清代 61 部，两代共占 89 部。[2] 随着帝王家戒向着士
大夫家戒、平民家戒的发展，家戒的传阅对象逐渐从子孙、家庭
成员向家族成员扩大。事实上，一些著名家戒在不同的家庭、家
族传播，成为社会化的教育读物。民国年间不但传承着历史上的
诸种家规，而且仍有新家规的制定，如《甘氏家规》《万福堂家
规》等，可见这一社会控制方式的惯性力之强大。

　　家训的主要宣示承袭途径有多种。其一，教授习诵。家规一

1　（清）魏象枢：《寒松堂集》，转引自徐少锦、陈延斌《中国家训史》，陕西人民出版社
　　2003 年版，第 14 页。

2　参见上海图书馆编：《礼教之属》，《中国丛书综录》（2），上海古籍出版社 1982 年版，
　　第 750—768 页。除《礼教之属》中家训类外，鉴戒类、蒙学类、妇女类及俗训类中
　　也有很多属于家训。

般在童蒙教育之中已经完成了传授，此后则又有经常性的学习，如定期宣讲、缮列粉牌悬挂祠堂等。据元代郑涛《旌义编》及郑泳《郑氏家仪》，郑氏家族每日清晨都由家长集合众人朝会，命子弟一人宣读男戒女训的家规，然后议事。清代蒋伊《蒋氏家训》载："每月朔望，弟子肃衣冠，先谒家庙，行四拜礼，读家训。"类似记载在不少宗谱中都可见到。其二，张贴公示。大家族往往在宗族祠堂悬挂刻写族规家训的牌匾，或将其张贴于家中，现在仍见存的一些古民居里还能见到。其三，仪式传授。一些家族还有授受家规的仪式，尤其是娶他姓女子入室之后，女方应正式接受男方家规。据《旌义编》："娶妇三日，妇则见于祠堂，男则拜于中堂，行受家规之礼。先拜四拜，家长以家规授之，嘱其谨守勿失，复拜四拜而去。又以房匾授之，使其揭于房闼之外，以为出入观省。"[1] 其四，官方发布。官方为了弘风阐化，促进社会和谐，有时会择取具有典型意义的家法族规予以正式推广发布。如宋太宗曾于至道二年（996）将《陈氏家法》《陈氏家范》收入国史馆，且赐王公大臣各一本，使知孝义之风。其五，载入族谱。家戒具有私承特点，通过口耳相传的方式或者文本形式在家族内部进行代际传承。大家族一般都制定有自己的家戒族规，而且往往都在族谱中予以记载传承。例如陈氏家族到宋仁宗时已经十六世同居，家口三千七百余。其家规虽定于唐代，但沿用不辍，上

1　以上引文见周秀才等编：《中国历代家训大观》，大连出版社1997年版，第699页、第284页。

引《陈氏家法》皆载于清代所修陈氏家谱，可见此规在一定程度上一直被遵循着。其六，学者辑录及商业印制。家戒作为重要的文献种类，很早便为史家所关注，并纳入史书记载，二十四史及《清史稿》的艺文志、经籍志多有对家戒的记述，如《隋书·经籍志》著录有《妇人训诫集》《女训》《女鉴》《女篇》等。宋代以后，由于印刷术的发展，使得批量化的商业印制文献成为可能，商业印制也促进了家戒文献的流布。

家族通过蒙养教育促使家族个体形成一定的社会秩序观，宋代司马光《涑水家仪》说："凡为家长，必谨守礼法以御群子弟及家众。"[1]清代孙奇逢《孝友堂家训》称："士大夫教诫子弟，是第一要紧事。"[2]家训族规的学习也不仅限于童幼，它是家族中所有成员必须进行的常规性学习内容。其次，家族通过家长、族长权利及家法族规的条例实现对家族个体的人身控制，而且这种控制的效力是很强的。唐御史大夫陈崇《陈氏家法三十三条》规定，"立刑杖厅一所，凡弟侄有过必加刑责"，对于"不遵家法，不从家长令，妄作是非"的各种行为，分别施以十到五十的杖决。[3]至宋朝陈旭时，其家已"宗族千余口，世守家法，孝谨不衰，闺门之内，肃于公府"[4]。元代浦江郑氏"虽家庭中，凛如公府。子弟有小过，

1　包东波编：《中国历代名人家训精萃》，安徽文艺出版社1991年版，第134页。
2　《中国历代家训大观》，第525页。
3　《义门陈氏大成宗谱》卷首《陈氏家法三十三条》。
4　《孝义传》，《宋史》卷四百五十六，中华书局1977年版，第13392页。

颁白者犹鞭之"[1]。除斥责、强令悔改和一般性体罚之外，违犯家规甚至要受到逐出家族、削名族谱的处罚。在家族伦理的作用下，家族成员认同共同的秩序观，维护忠孝仁信礼义廉耻的伦理规则，因而也形成凝聚力很强的社会组织单元，从而影响了社会秩序的形塑。家戒族规在中国古代社会广泛存在，影响普遍，它以宗法性大家族为效率单位，以父权、族权为依托，发挥着长久而且深入的社会控制作用。

1 （元）黄溍：《青梅居士郑君墓铭》，《文献集》卷九下，影印文渊阁四库全书本。

第三章

官　戒

　　戒文化在传统政治领域有着重要的作用，其主要表现就是官戒文化在传统政治伦理中的产生和发展。在中国古代，官吏是帝王统治人民的工具，吏治的状况必然直接关系到王朝的治乱兴衰，故"明主治吏不治民"，吏治是治国之要，成为历代王朝必须面对和解决的首要问题。统治者在总结前代吏治经验的基础上，加强对官吏的管理和控制，形成了一套比较严密的吏治体系。官戒官箴就是其中一种重要的治吏方式。它不同于制度、法律对官吏的刚性要求，而是以常规制度为依托，通过积极主动警敕和诫励的方式，对官吏的思想道德和从政行为进行约束和规范。

　　官戒就是对各级官吏的戒令。《仪礼·少牢馈食礼》记载："乃官戒。宗人命涤，宰命为酒，乃退。"郑玄注解说："官戒，戒诸官也。当共祭祀事者，使之具其物且齐也。"古代文籍很早就有不少关于戒令官吏的记载，《尚书·虞书·大禹谟》："吁！戒哉！儆戒无虞，罔失法度。"《周礼·宰夫》："正岁，则以法警戒群吏，令修宫中之职事。"官戒也指官吏的鉴戒，唐柳宗元《种树郭橐驼传载》："'吾问养树，得养人术。'传其事以为官戒。"在中国古代，劝诫功能的官戒也称为官箴。官箴侧重于劝，官戒重点在于警。东汉许慎《说文解字》载"箴者，戒也"，官箴即官戒，有所差异，但没有本质区别，是同一类东西。《左传·襄公四年》："昔周辛甲之为大史也，命百官，官箴王阙。"杜预注解说："阙，过也。使百官各为箴辞，戒王过。"徐师曾《文体明辨序说》认为："文既有箴，而又有戒，则戒者，箴之别名欤。"[1]

第一节　官戒的出现

随着国家的产生，管理国家和人民的官僚队伍也就必然产生了，所谓"设官分职，以为民极"（《周礼·地官司徒》）。对于如何管理和控制官吏队伍，使他们成为理想的忠君之臣、治世能臣，中国古代以帝王为代表的政治家们进行过大量的思考和实践。法家《韩非子·二柄》认为："明主之所导制其臣者，二柄而已矣。二柄者，刑、德也。杀戮之谓刑，庆赏之谓德。"其实，除了赏和罚这两种基本方式外，还有就是应当注重平时对官吏的诫励、规范和劝导。赏与罚都是事后的，而诫励则突出"功夫在平时"，在日常的管理中就申明约束，倡导所当为，禁戒不可为，"戒之用休，董之用威"（《尚书·虞书·大禹谟》），使之自觉地遵纪守法，

1　（明）吴讷，（明）徐师曾：《文章辨体序说 文体明辨序说》，人民文学出版社1962年版，第141页。

恪尽职守，而不是等出了问题才去被动地处理，这更符合儒家的主张，重视教育，反对"不教而诛"。南朝时期的文学理论家刘勰在《文心雕龙·铭箴》篇中，对官戒的源流进行了专门梳理，将铭箴视为一种独立文体，"夫箴诵于官，铭题于器，名目虽异，而警戒实同"；在同书《诏策》篇中，刘勰认为正式成为王命形式之一的"戒敕"起源于周代，"戒敕为文，实诏之切者"。

一、《四方戒》

先秦时期的官戒，处于萌芽的阶段，数量较少。保存下来的有《四方戒》等。《四方戒》是周代天子巡狩过程中发布的对诸侯等官吏的戒敕。作为一种政治制度，为宣示权威、检视地方状况，周代天子阶段性地会到一些诸侯领地去视察。《孟子·告子》云："天子适诸侯，曰巡狩。巡狩者，巡所守也。"《尚书·尧典》写为"巡守"，巡行视察诸侯为天子所守的疆土。《周礼·夏官司马》记载：

> 王将巡守，则戒于四方曰：各修平乃守，考乃职事，无敢不敬戒，国有大刑。及王之所行，先道，帅其属而巡戒令。王殷国，亦如之。

王将巡守天下，就预先发文书告诫四方说："各自治理好你们的邦国，考察你们的职责，必须要认真戒备。有敢不严肃认真的，王国有重刑。"王前往所巡视之国时，主政官员就做先导，并率领下属检查执行戒令的情况。王在附近的诸侯国接见来朝的诸侯时，也是要这样进行戒敕。《四方戒》反映了周代戒敕官吏们勤于职事的情况，并且明言"无敢不敬戒，国有大刑"，警戒之意十分明显，反映了官戒所具有的强制性和警戒性特点。清代严可均辑录的《全上古三代文》中以《四方戒》为名，辑录了上述《四方戒》全文。

二、成王之戒

《尚书·周书·周官》中记载了周成王对各级官吏进行的一次重要的戒示，是先秦官戒中比较具有代表性的一篇：

> 王曰："呜呼！凡我有官君子，钦乃攸司，慎乃出令，令出惟行，弗惟反。以公灭私，民其允怀。学古入官。议事以制，政乃不迷。其尔典常作之师，无以利口乱厥官。蓄疑败谋，怠忽荒政，不学墙面，莅事惟烦。戒尔卿士，功崇惟志，业广惟勤，惟克果断，乃罔后艰。位不期骄，禄不期侈。恭俭惟德，无载尔伪。作德，心逸日休；作伪，心劳日拙。居宠思危，罔不惟畏，弗畏入畏。推贤让能，庶官乃和，不和政厖。举能其官，惟

尔之能。称匪其人，惟尔不任。”

　　王曰：“呜呼！三事暨大无，敬尔有官，乱尔有政，以佑乃辟。永康兆民，万邦惟无斁。”

　　这次戒示发布的背景是，周武王伐纣灭商建立周朝后三年逝世，年仅约十三岁的长子姬诵继位，是为西周第二位君主成王。当时，统一的西周建立不久，天下尚不安定，成王继位后，管叔、蔡叔不信任周公，挟殷商后代武庚一起作乱反叛，史称三监之乱（武庚之乱）。成王命辅政大臣周公旦平定了叛乱，周王权基本稳固起来。为长治久安，建立统治秩序，成王系统地建立起官吏制度，“成王既黜殷命，灭淮夷，还归在丰，作《周官》”。设官分职之后，成王又对天下官吏进行了一番诫勉，就是上面这则戒示。

　　成王训诫说：“各级官吏，你们要认真对待自己所管理的工作，慎重地发布命令。做到令出必行，不能出尔反尔。心怀公正，灭除私情，人民才会信任归服。要善于学习古代经验。决议政事要依据法制，这样在政事上就不会犯错误。要用典制作为法则，不要以巧言干扰你的官员。蓄疑不决必定带来治理失败，懈怠大意必定导致政事废弃。不学习的话就好像是向墙站着，没有出路，临事就会烦乱。”

　　成王训诫说：“各位卿士，要建立大的功劳就必须要立志，要成就大业就必须勤劳。能够果敢决断，就没有后来的艰难。身居高位不能骄傲，享受厚禄不能奢侈，谦恭和节俭是美德，不要行使诈伪，讲求德行才能心境安逸，作伪必将心劳而日拙。处于尊宠要想到危辱，要心怀敬畏，不知敬畏的话就会陷入可畏的境地。做到举贤让能，官吏队伍就会和谐；众官不和，政事就会变得复杂。任人唯贤才证明你们自己是贤能的，任人不贤说明你们不称职。"

成王训诫说："任人、准夫、牧三位首长和大夫们，要认真对待你们的官职，治理好你们的政事，好好辅佐你们的君王。能够使广大百姓长远安宁的话，天下万国就不会厌弃我们了。"

这篇戒文比较全面地对各级官吏居官为政进行了警示和诫励。据《逸周书·尝麦》记载，周成王四年，成王命掌管刑罚的大臣"大正"修订了刑书，并举行仪式，正式将刑书授予大正来实施，在仪式上对负责刑罚的官员进行了训诫，要求刑官熟练掌握刑书，处理官司不要有偏颇，使用刑罚要有选择，要遵照规戒认真履职，不得怠惰，这就是《大正箴》。

先秦时期是官戒的萌芽时期，当时的戒令主要还是君主的自我警戒之辞，"成汤盘盂，著日新之规；武王户席，题必诫之训。周公慎言于金人，仲尼革容于欹器，则先圣鉴戒，其来久矣"（《文心雕龙·铭箴》）。辅佐齐桓公"九合诸侯，一匡天下"成为春秋五霸之首的政治家管仲，他的思想和言行主要保存在《管子》一书中，《管子》八十六篇中第二十六篇为《戒》，其中记录了管子对齐桓公的几次重要的箴诫。但是，这一时期以官吏为对象的警诫也逐渐多起来，如周公发布的史上第一份戒酒令《酒诰》；文体也逐渐相对独立出来，初步呈现了后世官戒、官箴书的一些主要特点。

三、《虞箴》

刘勰说："斯文之兴，盛于三代。夏商二箴，余句颇存。及周之辛甲，百官箴阙，唯《虞箴》一篇，体义备焉。迄至春秋，微而未绝。"[1]刘勰认为，官箴官戒起源于三代，夏、商二代已经存在这种文体，但由于年代久远，夏商两代官戒官箴文献残缺不全，没有完篇，但文中的箴戒语句仍有保存下来的。如《逸周书·文传解》引《夏箴》曰："中不容利，民乃外次。""小人无兼年之食，遇天饥，妻子非其有也；大夫无兼年之食，遇天饥，臣妾舆马非其有也。戒之哉！弗思弗行，至无日矣。"这些语句记录不一定可信，但刘勰提到的《虞箴》可信度较高。《汉书·扬雄传赞》："史篇莫善于《仓颉》，作《训纂》；箴莫善于《虞箴》，作《州箴》。"《左传·襄公四年》载，魏庄子用后羿不致力于治理百姓而沉溺于打猎，最后身死国灭的典故，劝晋悼公接受戎狄的请和，并引用了《虞箴》作为劝诫：

---

1 周振甫：《文心雕龙注释》，人民文学出版社 2002 年版，第 117 页。

昔周辛甲之为大史也，命百官，官箴王阙。于《虞
人之箴》曰："芒芒禹迹，画为九州，经启九道。民有
寝庙，兽有茂草；各有攸处，德用不扰。在帝夷羿，冒
于原兽，忘其国恤，而思其麀牡。武不可重，用不恢
于夏家。兽臣司原，敢告仆夫。"《虞箴》如是，可不
惩乎？

虞，周代诸侯国名，在今山西省平陆县东北。虞人为周代掌
管山泽、田猎的官员。辛甲原是殷商的大臣，辅佐商纣时七十五
谏而不听，于是离开殷商去了西岐，周文王、武王任以太史，负
责诚谏王失。周太史辛甲组织百官作箴词，劝诫天子的过失，虞
人箴词的内容是劝诫周天子不要贪恋打猎而不顾国家。天下之大，
人和动物各有其所，人应该和动物和平共处，不可过度打猎。后
羿身居帝位，贪恋着打猎，忘记了国家的忧患，想到的只是飞鸟
走兽，最后身死国灭。所以，武事不能太多。晋悼公听了魏庄子
的谏言，派遣魏庄子与各部戎人讲和，又致力于治理百姓，按照
时令去打猎。后世往往用《虞箴》典故谏诫君王，白居易《寄唐
生》"功高虞人箴，痛甚骚人辞""惟歌生民病，愿得天子知"，用
虞人箴为衬托，说明自己所作乐府诗富有劝诫帝王过失的积极
意义。

第二节　官戒的发展

一、《为吏之道》与秦汉时期的官戒

　　1975 年 12 月，湖北省云梦县睡虎地秦代墓室中出土了大量
竹简，墓主人名叫喜，生前担任县令史。这些简文的内容主要是
秦代的法律制度、行政文书等，其中一篇是《为吏之道》。秦汉
时期，"官"与"吏"并无区分，《为吏之道》是秦朝官方对官吏
品行提出正式要求，并加以训诫的一篇文字，对官吏的道德、修
身、为官等诸多方面提出了要求。《为吏之道》要求官吏"精絜正
直"，不可贪财，"戒之戒之，材（财）不可归"。官吏既要做到
凡事谨慎，又要有开阔的心胸涵养，"慎谨坚固""怒能喜，乐能
哀，智能愚，壮能衰，勇能屈，刚能柔，仁能忍，强梁不得"。为
官应当积极有为，处处为老百姓着想，"除害兴利，兹（慈）爱万
姓""安乐必戒，毋行可悔"，安民是为政根本，"百事既成，民
心既宁，既毋后忧，从政之经"。官员说话要有信用，"言如盟，
出则敬"。处置刑罚务必公正，"毋罪毋（无）罪，毋（无）罪可
赦"，不可"夬（决）狱不正"，更不可执法谋私，"法（废）置以
私"。《为吏之道》从正面系统提出了"正行修身"应当积极而为
的"五善"，包括忠信敬上、清廉毋谤、举事审当、喜为善行、恭

敬多让等，又从反面提出三种"吏有五失"："一曰夸以迣，二曰贵以大（泰），三曰擅裚割，四曰犯上弗智（知）害，五曰贱士而贵货贝。一曰见民口（倨）敖（傲），二曰不安其口（朝），三曰居官善取，四曰受令不偻，五曰安家室忘官府。一曰不察所亲，不察所亲则怨数至；二曰不智（知）所使，不智（知）所使则以权衡求利；三曰兴事不当，兴事不当则民口指；四曰善言隋（惰）行，则士毋所比；五曰非上，身及于死。"[1]

统一前的秦国，数代国主坚持不懈地力行变革，沿着法家的路线发展，重农耕、强兵卒，是战国列强中变革最为彻底而且持久的，最终以强盛的国力一统天下。秦所实现的统一，不只是形式上的简单王朝更替，而是实现了系统的大变革，基本政治制度上废弃了分封制而代之以郡县制，废弃了完全的世卿世禄制而建立起官僚制，文化上通过激烈的"焚书坑儒"运动而希图思想一统，等等。这其中，包括对官制的改革。这场大改革，建立起专制主义中央集权的政治体制，形成了以皇帝为中心的官僚政治统治架构。随着社会治理要求不断变高和对庞大官僚队伍加强控制的需要，秦汉时期官僚体制内的各种制度不断丰富、精细、完善起来。中央集权体制不同于王侯自治，要求实现"事在四方，要在中央"的效果，为了有效地保证政令执行，皇帝一方面加强法律的执行，另一方面通过对各级官吏进行警示和训诫，不断强化

---

1 睡虎地秦墓竹简整理小组编：《睡虎地秦墓竹简》，文物出版社 1990 年版，第 169 页。

培养官吏在政治上尽忠、在履职上尽责，故而通过颁布文书来对官吏进行警戒教育成为一种吏治手段，《为吏之道》应该就是这一吏治方式的产物。岳麓书院收藏秦简中的《为吏治官及黔首》、北京大学收藏秦简中的《从政之经》、湖北王家台秦简中的《为政之常》，其内容均与《为吏之道》类似，可以看出秦代官戒的正式确立。

汉承秦制，到了两汉时期，对官吏的选拔和管理制度进一步得到完善，对官吏的警敕和诫勉也逐渐经常化、制度化。南朝刘勰《文心雕龙·诏策》记载："汉初定仪则，则命有四品：一曰策书，二曰制书，三曰诏书，四曰戒敕。"汉代帝王命令有四种，其中戒敕用于向地方官吏作训诫。汉代史学家蔡邕记载："戒书、戒敕，刺史、太守及三边营官被敕，文曰'有诏敕某官'，是为戒敕。"[1]这种以诏令形式发布的官戒，是具有法律效力的，是官方的正式诫令，为后世朝代所沿袭。

汉代以后，敕（诫敕）作为皇帝专用的文书形式，也是官戒的主要形式之一。对于中央官吏，特别是三公九卿等高官，皇帝往往要求他们"帅先百寮，辅朕不逮。崇宽大，长和睦，凡事恕己，毋行苛刻"[2]。"群后百僚勉思厥职，各贡忠诚，以辅不逮。"[3]

1　（汉）蔡邕：《独断》卷上，中华书局 1985 年版，第 4 页。

2　（东汉）班固撰，（唐）颜师古注：《成帝纪》，《汉书》卷十，中华书局 1964 年版，第303 页。

3　（宋）范晔撰，（唐）李贤等注：《章帝纪》，《后汉书》卷三，中华书局 1965 年版，第130 页。

发生蝗灾、水旱灾害时，皇帝也下诏警敕官吏勉修其职，《后汉书·和帝纪》载："详刑辟，理冤虐，恤鳏寡，矜孤弱。"《后汉书·杨仆传》记载，东越国谋反，楼船将军杨仆带兵出征。杨仆居功自傲，还虚报战功，放纵士卒，军令不严，武帝下敕书进行敕责，警敕他："受诏不至兰池宫，明日又不对。假令将军之吏问之不对，令之不从，其罪何如？推此心在外江海之间，可得信乎？""今东越深入，将军能率众以掩过否？"[1] 杨仆惶恐，发誓"愿尽死赎罪"，与大将王温舒一起平定了东越之乱。东汉光武帝时期，大臣出事的比较多，光武帝比较看重尚书仆射冯勤，很多事都倚重他，也希望他能善始善终不出事，便在一次宴会上用心良苦地对冯勤作了一番规诫："朱浮上不忠于君，下陵轹同列，竟以中伤至今，死生吉凶未可知，岂不惜哉！人臣放逐受诛，虽复追加赏赐赙祭，不足以偿不訾之身。忠臣孝子，览照前世，以为镜诫。能尽忠于国，事君无二，则爵赏光乎当世，功名列于不朽，可不勉哉！"[2] 冯勤之后更加恭约尽忠，一直很是称职。冯勤先后获赐爵关内侯，迁任尚书令、大司农，最后官至司徒，即丞相。

对于地方官，西汉景帝后元二年（前142）四月下诏："令二千石各修其职，不事官职耗乱者，丞相以闻，请其罪。"[3] 宣帝元康二年（前64）下诏："吏务平法，或擅兴徭役，饰厨传，称

1 《杨仆传》，《汉书》卷九十，第3660页。
2 《冯勤传》，《后汉书》卷二十六，第910页。
3 《景帝纪》，《汉书》卷五，第151页。

过使客，越职逾法，以取名誉，譬犹践薄冰以待白日，岂不殆哉！"[1]元寿二年（前1），要求来京城上计的丞史回去后向官秩等级二千石的官员传达："顺民所疾苦，急去残贼，审择良吏，无任苛刻，治狱决讼，务得其中，明诏忧百姓困于衣食，二千石帅劝农桑、思称厚恩，有以赈赡之，无烦扰夺民时"，"务饬检恪"，"务省约如法"。[2]这些戒敕对州刺史等地方官吏进行警戒，往往比较具体，对可能出现的不修职事、擅兴徭役、贪污奢靡、刑狱严酷、防农虐民等吏治弊端，加以警示训诫，促使地方官加强自我约束，防止荒政怠政。

汉代保存下来的官戒主要是帝王发布的戒敕，也有一些官宦撰写的官箴。《后汉书·邓张徐张胡列传》载："扬雄依《虞箴》作《十二州二十五官箴》，其九箴亡阙。后涿郡崔骃及子瑗，又临邑侯刘騊駼增补十六篇，广复继作四篇，文甚典美，乃悉撰次首目，为之解释，名曰《百官箴》，凡四十八篇。"《十二州箴》包括《青州箴》《扬州箴》《兖州箴》《幽州箴》《交州箴》等十二篇，每篇述论该州地理物产、历史沿革、人物风貌、治理典故等，并对现任官吏提出箴谏与规诫。《二十五官箴》包括《司空箴》《廷尉箴》《太仆箴》《将作大匠箴》等二十五篇，依各种官职相应提出箴谏。宋代晁补之对扬雄撰写官箴的原因和目的做过阐释："（扬）雄见（王）莽更易百官，变置郡县，制度大乱，士皆忘去节义，

1 《宣帝纪》，《汉书》卷八，第256页。
2 （汉）卫宏撰，（清）孙星衍校：《汉旧仪》卷上，中华书局1985年版，第7—8页。

以从谏取利，乃作司空、尚书、光禄勋、卫尉、廷尉、太仆、大鸿胪、将作大匠、博士、城门将尉、上林苑令等箴……皆劝人臣执忠守节，可为万世戒。"[1] 撰写官箴的风气由此兴起。秦代以后，对君王的劝告和谏诤逐渐由专门的谏官机构承担，官箴官戒的对象逐渐转向以官吏为主。

二、魏晋南北朝时期官戒

魏晋南北朝时期君主对官吏的戒敕呈现新的特点：一是诫励的频次和数量增多，二是多以敕的形式展现出来，三是官戒的内容要比前代更加丰富，诫励的范围更加广泛。"敕，饬也，自警饬，不敢废慢也。"[2] 官戒与皇命诏令更加紧密的结合使得其在治吏中的作用愈加明显，"戒敕为文，实诏之切者。周穆命郊父受敕宪，此其事也。魏武称作敕戒，当指事而语，勿得依违，晓治要矣。及晋武敕戒，备告百官，敕都督以兵要，戒州牧以董司，警郡守以恤隐，勒牙门以御卫，有训典焉"[3]。刘勰分析认为晋代官戒不再拘泥于针对一人一事，而以某类官员集体为对象。这一时期著名的官箴有潘勖的《符节箴》、王济的《国子箴》、温峤的《侍臣箴》、潘尼的《乘舆箴》、王褒的《皇太子箴》以及梁武帝萧衍

1 余嘉锡：《四库提要辨证》，湖南教育出版社 2009 年版，第 1065 页。
2 （明）徐师曾著，罗根泽点校：《文体明辨说》，人民文学出版社 1998 年版，第 113 页。
3 （南朝梁）刘勰：《诏策第十九》，《文心雕龙》卷四，中华书局 1985 年版，第 27 页。

的《凡百箴》等。

"清、慎、勤"这三个字的官戒是最简洁、流传最广的一则官戒。首先提出"清、慎、勤"这三个字并视之为当官要领的是司马昭，是司马昭在与李秉等大臣的一次谈话中提出来的。司马昭是三国时期曹魏的权臣，官至一人之下、万人之上的大都督，专揽国政，一心想要取代曹魏而称帝的意图十分明显，成为众所周知的事情。一天，司马昭逼迫曹髦加封自己为晋公，曹髦愤慨地说："司马昭之心，路人皆知啊。"曹髦下定决心率兵围攻司马府，结果被杀，死后还被褫夺了皇帝封号，只称高贵乡公，成了一个没有帝号的皇帝。但司马昭确实是一个聪明备至的人，在政治谋略和军事上都很出众。29岁即官至洛阳典农中郎将，当时正值魏明帝大兴奢侈之风以后，司马昭免除了苛捐杂税，不误农时，百姓大为喜悦。《三国志·李通传》裴松之注引王隐《晋书》：

> （李）秉尝答司马文王问，因以为《家诫》曰："昔侍坐于先帝，时有三长吏俱见。临辞出，上曰：'为官长当清，当慎，当勤，修此三者，何患不治乎？'并受诏。既出，上顾谓吾等曰：'相诫敕正当尔不？'侍坐众贤，莫不赞善。上又问曰：'必不得已，于斯三者何先？'或对曰：'清固为本。'次复问吾，对曰：'清慎之道，相须而成，必不得已，慎乃为大。夫清者不必慎，慎者必自清，亦由仁者必有勇，勇者不必有仁，是以《易》称

括囊无咎、藉用白茅，皆慎之至也。'上曰：'卿言得之
耳。可举近世能慎者谁乎？'诸人各未知所对，吾乃举
故太尉荀景倩、尚书董仲连、仆射王公仲并可谓为慎。
上曰：'此诸人者，温恭朝夕，执事有恪，亦各其慎也。
然天下之至慎，其惟阮嗣宗乎！每与之言，言及玄远，
而未曾评论时事、臧否人物，真可谓至慎矣。'吾每思此
言，亦足以为明诫。凡人行事，年少立身，不可不慎，勿
轻论人，勿轻说事，如此则悔咎何由而生、患祸无从而
至矣。"

李秉《家诫》中记录的这段君臣对话又见于《世说新语·德
行》"晋文王称阮嗣宗至慎"条注，可为印证。李秉是三国魏大将
李通之孙，才能卓越，官至秦州刺史。李秉某日陪同司马昭接见
几位大臣，临结束时司马昭提出了为官者应当做到清、慎、勤这
三点，几个人还以具体的人物为例进行了探讨，司马昭与李秉都
进一步认为这三点之中，"慎"最为重要。李秉把司马昭的这次诫
励谈话记录下来，作为家戒来教育子孙立身行事不可不慎。

西晋真正的开创者、司马昭之子晋武帝司马炎也很重视通过
戒敕教育官吏、整顿吏治。晋武帝先后制发过《诫州牧刺史敕》
《诫计吏敕》《诫郡国上计掾吏还各告守相敕》等戒敕，对地方官
吏为政的诸方面不断进行诫励。晋武帝在《诫州牧刺史敕》中指

出，刺史"衔命方州，兼总戎政，宣风于外，仪表万里"，所以应当做到"直道正身，纠率诸下，彰明礼教，陈之德义，扬推清独，弹枉流秽"，应当做到举善去恶，"斯其所以赋任而简于朕心，况庆赏乎？"晋武帝警诫说："不祗厥司，不虔于度，纲弛事荒，吐菇违中，公节不立，私交是务，则将堕于乃绩，害于尔家。"要求州刺史们："无违于柔，无复于刚。无克以伤物，无宽以漏非。无愆于酒德，无盘于游田。其详案科条，夙夜无怠。"晋武帝希望刺史们"戒之哉，动静以闻"[1]。在这篇典型的官戒中，晋武帝不仅指出州刺史的职司之所在、责任之重大，而且明确指出修身为官之要。如果内不修身、外不尽职，最后必将功业无成、害人害己。晋武帝于泰始四年（268）颁布了一则简洁而原则性强、能够广泛适用的官戒《五条诏》："十二月，班五条诏书于郡国：一曰正身，二曰勤百姓，三曰抚孤寡，四曰敦本息末，五曰去人事。"（《晋书·武帝纪》）。晋武帝《诫牙门敕》是一则对武官的戒敕。

东晋开国皇帝元帝司马睿发布的戒敕中，《诏官吏》一篇最有代表性："昔之为政者，动人以行不以言，应天以实不以文，故我清静而人自正。其次听言观行，明试以功。其有政绩可述，刑狱得中，人无怨讼，久而日新。及当官软弱，菇柔吐刚，行身秽浊，修饰时誉者，各以名闻。令在事之人，仰鉴前烈，同心戮力，深

---

1 （唐）许敬宗编、罗国威整理：《诫励》，《日藏弘仁本文馆词林校证》卷六百九十一，中华书局2001年版，第401页。

思所以宽众息役，惠益百姓，无废朕命。远近礼赘，一切断之。"[1]
这则戒敕发布于司马睿即帝位后不久，劝诫官吏要求真务实，尽责有功者最终会得到人们的认同，要以先贤为榜样，贯彻好皇帝的政令，多做惠益百姓的事，要断绝一切送礼的行为。《诫周颛诏》是元帝对周颛"荒醉失仪"进行的警敕。周颛是西晋后期至东晋初的有名大臣，出生在晋武帝司马炎时代，先后经历了傻瓜皇帝司马衷、晋怀帝司马炽、晋愍帝司马邺和晋元帝司马睿，死时虽不满五十四岁，却是两晋五朝元老，曾任尚书仆射。周颛是魏晋继竹林七贤之后的大名士，因嗜酒得"三日仆射"外号，说担任尚书台副长官的他，一年之中最多有三天的时间是没有醉酒保持清醒状态的。一次，他在酒席上竟当众脱掉衣服，要非礼伎人，被有关部门所参奏。元帝司马睿却没有治他的罪，只诏戒敕说："周颛作为朝廷的辅佐大臣，职掌官员选拔的大事，本当谨慎守德，为百官之楷模。但屡因饮酒过度，受到依法查办。我体谅他极尽欢乐的心情，但这也是沉湎于酒的教训。想来周颛自己也惭愧，必定能克己复礼，所以这一次不加以贬黜问罪。"元帝在戒敕中经常要求官吏尽职惠民，大兴元年（318）七月诏诫官员"二千石令长当祇奉旧宪，正身明法，抑齐豪强，存恤孤独，隐实户口，劝课农桑。州牧刺史当互相检察，不得顾私亏公"，对境内

1 （唐）房玄龄：《元帝纪》，《晋书》卷六，中华书局1974年版，第150页。又见（宋）王钦若等编：《帝王部·诫励一》，《册府元龟》卷一百五十六，中华书局1960年影印版，第1887页。

善恶之人、事，如知而不举，则"当受故纵蔽善之罪，有而不知，当受暗塞之责。各明慎奉行"[1]。

南北朝期间，北魏太武帝太延元年（435）十二月诏诫"州郡县不得妄遣吏卒，烦扰民庶""不得纵富督贫，避强侵弱"。太武帝指出，各地牧守肩负治民之任，理当"宣扬恩化，奉顺宪典，与国同忧"，要求他们"直道正身，肃居官次，不亦善乎！"[2]北魏文成帝太安四年（458）诏、献文帝和平六年（465）诏等均诫励地方官吏恪尽职守，安民利民。刘宋文帝有《戒刘道济诏》，针对益州刺史刘道济在任期间"未尽清省，又颇为殖货"的表现，要求他"必宜改之""以法御下""深思自警，以副本望"。[3]南北朝多有战乱，对武官的戒敕也就比较多，如宋孝武帝对镇南大将军薛安都、车骑大将军沈庆之、北魏太武帝对征西将军源贺、献文帝对镇西将军吕罗汉的诫励等。《魏书·源贺传》载："贺为人雄果，每遇强寇，辄自奋击。世祖戒之曰：'兵凶战危，不宜轻犯；卿可运筹处分，勿恃身力也。'"

隋文帝时，陈国叛乱，文帝让安州总管韦洸兼任行军总管，基本平定了陈国，并继续率兵平定九江，改任了江州总管。隋文帝诫敕韦洸："公鸿勋大业，名高望重，率将戎旅，抚慰彼方，风行电扫，咸应稽服。若使干戈不用，兆庶获安，方副朕怀，是公

---

1 《元帝纪》，《晋书》卷六，第150页。

2 （北齐）魏收：《世祖纪》上，《魏书》卷四上，中华书局1974年版，第86页。

3 （梁）沈约：《刘粹附刘道济传》，《宋书》卷四十五，中华书局1974年版，第1380页。

之力。"[1]在肯定韦洸平定之功的同时，希望他能够不用干戈而使百姓得到安宁才更好。后来韦洸到了广州，按照文帝的思路，劝说陈国的渝州都督王猛投降，果真以兵不血刃的方式完成了对岭南的平定，文帝十分高兴。隋炀帝的次子杨暕从小长相俊美，擅长骑射，也算有才能，曾任扬州总管，后被册封为齐王。如果元德太子去世，杨暕很可能会被立为新太子。隋炀帝也更加重视对杨暕的培养教育，专门安排黄门侍郎柳謇之为齐王长史，诫敕柳謇之曰："今以卿作辅于齐，善思匡救之理，副朕所望。若齐王德业修备，富贵自当钟卿一门；若有不善，罪亦相及。"[2]炀帝之所以叮嘱柳謇之要好好思考"匡救"杨暕，是因为杨暕"颇骄恣，昵近小人，所行多不法"。但是，面对大好机会，杨暕不思改过向善，甚至为了争当太子而在府内暗行厌胜之术，终因事情败露而获罪。柳謇之因未能匡正杨暕过失，应验了"若有不善，罪亦相及"的警诫，被连坐除名。

三、唐代官戒

唐朝是中国封建时代一个鼎盛时期，政治、经济、文化上都获得空前发展，这其中的一个原因在于唐代吏治上的成功。以唐太宗等为代表的诸多皇帝，都能够心胸开阔，能够以立于天下的

1　（唐）魏徵主编：《韦世康附韦洸传》，《隋书》卷四十七，中华书局1973年版，第1268页。

2　（唐）魏徵主编：《柳机附柳謇之传》，《隋书》卷四十七，第1276页。

立场，既通过开科取士的途径广纳人才，又能诚恳接受和鼓励上下交流，听取大臣的良言善谏，共图至治，《贞观政要·君臣鉴戒》有诸多典型记载。并且，唐朝君主十分重视对官吏的管理和教育，一定程度上保证了官吏队伍的素质。因此，唐代的官戒就比较丰富，如韩愈的《五箴》、柳宗元的《诫惧箴》《忧箴》、李翱的《行己箴》、元结的《自箴》等。唐朝皇帝所作的官戒就有很多，例如《唐太宗诫侍臣》(《贞观政要》卷六)：贞观二年，太宗戒勉大臣们说：

> 朕尝谓贪人不解爱财也。至如内外官五品以上，禄秩优厚，一年所得，其数自多。若受人财贿，不过数万。一朝彰露，禄秩削夺，此岂是解爱财物？规小得而大失者也。昔公仪休性嗜鱼，而不受人鱼，其鱼长存。且为主贪，必丧其国；为臣贪，必亡其身。《诗》云："大风有隧，贪人败类。"固非谬言也。昔秦惠王欲伐蜀，不知其径，乃刻五石牛，置金其后，蜀人见之，以为牛能便金。蜀王使五丁力士拖牛入蜀，道成。秦师随而伐之，蜀国遂亡。汉大司农田延年赃贿三千万，事觉自死。如此之流，何可胜记！朕今以蜀王为元龟，卿等亦须以延年为覆辙也。

贪财的人其实并不懂得爱财。比如朝廷和地方五品以上官员的俸禄优厚，一年收入的数目很多。如果接受别人的财物贿赂，也不过数万，一旦事情败露了，官职俸禄就都要被削夺掉，这哪里是真正懂得爱财？这其实是因小而失大。春秋时期鲁国的宰相公仪休因清正廉洁、遵纪守法而流芳后世。公仪休生性喜爱吃鱼，但他从不接受别人送的鱼，所以他才能长久吃到鱼。做君主的要是贪的话，必丧其国；为臣的要是贪的话，必亡其身。一人贪贿了还会贻害很多其他人。战国时候，秦惠王想要讨伐蜀国，但找不到入蜀道路，于是雕刻了五头石牛，把许多金子放在石牛后面的地上。蜀人看见后，以为牛能便金，贪婪的蜀王便派五个大力士把石牛拖入了蜀国，这样道路也就出现了，秦军尾随在后，蜀国就这样灭亡了。汉朝的大司农田延年贪赃纳贿了三千万之巨，但事发后自刎而死了。类似这样的教训，数都数不过来！唐太宗要求自己以蜀王作为借鉴，也要求大臣们以田延年等作为前车之鉴，做到清廉，利国利身。

唐太宗为臣僚写过《百字箴》，也曾以将来的帝王为规诫对象，撰写了《帝范》一书，共十二篇，从历史中总结为君之道："自轩昊以降，迄至周隋，以经天纬地之君，纂业承基之主，兴亡治乱，其道焕焉。所以披镜前踪，博览史籍，聚其要言，以为近诫云耳。"（《帝范·序》）贞观二十二年（648）书成，次年太宗驾崩。《帝范》既是唐太宗为太子李治撰写的帝王教科书，也是他一生执政经验的感悟总结。他曾经这样告诉太子："饬躬阐政之道，皆在其中，朕一旦不讳，更无所言。"皇室规诫存在特殊性，一些规诫，如《帝范》，从家族及父对子的角度看，属于家戒，但从其内容和作者与对象身份上看，也可归为官戒。在一些皇室规诫上，家戒与官戒合一了。

唐代官戒除继续前代采用皇帝诏敕为重要形式外，还出现了皇帝为官吏御撰专门戒文的形式，比如武则天所撰写的《臣轨》。唐上元二年（675）三月，唐高宗皇后武则天组织著作郎元万顷、左史刘祎之等人修撰此书，书分2卷（包括同体、至忠、守道、公正、匡谏、诚信、慎密、廉洁、良将、利人十章），作为大臣们修身为官的准则与士人贡举习业的读本。《臣轨·同体》论君臣关系，"臣之与主，同体合用。主之任臣，既如身之信手；臣之事主，亦如手之系身。上下协心，以理国事"。《臣轨·至忠》论忠德之要，"事君者以忠正为基，忠正者以慈惠为本"，"利不可并，忠不可兼。不去小利，则大利不得；不去小忠，则大忠不至"。《臣轨·公正》论为官必当公正，"佐时匡主，顺天地之道，行公正之心"，"理人之道万端，所以行之在一。一者何？公而已矣。唯公心可以奉国，唯公心可以理家"，"人臣之公者，理官事则不营私家，在公门则不言货利，当公法则不阿亲戚，奉公举贤则不避仇雠"。《臣轨·诚信》要求"上下通诚"，"非诚信无以取爱于其君，非诚信无以取亲于百姓"。《臣轨·廉洁》认为"理官莫如平，临财莫如廉。廉平之德，吏之宝也"，"故君子行廉以全其真，守清以保其身。富财不如义多，高位不如德尊"。忠正者致福之本，戒慎者集庆之源，《臣轨·慎密》说："夫修身正行不可以不

慎，谋虑机权不可以不密。忧患生于所忽，祸害兴于细微。人臣
不慎密者，多有终身之悔。故言易泄者，召祸之媒也；事不慎者，
取败之道也。明者视于无形，聪者听于无声，谋者谋于未兆；慎
者慎于未成。不困在于早虑；不穷在于早豫。非所言勿言，以避
其患；非所为勿为，以避其危。"

　　唐代为官吏御撰的训诫著作还有武则天的《百僚新戒》、唐玄
宗的《令长新戒》等。系统著作的出现，表明唐代官戒制作的成
熟。其他以诏书形式存在的官戒数量较多，如《诫表疏不实诏》
《令内外官相存问诏》《诫勖内外郡官诏》《诫励官寮制》《诫谕天
下诏》《诫百官与供奉人交通制》《诫励风俗敕》《令州县以制敕
告示百姓敕》《令藩镇俟诏方得入觐敕》《诫示诸道制》《诫谕藩镇
诏》等。在大赦、改元等诏令文中往往也有一些内容是对官吏的
警敕和诫励。如《大历五年大赦天下制》《改元永泰敕》《大和七
年册皇太子德音》等都有对各级官吏进行警戒的内容。

四、宋元官戒

　　宋代在思想文化上发展较大，在经济上也有较大发展，在吏
治上更呈现出一些新的特点，这也带来了宋代官戒文化的繁荣。
两宋时期，官戒创作较多，著作约七部二十四卷，单篇文献二百
多篇，如陈襄的《州县提纲》、李元弼的《作邑自箴》、吕本中的
《官箴》、朱熹的《朱文公政训》、真德秀的《西山政训》、许月卿

的《百官箴》、胡太初的《昼帘绪论》、张镃的《仕学规范》等。元代也产生了一些官戒，如叶留的《为政善报事类》、张养浩的《牧民忠告》《风宪忠告》《庙堂忠告》等。

宋代一些官戒更加注重对实务经验的总结和面向县级官吏，如陈襄的《州县提纲》、李元弼的《作邑自箴》。李元弼曾担任蔡州汝阳县（今河南汝南）主簿、余杭县知县等。他在任地方令长时，注意学习记录前辈乡老的为政经验，并对自己的从政经验进行总结，"从而著成规矩，述以劝戒，又几百有余事，厘为十卷，目之曰《作邑自箴》"。除了修身、齐家之论，对县政相关的刑狱、赋税、户口、文书、田土等事务都有详细总结，如规范夫役征派的《戒约夫队头》、规范乡村耆壮履职行为的《约束耆壮榜》。

吕本中的《官箴》是一部影响较大的官戒作品。吕本中，北宋诗人、词人、道学家，担任过中书舍人等官职，因不支持秦桧与金人议和的主张，被秦桧罢官。《官箴》共三十三则，以倡导清、慎、勤开始，认为这三者是当官最为重要的事，"可以保禄位，可以远耻辱"。当官应当持诚敬之心，做到事君如事亲、事官长如兄长、与同僚如家人、待群吏如奴仆、爱百姓如妻子、处官事如家事。当官处事要常思有以及人，当官之法须以直道为先。当官既应自身廉洁，又须关防小人。当官者要迎难而上，做到难事勿辞，不可徇其私意，忽而不治。当官者务必要以暴怒为戒，要善于忍，"若先暴怒，只能自害，岂能害人"。当官处事，要严谨，实事求是，"但务着实"，不可奸伪，不可无故反复，不能弄虚作假。

元代著名政治家、文学家张养浩遵循儒家学说，一生为官清廉，敢于犯颜直谏。元大德十一年（1307），张养浩被任为监察御史，任期中上《时政书》，直斥朝政十大弊端，触怒皇帝和当权大臣，被借故罢官，后又被启用。天历二年（1329），关中大旱，临危受命出任陕西行台中丞，积劳成疾，当年逝于任上。张养浩当地方官员时撰写了《牧民忠告》，当监察官员时撰写了《风宪忠告》，当中央官员时撰写了《庙堂忠告》，合称《为政忠告》，又名《三事忠告》，是对地方官员、监察官员、中央官员的真诚劝戒。"牧民"即治民，《牧民忠告》包括拜命、上任、听讼、御下、宣化、慎狱、救荒、事长、受代、闲居十个部分。"风宪"是对监察御史的别称，《风宪忠告》全文分为自律、示教、询访、按行、审录、荐举、纠弹、奏对、临难、全节十个部分，论述监察官员应遵循的行为准则和从事监察活动所应掌握的基本方法。"庙堂"指中央朝廷，《庙堂忠告》包括修身、用贤、重民、远虑、调燮、任怨、分谤、应变、献纳、退休十个部分。

五、明清官戒

明清官戒呈现出数量众多、形式丰富、内容多样、侧重实政等特点，仅清代流传下来的官箴书就多达五百多种，[1] 影响较大的

1　参见崔宪涛：《中国古代官箴书的几个问题》，《理论学刊》2005 年第 1 期。

有颜茂猷的《官鉴》、汪天赐的《官箴集要》、陈宏谋的《在官法戒录》《从政遗规》、吕坤的《实政录》、薛瑄的《从政录》、杨昱的《牧鉴》、佘自强的《治谱》、郑端的《政学录》、汪辉祖的《佐治药言》《学治臆说》、陆陇其的《莅政摘要》等。

明清皇帝重视对大臣的规诫。靠武力夺取政权的明太祖朱元璋对武臣的管理尤为重视，编纂了《武臣敕谕》《武臣训诫录》《古今武臣善恶事》等书，作为严格要求武臣的规范，从各个方面对武臣做出要求。明初发生了重大的政治案件胡惟庸案、蓝玉案，史称"胡蓝之狱"，太祖朱元璋借口丞相胡惟庸、凉国公蓝玉谋反，大肆株连杀戮功臣宿将，受株连被杀者达数万人。"胡蓝之狱"后，朱元璋组织文臣编写了《逆臣录》《昭示奸党录》等书籍。朱元璋编撰的官戒还有洪武五年（1372）申诫公侯的《铁榜文》、洪武十三年（1380）的《臣戒录》、洪武十九年（1386）的《志戒录》等。《臣戒录》"采晋李克至宋刘正彦为臣悖逆者，凡百有余事，赐群臣及教官诸生讲诵，使知所鉴戒"，《志戒录》"纂录历代诸侯王、宗戚、宦官之属悖逆不道者，凡二百二十人，颁布中外之臣，俾知所警"。明宣宗朱瞻基御制《官箴》三十五篇，按照官职分类开展训诫。宣宗敕辑的《历代臣鉴》，内分"善可为法"与"恶可为戒"两类，以为文武权臣篡夺、逾制之戒；《外戚事鉴》取"宋汉以下历代戚里之臣"七十九人，按其"善恶之迹并其终所得吉凶"分类而成，以为外戚干权、奢侈之戒。

　　清代的皇帝中，以顺治、康熙、乾隆、嘉庆的官箴作品最为突出。顺治皇帝所钦定《人臣儆心录》在梳理古往今来"奸臣恶迹"的基础上，从"植党""好名""营私"等八个方面规诫群臣。康熙皇帝的传世作品甚多，其中就包括《讲官箴》《祭酒箴》《给事中箴》《御史箴》《台省箴》《太常箴》《提镇箴》《督抚箴》《守令箴》《河臣箴》《漕臣箴》等官箴。康熙帝曾专门手书"清、慎、勤"三字告示百官，成为钦定的官戒。王士禛《古夫于亭杂录》载："上（康熙）尝御书清、慎、勤三大字，刻石赐内外诸臣。"乾嘉时期学者赵翼在《陔馀丛考》卷二十七《清慎勤匾》条中说："各衙署讼堂多书清、慎、勤三字作匾额。"以清、慎、勤三字为官箴，通行于有清一代，所以梁启超在《新民说·论公德》中说："近世官箴，最脍炙人口者三字，曰清、慎、勤。"乾隆皇帝所作官箴计有四篇，即《敬天箴》《法祖箴》《勤政箴》《亲贤箴》，合称《养心殿四箴》。嘉庆皇帝的官箴作品颇丰，据《清史稿·仁宗本纪》记载，他曾"制官箴二十六章，宣示臣工"。

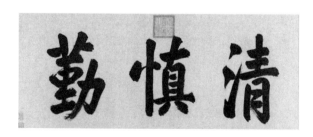

康熙帝手书《清慎勤》匾额

明朝万历年间的大臣吕坤，为政清廉，刚正不阿，他与沈鲤、郭正域被誉为明万历年间天下"三大贤"，历任知县、吏部主事、按察使、巡抚、布政使、御史、刑部侍郎。由于吕坤任职经历丰富，又是善于思考的思想家、文学家，他所著的《实政录》影响很大，被视为从政圭臬。《实政录》共七卷，第一卷为明职，第二至第四卷为民务，第五卷为乡甲约，第六卷为风宪约，第七卷为狱政。《清实录》记载，在同治九年闰十月乙亥日，同治皇帝下谕，依照御史吴凤藻所奏，令江南、湖北、浙江等省所开书局，刻吕坤《实政录》，以利其"广为流布，俾收实效而饬官方"[1]。

被康熙帝赞誉为"天下廉吏第一"的于成龙，因卓著的政绩和廉洁刻苦的一生，深得百姓爱戴。于成龙将一生勤政爱民、廉洁从政的经验总结为《示亲民官自省六戒》。其一"勤抚恤"，官员要勤政爱民、体恤民间疾苦，安抚关心百姓的生产生活。其二"审刑法"，不能随意杀伐。其三"绝贿赂"，俸禄之外就不应该再有别的收入，"从来有名士，不用无名钱"，尤其是"受人财而替人枉法，则法律森严，定当妻孥连累。清夜自省，不禁汗流。是不可不戒"。其四"杜私派"、其五"严征收"，老百姓缴纳征赋都很困难，私派的钱粮从哪里出呢？其六"崇节俭"，禁止奢靡，"长吏近民，虽自己足食，尤当思民之无食者；自己披衣，亦当思民之无衣者。推此一心，纵令衣食淡薄，尚且不能消受，而尤欲

---

1 《清穆宗毅皇帝实录》卷二百九十四，同治九年闰十月乙亥日条，第1075页。

起侈丽之想乎"。于成龙终身布衣蔬食，反对奢靡浪费，每餐下饭主要靠青菜，被百姓称为"于青菜"。

第三节　官戒的形式

一、官戒文献

官戒的创作、发布和流传主要通过文献的形式。先秦的官戒大多作为篇章或语录收载于有关的历史文献当中，如本章前面提到的《四方戒》《戒佹成王》等。秦汉魏晋时期，单篇的官戒文献成为官戒的主要形式，如皇帝发布的诸多戒敕、仕宦文人创作的官戒作品等。唐代开始，内容系统、长篇巨制的官戒著作成为官戒重要的形式，如武则天的《臣轨》《百僚新诫》、唐玄宗的《令长新戒》、宋代吕本中的《官箴》、清代陈宏谋的《在官法戒录》等。

诏敕、戒敕始终是传统官戒的重要形式。《唐六典》对唐代的皇帝诏令文书有明确记载，其中论事敕就是专用来"慰谕公卿，诫约臣下"[1]的。在《唐大诏令集》《册府元龟》等文献中保存下来的唐代诏令文书中有很多是对官吏的警敕和诫励。《唐大诏令集》

1　（唐）李林甫等撰，陈仲夫点校：《中书省集贤院史馆匦使院》，《唐六典》卷九，中华书局1992年版，第274页。

中"政事"一类中专有"诫谕"一目,《册府元龟》"帝王部"下有"诫励"一类,这些都收录了大量的唐代对官吏的警敕和诫励的资料,其中诏敕占有较大比重。大历五年(770),唐代宗在敕文中要求"至于莅官述职,各宜明慎典刑,宜庆子孙,永以为戒"[1]。

官戒文献的流传:一是皇帝命令颁行。如开元二十四年(736)二月,唐玄宗宴请新授县令于朝堂,在殷切诫励之后,亲撰《令长新戒》一篇,颁赐天下县令,要求县令们革故维新,变风俗、兴教化、恤百姓、勤政事。宋仁宗皇祐元年(1049)正月,颁布《诫饬倾危诏》:"朕闻自古为治,靡不以苛察为戒,而近岁风俗,争事倾危,狱犴滋多,上下睽急,伤累和气,朕甚悼焉。自今,台谏官非朝廷得失、民间利病,更不许风闻弹奏,违者坐之。"(《宋大诏令集》卷一百九十三《政事·诫饬四》)明确要求监察官员以"苛察"为戒。二是官戒名篇名著受到各级官宦的自发传习,如吕本中《官箴》在宋代及明清的流传。明朝仁和教谕汪天赐的《官箴集要》集从政为官和治学为一体,以仁义礼乐为本,是历代官箴类作品中影响最为深远的著作之一。三是商业运作下官戒书的流传。宋代以后,由于印刷业、出版业的发达,私人书坊、书肆的活跃,书籍销售网络的扩展,特别是明清时期民间商业资本开始加入官戒书的传播行列,使得坊刻本官戒书成

---

1 (宋)宋敏求:《政事·恩宥二·大历五年大赦敕》,《唐大诏令集》卷八十四,中华书局1960年版,第482页。

为这类书籍的重要组成部分，不仅进一步推动了官戒书创作和出版的繁荣，而且降低了官戒书的出版成本，有效拓展了官戒书的传播范围，使普通读者更加容易获得，同时也使官戒书的内容更加照顾读者市场的实际需求。[1]

二、戒石铭

　　除了以文献形式传承的官戒，还有一些官戒以器物铭刻的形式存在。刻铭辞以自警戒的做法甚至比文献形式出现得更早，刘勰《文心雕龙·铭箴》记述："昔帝轩刻舆几以弼违，大禹勒笋虡而招谏。成汤盘盂，著日新之规；武王户席，题必诫之训。周公慎言于金人，仲尼革容于欹器，则先圣鉴戒，其来久矣。"清代赵翼考证认为早在商周时期就已经有刻石为戒的做法。《商书》：'制官刑，儆于有位。'则戒誓之辞，其来最古。"大禹、汤、武王、周公、孔子等圣贤都曾铭物以戒。汤有著名的日新盘铭，周武王与周公旦既以铭物自戒，也以铭物训诫子侄，周武王曰："吾随师尚父之言。因为慎书铭，随身自诫。"（《太公金匮》）周武王在位时，其子姬诵尚幼，无法教以君道，为传位万世，便将自己的心迹以格言形式刻于器物上，以使他长大后接受训诫，"予一

1　杜金：《明清民间商业运作下的"官箴书"传播——以坊刻与书肆为视角》，《法制与社会发展》2011年第3期。

人所闻,以戒后世子孙"[1]。后来,根据皇帝的命令或者出于官吏的自觉,往往在府衙刻立戒石,或者悬挂官戒匾额,以达到时时省励的目的。这一现象比较早地出现于唐朝。例如,唐玄宗时期对地方官吏时常颁布戒敕,并且让书法名家书写后颁赐给各地官吏,命刻石立于衙署以为戒鉴,唐玄宗开元二十四年(736)颁布的《令长新戒》《处分县令敕》《戒牧宰敕》等均被刻碑流传。据宋代欧阳修《集古录》载:"开元之治盛矣,玄宗尝自择县令一百六十三人,赐以丁宁之戒。其后天下为县者,皆以新戒刻石,今犹有存者。"[2]可见,《令长新戒》这篇以县官为训诫对象的官戒曾被广泛刻石,欧阳修还收集到该种唐代遗存刻石六块,赵明诚著《金石录》时收有四块。清人倪涛在《六艺之一录》卷六十三中考证认为,玄宗《令长新戒》成后,"宰相裴耀卿等请令集贤院善书者书以赐之,其后诸县往往各以刻石"[3]。山东省临沂市博物馆存有一方《开元二十四年残碑》,其内容是《唐大诏令集》中所载的《处分县令敕》。

五代十国时期,后蜀的末代皇帝孟昶对戒石铭的发展有重要的推动作用。孟昶是后蜀高祖孟知祥之子,明德元年(934)十五岁时正式即位。孟昶在位三十一年,在位前期能够勤于政事,

1 (清)王聘珍撰,王文锦点校:《大戴礼记训诂·武王践阼》,第107页。

2 (宋)欧阳修:《唐令长新戒》,《集古录》卷六,新文丰出版公司编辑部编《石刻史料新编》(第一辑)第24册,台北:新文丰出版公司2006年版,第17885页。

3 (清)倪涛:《令长新戒》,《六艺之一录》卷六十三,新文丰出版公司编辑部编《石刻史料新编》(第四辑)第5册,第146页。

整治吏治，拓展疆土，社会经济也有很好的恢复发展，其国在五代十国处于领先地位，但统治后期奢侈淫靡，奢靡程度令人瞠目，他的尿壶都是用七种宝物打造而成，后政权为宋朝军队攻灭，宋朝册封其为秦国公。孟昶投降北宋后，在从成都押送到北宋京师的途中，数万老百姓冒着生命危险为他痛哭送行。孟昶的文学修养很高，精通诗词歌赋。后蜀广政四年（941），孟昶鉴于前蜀因吏治腐败而亡国，特意撰写了 96 字的官箴《戒谕辞》（《令箴》），劝勉官员们必须以廉政爱民为要务，并颁发给境内各州县，作为为官守则：

> 朕念赤子，旰食宵衣。托之令长，抚养惠绥。
>
> 政存三异，道在七丝。驱鸡为理，留犊为规。
>
> 宽猛得所，风俗可移。无令侵削，无使疮痍。
>
> 下民易虐，上天难欺。赋与是公，军国是资。
>
> 朕之赏罚，固不逾时。尔俸尔禄，民膏民脂。
>
> 为民父母，莫不仁慈。勉尔日戒，体朕密思。

官衙里设置戒石铭的做法在宋代初年开始变得广泛。大宋开国皇帝太祖赵匡胤总结历代兴亡教训，注重加强对各级官吏的教育。在众多前代官戒作品中，宋太祖很欣赏孟昶所撰的《戒谕辞》，他精心摘取重组了其中的四句"尔俸尔禄，民膏民脂；下民

易虐，上天难欺"，要求各级官员作为诫谕。北宋太平兴国八年
（983），宋太宗赵光义将这16字官戒以戒石铭形式颁示天下，刻
石立于各府州县衙门中，以警戒州主县令秉公办事，从政为民，
故称"御制戒石铭"。后来宋哲宗也曾亲自书写《戒石铭》，颁赐
给郡县。北宋元丰五年（1082），书法家黄庭坚在泰和县做县令
时，曾书该铭置于泰和快阁。南宋绍兴二年（1132）二月，高宗
赵构令人摹刻黄庭坚所书《戒石铭》，颁赐州县，让州守县令们作
为晨夕之戒。

宋代黄庭坚书《戒石铭》

官衙戒石铭的设置，有取古人"刻于盘盂，勤于几杖，居有
常念，动无过事"之意，是封建皇帝对地方官员申明约束，使其
有所鉴诫、廉洁从政的一种手段，元、明、清一直承袭，但形式
上有所变化，明代以前只有戒石碑，没有戒石亭、戒石坊。宋人
将《戒石铭》碑置于座右，明人则置之甬道，并在碑阳镌"戒石"
两个大字或"公生明"，到了清代前期，又将《戒石铭》以碑亭形
式移置于大堂正中甬道，立于大堂前，使署内人员于出入之间，

特别是审理案件时举目可望，以达到时时自省的效果。后又将立石改为牌坊，仍照石刻字样书写铭文。可见，官戒文化对于传统吏治的影响不仅限于口头或书面的宣戒，甚至影响到了官衙的建筑设计，"戒石铭"成为古代官方建筑的内涵与要素。据说旧时地方官在上任时，要在戒石铭下举行祭拜仪式，并带领僚属宣读戒石铭内容。戒石铭的设立，对古代官吏的奉职守法确实起过积极作用，历史上的包拯、海瑞、况钟、于成龙等，就是由于能够一直伸张正义、勤政廉政、为民造福而名垂青史。

今河北省保定市的全国重点文物保护单位清代直隶总督署，原建筑始建于元代，为顺天路总管府所在地，明初为保定府衙，清代雍正年间扩建后正式建立总督署，是一座保存最为完整的清代省级衙署。直隶，因其直接隶属京师而得名，直隶总督因直隶省独特的地理位置而名列全国八督之首，拱卫京师，集军事、行政、盐务、河道及北洋大臣于一身，其权力已大大超过直隶省范围。署衙内仪门至大堂的甬路上，有横跨甬道的木质"公生明"牌坊一座，此即"戒石坊"，红、黑两色，木制。据称，清代每位总督大人到任后，都要率领众僚属列队于坊前，高声诵读其上的官戒。

河北清代直隶总督府戒石坊正面（作者拍摄）

河北清代直隶总督府戒石坊背面（作者拍摄）

今山西霍州市存有一座霍州署衙，始建于隋唐，现存古建筑为元、明、清古文化遗产，是一座保存较完整的古代州级署衙，全国重点文物保护单位。仪门至州署大堂之间，是一条长长的高

出地面约 1 米的甬道，直通大堂。在署衙仪门之北约 20 米的甬
道中间，立着一座牌坊式建筑，名为戒石亭。此处原立一石碑，
南刻"公生明"，北面刻"尔俸尔禄，民膏民脂，下民易虐，上天
难欺"，这就是"戒石铭"。

今河南叶县存有一座明代县衙，全国重点文物保护单位。该
县衙建于明代洪武二年（1369），县衙内有座碑式戒石铭，碑高
2.1 米、宽 1.28 米、厚 0.2 米，位于大堂前甬道正中。明嘉靖
《叶县志·公署》有"戒石亭在仪门内"的记载。戒石铭碑正面书
"公生明"三个大字，背面则是由北宋著名书法家黄庭坚书写的御
制官戒："尔俸尔禄，民膏民脂；下民易虐，上天难欺。"

"公生明"戒石铭从何而来呢？战国时期的法家荀子说"公生
明，偏生暗"（《荀子·不苟》），公正使人明智，偏私使人昏聩。
历代思想家、政治家都将公正无私视为最重要的官德之一。"公生
明"戒石铭产生较晚，到明代才出现"公生明，廉生威"的官戒
刻石。据河南省专业志丛书《内乡县衙与衙门文化》一书在《官
箴戒约》一节中记述，这则官戒最早出自明朝曹端之口。曹端是
河南渑池人氏，中举后，一生在霍州、浦州做学政，学术造诣高
深，被推崇为明朝理学之冠，培养出一大批十分优秀的人才。明
永乐十二年（1414），曹端的学生西安府同知郭晟向他讨教为官
之道，曹端说："其公廉乎！公则民不敢慢，廉则吏不敢欺！"这
段话后来在明朝大臣年富的推崇下成为一则著名的官戒。年富是
明朝著名的清官，官至户部尚书，在其任山东巡抚时，思考并改

造了曹端的话，"吏不畏吾严而畏吾廉，民不服吾能而服吾公。公则民不敢慢，廉则吏不敢欺。公生明，廉生威"，并书写刻碑立于府衙内。此后，"公生明，廉生威"与宋太祖的"尔俸尔禄，民膏民脂；下民易虐，上天难欺"成为官衙戒石、戒坊上最常见的内容。

第四节　官戒的内容

官戒的内容非常繁复，因撰写者和诫勉对象不同而在内容上有所差异、有所侧重，不同时期的官戒在内容上也有所不同，但主要观点是比较趋同的，目的不外乎促进立官德、勤政务等。归结起来，主要包括如下几个方面：

第一，忠君。传统官戒产生于封建集权体制之下，在"家国一体"的政治伦理前提下，忠于君主与忠于国家是一致的，故而对于封建统治者来说，树立各级官吏的忠君思想是首要的吏治任务，忠君教诲也就成为传统官戒中的不二主题。唐代武则天编撰的《臣轨》一书，专设《至忠》一章，对官吏的忠德进行了阐释，"忠臣事其君也，尽心焉，尽力焉。称才居位，称能受禄"。忠臣应当直言敢谏，"不面誉以求亲，不愉悦以苟合"；忠臣应当先公后私，"公家之利，知无不为。……内匡君之过，外扬君之美。不以邪损正，不为私害公"。官吏做到"至忠"，摒弃"小忠"，成就"大忠"，"不去小忠，则大忠不至"，多做利国利民的事，才是真正对君主负责的"大忠"。明代薛瑄所著《从政录》中，把"不欺君"列为"做官持己之三要"的第一"要"。

第二，爱民。明智的君主都将爱民、护民、利民视为稳固统治的基础。唐贞观十八年，太宗诫侍臣曰："舟所以比人君，水所以比黎庶，水能载舟，亦能覆舟。"（《贞观政要·教诫太子诸王》）元代张养浩在《牧民忠告》中指出："民病如己病。民之有讼，如己有讼；民之流亡，如己流亡；民在缧绁，如己在缧绁；民陷水火，如己陷水火。凡民疾苦，皆如己疾苦也。"清代汪辉祖在《学治臆说》中指出："亲民之道，全在体恤民隐，惜民之力，节民之财，遇之以诚，示之以信，（使）不觉官之可畏，而觉官之可感。"武则天《臣轨》认为，"为臣不能慈惠于百姓，而曰忠正于其君者，斯非至忠也"，忠的最高境界是惠爱百姓，忠君与爱民应当高度统一起来。

第三，公正。《臣轨》专设《公正》《诚信》两章，指出克制自己的偏私而根据道义行事，就叫公正，"当公法则不阿亲戚，奉公举贤则不避仇雠"。要做到公正就必须诚信，"凡人之情，莫不爱于诚信"，所以"非诚信无以取爱于其君，非诚信无以取亲于百姓"。南宋吕本中《官箴》主张"当官之法，直道为先"。南宋真德秀的《西山政训》认为，官吏必须铭记蜀汉贤相诸葛亮"吾心如秤，不能为人作轻重"的至理名言，"存心以公"，做到"以公心持公道，而不汩于私情，不挠于私情"。真德秀总结了妨碍公正的六种原因：贪贿赂、任喜怒、党亲戚、畏豪强、顾祸福、计利害，为官者应当提防避免。明代汪天赐《官箴集要》认为，"居官以公平正大为体"，"公平则不致于偏私，正大则不致于苛细"。

第四，清廉。唐太宗认为能否清廉对于为君为臣者都至关重要，"为主贪，必丧其国；为臣贪，必亡其身"（《贞观政要·论贪鄙》）。武则天视清廉为官吏之宝，"理官莫如平，临财莫如廉。廉平之德，吏之宝也"（《臣轨·廉洁》）。清代顺治帝钦定的《御制人臣儆心录》认为："大臣不廉，无以率下，则小臣必污。小臣不廉，无以治民，则风俗必坏。层累而下，诛求勿已，害必加于百姓，而患仍中于邦家。欲冀太平之理，不可得矣。"唐代姚崇在《五诫·冰壶诫》中以冰壶喻清廉："冰壶者，清洁之至也，君子对之，示不忘乎清也。……嗟尔在位，禄厚官尊，固当耸廉勤之节，塞贪竞之门。"宋代吕本中《官箴》，开篇便说"当官之法唯有三事，曰清、曰慎、曰勤"，把清摆在"三事"之首。真德秀在《西山政训》中把廉洁对于官吏品格的重要性比喻为贞洁之于女子："廉者士之美节，污者士之丑行。士之不廉，犹女之不洁。不洁之女虽功容绝人，不足自赎；不廉之士纵有他美，何足道哉？"要做到清廉，就必须安于清贫，要以节俭为习惯。清代陈宏谋《从政遗规》指出："惟俭足以养廉。"汪辉祖《学治臆说》谆谆告诫："欲为清白吏，必自节用始。"

第五，勤勉。勤勉于政务是对为官者的基本要求。吕本中所谓当官三事、真德秀所谓从政四事、胡太初所谓莅官二要中皆包括一个"勤"字。明代汪天赐《官箴集要》主张，为官当以"勤谨和缓为先""勤谨则不致于怠慢"。北宋陈襄《州县提纲》说,勤就是"专心致志,朝夕以思"职事,此外"毫不可经意",就是随时处理职事,使"政有条理,事无留滞"。真德秀《西山政训》对南宋后期官场中"以酣咏邀游为高,以勤强敏恪为俗"的坏风气提出尖锐批评,认为这是"衰弊之风","盛明之时岂宜有此"。他主张,"为士者不可以不勤",应"朝夕孜孜",唯公事是务,不是休假日不聚饮,不是游赏时节不出游,把精力用在本职工作上。晚清名臣曾国藩在任两江总督时制定了自己的工作时间表:上午见客审貌听言、作折核保单、点名看操、写亲笔信、看书、习字;下午阅当日文件、改信稿、核批札稿、查记银钱账目;晚间温诗和古文、查应类事目。

第六,谨慎。为官理事既要勤勉,也要谨慎。明代薛瑄认为"圣贤成大事业者,从战战兢兢之小心来"(《从政录》)。谨慎包括"慎言、慎行、慎做事"。因为官吏的言行是公众瞩目的,所以言行举止必须格外谨慎,不该去的地方不去,不该交的朋友不交,不是深思熟虑的话不说,不是深思熟虑的事不做。宋代吕本中《官箴》主张,公务细节上必须仔细认真,"当官处事,但务着实。如涂擦文书,追改日月,重易押字,万一败露,得罪反重,亦非所以养诚心事君不欺之道也"。清初石成金的《嘉官捷径》认为,施政者应当不扰民,凡事有利于兴利除害,"官一取则民财竭,官一扰则民疲于奔命,官一害则民身丧家亡,官一好事则地方不享无事之福",提出了"以不取为与,以不扰为安,以不害为利,以无事为兴废起弊"的为官之道。吕本中《官箴》、陈襄《州县提纲》等都提出为官者应当戒急用忍,不可盛怒,"以暴怒为戒"。

第七,实务。一些官戒注重积累和传授具体政务的处理经验,如陈襄的《州县提纲》、李元弼的《作邑自箴》等。《州县提纲》卷二、卷三在审理案件方面总结了近五十条注意事项,包括判状勿凭偏词、判状勿多追人、示无理者以法、勿萌意科罚、面审所供、呈断凭元供、详阅案牍、详审初词、通愚民之情、交易不凭钞、诬告结反坐、证会不足凭、立限量缓急、用刑须可继、戒谕停保人、执状勿遽判、判状详月日、案牍用印、差役循例、禁差役之扰、疑似必察、鞫狱从实等。

第八,重学。大小官吏是经国治世的具体承办人员,自身必须具备相应的学识。唐太宗认为,选材用人"必须以德行、学识为本","夫人虽禀定性,必须博学以成其道","是以苏秦刺股、董生垂帷。不勤道艺,则其名不立"(《贞观政要·崇儒学》)。苏秦是战国时纵横家,曾佩六国相印,联合齐、楚、燕、赵、魏、韩共同抗秦。苏秦的成就源于他发奋读书治学,读书快要睡着的时候,他就拿锥子刺自己的大腿。西汉政治家董仲舒讲学时以帷幕遮掩,以求专心。朱熹是宋代理学家,儒学集大成者,世人尊称其为朱子,其《朱文公政训》说:"人只任闲散不可,须是读书。"朱熹的弟子将其读书治学的方法总结为"朱子读书法"六条,即循序渐进、熟读精思、虚心涵泳、切己体察、着紧用力、居敬持志。

第五节　官戒与吏治

官戒是统治者开展吏治建设的途径之一，也是士大夫自我规戒的重要方式，其具体作用存在于三个方面，一是教育功能，提升官吏素质；二是规范功能，引导官吏从政行为；三是惩戒功能，对违反有关要求的行为予以惩罚。

一、官戒的思想教育功能

官吏是上层建筑的重要实体组成，官吏架构构成了历朝历代权力执行和行政运作的支撑。对官吏阶层，必须实现思想价值观上的统一，必须开展政治伦理上的系统构建，以形成稳固统治的思想意识形态上的"基点"。孔子认为，为政在人，"其人存，则其政举。其人亡，则其政息"（《礼记·中庸》）。"政者，正也。子帅以正，孰敢不正？""其身正，不令而行；其身不正，虽令不从"（《论语·颜渊》）。孔子的论断，确立了治官与治国之间内在逻辑上的高度统一性。故而，历代统治者都十分重视官吏的思想教育问题，发布官戒对官吏进行政治伦理上的塑造。这成为历代统治者不二的重要选择。武则天曾多次在奖赏有功之臣时将官戒绣在赏赐官员的锦袍上，其内容多为"德政惟明，职充思平。清慎忠勤，荣进躬亲"或者"廉正躬奉，谦感忠勇"之类诫勉之辞，既肯定他们的清正廉明、忠君勤政，也对他们作出教育。唐文宗时，刺史张贾施政得体，但张贾有赌博的癖好，唐文宗召见张贾要求改正，张贾辩解说只在公事之余，偶尔与门下的宾客亲朋们玩一玩，不会妨碍正事。文宗因此写下九个字的"官戒"送给张贾："岂谓好之而不妨事哉！"自此以后，凡是外任刺史面辞时，文宗都殷勤戒敕"无嗜博、无饮酒"[1]。张贾改掉了赌博的毛病，成为一代名臣。唐玄宗颁布《令长新戒》，并教育县令们说："古先哲王，不闻好货；垂以明戒，无易纪律。"古代选才任官，往往从一开始便使用官戒对入选者进行教育，皇帝在接见新科入仕的新官员时，一般都会加以专门的训诫或者颁赐有关官戒。

二、官戒的行为规范功能

为官者应当如何思、如何行，需要有规矩准绳，除了刚性的法律规定之外，官戒也是一种准则。官戒大多侧重倡导、劝勉，突出"治心"，有灵活性，针对性强，在行为规范的效果上往往超过法律。大量的官戒是通过介绍正面典型或者反面典型的方式进行软规范。官戒作者往往也是将其定位为规范、准绳、指南、规则。这种规范，有的是具体而微的，有的则是概念性、原则性的。《贞观政要·教诫太子诸王》记载，贞观七年，唐太宗命魏徵集录

1　（宋）王钦若等编：《帝王部·诫励三》，《册府元龟》卷一百五十八，中华书局1960年版，第1912页。

"古来帝王子弟成败事，名为《自古诸侯王善恶录》，以赐诸王"，希望王室臣工见善思齐、闻过能改，"以为规范""垂为炯戒"。另外，从效力上看，皇帝们下发的戒敕本身就是一种政令，也是具有强制性规范色彩的。武则天专门为训诫群臣而撰写《臣轨》，希望"所以发挥言行，熔范身心，为事上之轨模，作臣下之准绳"，规诫官吏们"修己必顾其规，立行每观其则"。南宋许月卿所撰《百官箴》，分曹列职，各审规戒。《四库全书》总纂官纪昀、陆锡熊、孙士毅在收录《州县提纲》时评论说："其书论州县莅民之方，极为详备，虽古今事势未必尽同，然于防奸厘弊之道，抉摘最明，而首卷推本正己省身，凡数十事尤为知要，亦可为司牧之指南。"元代张养浩在任堂邑县令时总结著述的《牧民忠告》，分拜命、上任、听讼、御下、宣化、慎狱、救荒、事长、受代、居闲十章，包括从受命上任到离职休养共十个方面，基于实际操作，系统讲述了担任地方官的一系列政务规范。明代杨昱所撰的《牧鉴》则是以经史百家之言有关政治者，袤辑成帙，是从文献中总结出的为官之规范。

三、官戒的惩治警醒功能

《尚书·大禹谟》主张"戒之用休，董之用威"，即对官吏既要用吉善之事加以诫勉，又要用刑罚之威予以监督、慑服。《唐律疏议》明确将"德礼为政教之本，刑罚为政教之用"写进法律，

确认了教育在先、教育为本、刑罚为辅的原则，集中体现了传统
政治在治理上注重促成内在完善、发挥自律功能的导向。官戒正
是实现这一目的的重要途径和方式。不时的警醒能够促使官吏时
时自我约束，宋代王钦若在编纂《册府元龟·帝王部·诫励一》
时论议，立官戒的目的是"申明约束，使其感激自励，远罪迁
善"。官戒以劝导为实现目的的主要方式，对于严重违反者的惩治
往往结合官吏考核或者有关法令的规定进行。周天子的《四方戒》
说："各修平乃守，考乃职事，无敢不敬戒，国有大刑。"可见，
王之戒命不仅仅只是虚言恫吓。云梦秦简《法律答问》记载，官
吏玩忽职守丢失了记书、符券、官印、衡器的权等物品，要受到
论处，即使后来自己找到所丢失的东西也不免除处分。西汉《二
年律令》中规定，官员受贿按照盗窃罪处置，窃取国家财产价值
十金就要被处以死刑，对于任人失察、所任之人不廉洁的，作出
任用决定的官员要一起予以免职，"有任人以为吏，其所任不廉、
不胜任以免，亦免任者"（《二年律令》简文）。唐玄宗重视官员
考核，在一次考核中发现吏部员外郎褚璆等十来位官员"案牍稽
滞"，立即诫勉道："尚书郎皆是妙选，须称其职，焉可尸禄悠悠，
曾无决断。"警告他们："自今已后，各宜惩革，若有犯者，别当
处分。"戒敕形式的官戒本身具有法律效力，可以作为实施惩治的
依据。一些官戒还引入了善恶阴骘、神降天罚的宗教观念，以增
强警戒的力度。唐太宗敕撰的《古今诸王善恶录·序》中说："凡
为藩为翰，有国有家者，其兴也必由于积善，其亡也皆在于积恶。

故知善不积不足以成名，恶不积不足以灭身。然则祸福无门，吉凶由己，惟人所召，岂徒言哉！"唐太宗对这本书很满意，叮嘱皇室臣工"此宜置于座右，用为立身之本"（《贞观政要·教诫太子诸王》）。清代胡衍虞《居官寡过录》曰："岂惟律有明禁，即天地鬼神亦所不容。"清代蒋埴的《宦海慈航》通过融入宗教化劝说的方式来规戒为官者在宴会、祭祀、交游馈赠、接待等方面应当从简、简约等。

第四章

道教戒

　　汉代开创了第一个兴盛统一的封建王朝，对于统一的中华民族的形成，意义重大，历史影响深远，以至于后世称中国人为"汉人"。然而，东汉末年，继位的皇帝总是年幼弱小，导致外戚与宦官轮番专政擅权，政治混乱于上，民生凋敝于下，政局动荡，民变迭起。苦难的下层人民借助宗教的力量，起而反抗，这正是太平道等起义的背景。起义军很快被扑灭了，但道教却由此兴起。太平道、五斗米道成为早期道教的主要流派。后经由南北朝时期的整顿发展，道教的传衍绵延不断。道教以长生信仰为特色，不断吸取各种文化精髓，形成中国本土宗教文化。其思想体系博大，兼容并蓄，与历史兴衰紧密相连。因其思想、文化"杂而多端"，对中国传统哲学、文化、艺术、科技、医药等的发展都有重要作用，故而鲁迅曾说："中国文化的根柢全在道教。由此读史，很多问题可以迎刃而解。"[1]

1　1918 年 8 月 20 日《致许寿裳》。

　　道教从早期组织松散、教义浅简发展到组织严密、教义博深，其重要的转折就在于其建立起了一套成熟的戒律体系。道教的戒（律）是约束道士思想言行，防止"恶心邪欲""乖言戾行"的条规。在宗教团体内，无论是个体内在秩序的建立与维持，还是教团整体秩序的建立与维持，都有赖于戒律作用的发挥，故而道教戒律在教团内的秩序功能是至关重要的。汉末张鲁割据蜀中之时，其他地方动乱不定，而以五斗米道教徒为主体的蜀中地带却能够相对安定，"民夷便乐之"[1]，以道教信仰和规戒统合流民力量而建立起来的成汉政权情形也类似，这些正是道教团体在戒律约束下能够有效建立秩序的表现。

第一节　道教戒的源起

　　上古时代神灵观念产生以后，人、神交涉成为最重要最神圣的事情，在探索人神交通仪式的过程中，"戒斋以告鬼神"的信仰形成，古老的斋戒仪轨正是道教斋戒的最重要历史渊源所在。东汉末年，五斗米道与太平道相继建立，此时的道教虽处草创，尚未形成系统的戒律，但为了贯彻信仰与教义，为了实施有组织的生活，一些宗教规范就自然地产生了。道教对这些规范及其宗教意义不断探索，在发展需求的促使下，道教戒律渐受重视，汉末曹魏成为道教戒律的萌生时期。

---

1 《三国志·魏书·张鲁传》，线装书局 2007 年版，第 67 页。

一、《太平经》与《想尔注》的道诫意识

《太平经》是最早的道教经典之一，其中的道诫意识实为道教
戒律得以确立的思想萌芽所在，值得关注。《太平经》是以"真
人"和"神人"之间问答的形式展开的，是神降之语诫。王明所
编《太平经合校》中，"戒"字使用约 240 处，"诫"字使用约
50 处。"戒""诫"在《太平经》中的基本意义，一为训诫之语，
即"神人"的语诫，如"今若且觉而未觉，愿重问其教戒"，"畏
死之人，不敢犯此诫文"，"受敕见戒，不敢余力而不进善也"[1]。
二为动词，表示告诫，如"唯天师丁宁重戒之"，"今人幸蒙先师
敕戒"，"善亦当惠成名，宜卒竟其功，是神常诫也"[2]。三为警戒、
戒绝之意，如"戒之慎之"，"子诫慎之"[3]。四为当戒绝之事，如：
"真人问神人曰：'受道以何为戒乎？'神人言：'道乃有大戒，不
可不慎之也。'"[4]《太平经》中诫、戒二字实相通为用，主要指神的
训诫，其组词用法达二十余种，如神诫、大诫、诫书、戒文、明
戒、天戒、常诫、书诫、敕诫、神戒、重戒、教戒、敕戒、仁戒、
性戒、道戒、禁戒、斋戒等。《太平经》每篇大体上表述一个主题

---

1 王明：《太平经合校》，中华书局 1960 年版，第 105 页、第 602 页、第 536 页。一般
　认为，今《道藏》本《太平经》造作于东汉后期，重编于六朝晚期。

2 《太平经合校》，第 56 页、第 244 页、第 609 页。

3 《太平经合校》，第 658 页、第 70 页。

4 《致善除邪令人受道戒文》，《太平经合校》卷七十一，第 285 页。

的训诫，都是修道必知必遵的诀要、禁戒之意。如"守一入室知
神戒"阐述守一之术的作用与方法，"不孝不可久生诫"强调恪守
孝伦理对于修道致长生的重要性等。全书并未形成一个有严格逻
辑的戒律系统，故还不是正式的戒律，但这些训诫成为后来道教
戒律的滥觞，也可视为初期道教中零散的戒条。

在道教早期的经典中，《老子想尔注》的道戒意识也极为突
出。《想尔注》中使用"诫"45处，作"诫"或"道诫"用的占
42处。根据注文理解，"诫"或"道诫"的含义乃指道的准则与
规律，如"人欲举动勿违道诫，不可得伤王气"；还用作约束自
律的意思，如"勿令心动。若动自诫"。[1]一般用作"诫"或"道
诫"，其他有守诫、诫慎、违诫、教诫等组词用法。《想尔注》要
求人们信行"真道"，奉持"道诫"，"道"能够"设生以赏善，设死
以威恶"，人们只有遵照道的准则与规律行事，方能"积善成功，
积精成神，神成仙寿"，反之若"不行诫守道，道去则死"，因为
"戒为渊，道为水，人犹鱼，鱼失渊去水则死"。[2]现存六朝《想尔
注》残卷中记载道诫十余条，如"施惠散财""竞行忠孝""喜怒
悉去""禁祭啜祷祠""不食五味以恣""知止足"等等。[3]《想尔注》
的道戒尚处于初创，零散而未成形，在此基础上直接形成了《想

---

1 饶宗颐：《老子想尔注校证》，上海古籍出版社1991年版，第11页、第6页。《想尔
   注》为汉末道经。

2 《老子想尔注校证》，第25页、第16页、第46页。

3 《老子想尔注校证》，第46页、第23页、第27页、第31页、第10页、第41页。

尔戒》等简约的戒律。隋唐以前，《想尔注》在道教中颇受重视，《太上老君经律》《太上戒经》《传授经戒仪注诀》《传授三洞经戒法箓略说》等皆存录《想尔戒》，但在唐以后，随着戒律的成熟，《想尔注》及其戒已被超越和取代。

《太平经》《想尔注》等初期道教经典中的诚（戒）的观念、概念及其诚条，实为道教戒律的直接渊源所在，"戒律系由道诚发展而来"[1]。初期道教重戒的意识表明，道教一开始即有以自律内证而致外化成仙的倾向，此致善的仙德思想成为魏晋时期戒律权威确立的前提，其思想渊源在于先秦以德配天的观念以及姜生教授所指出的汉代"以德禳灾"的思想[2]。

二、五斗米道、太平道所践习的戒规

《三洞珠囊》引《正一法文》称："凡为道民便受护身符及三戒，进受五戒、八戒，然后受箓。"[3] 而《陆先生道门科略》也称："（太上）授天师正一盟威之道，禁戒科律，检示万民逆顺祸福功过，令知好恶。"[4] 若据此，则五斗米道自创教之始，便已设立了禁戒科律，道教戒律随着五斗米道的创立便已经产生了。这些文献

---

1 李养正：《道教概说》，中华书局 1989 年版，第 272 页。

2 姜生、汤伟侠主编：《中国道教科学技术史·汉魏两晋卷》，科学出版社 2002 年版，第 89—93 页。

3 （唐）王悬河：《三洞珠囊》，《清戒品》卷六，《道藏》第 25 册，第 326 页。

4 （南朝宋）陆修静：《陆先生道门科略》，《道藏》第 24 册，第 779 页。

所言未便全可成立，但五斗米道重视戒律，并实行过一些戒律已是不争之实。由现存文献中尚可窥见五斗米道实行过的一些戒律，如禁饮酒、春夏禁杀、诚信不欺、设立"义舍"、诵习五千文、崇奉老子等等。[1] 每年都要举行三会日，会上宣讲科戒，教敕道民，道众朝会天师治，"俱拜伏地，听堂上主者宣令科戒"[2]。会上还要根据遵守戒规的情况、履行道职的情况对道官及道民进行功过考核。可见五斗米道已经形成了一些严格的戒律条规，进行经常性的传戒授规的宗教活动，并依律检核道众。这些规戒对巩固五斗米道的信仰、凝聚其庞大的教团起到了至关重要的作用。

早期道教的另一支太平道由张角创立。太平道首领称大贤良师，其组织单位为方，大方万人，小方六七千人，其为首者称大方、小方，道首持九节杖，以符水为人疗病。太平道创制过简单的戒律，如教徒须以叩头悔过之法原罪，且作为拥有大量信徒的教团，必然有一套共同遵守的严格的组织规范。太平道"以善道教化天下"[3]，其中也必当包括一些道德戒律。太平道信奉中黄太乙，起义后所过之处必捣毁其他神坛，这一行为表明太平道存在不祀他神的规戒。另外，张角曾读《太平经》，太平道当与《太平经》有一定关系，而《太平经》重视道诫，这对太平道当有所影响。

道教戒律的创设与太平道、五斗米道的兴起紧密相连，这一

---

1 《三国志·魏书·张鲁传》，第 67 页。

2 （唐）朱法满：《治屋》《要修科仪戒律钞》卷十，《道藏》第 6 册，第 966 页。

3 《皇甫嵩朱儁传》，《后汉书》卷一百一十，中华书局 1965 年版，第 2299 页。

现象的背后其实是一个社会失序导致社会规则异化的问题。汉末乱世，灾荒、流民并出，灾异论思想下产生的末世信仰流行[1]，成为道教兴起的现实刺激因素。面对失序的社会，宗教首领起而立教，以上天解除灾厄承负的思想因应民众的恐慌，以建立神圣秩序的方式统合流民信众，神戒成为召唤与统束数十万民众的最重要凭借，这是道教制戒的重要现实基础。五斗米道、太平道等早期道教的教团组织规范与初期戒律，为晋南北朝时期道教戒律的全面兴起创造了重要的理论与实践基础。

三、《天师教戒科经》：初期的戒本

关于《正一法文天师教戒科经》的成书时间，刘宋末期说[2]、元魏说[3]都受到较多的质疑，而曹魏说则有了越来越完善有力的论证，如胡适先生认为《天师教戒科经》可能是张鲁嗣子张富的教戒或遗嘱，持曹魏末年说的还有大渊忍尔、饶宗颐等。胡适的根据是，《家令戒》中"父死子继，弟亡兄荣"句符合张鲁家史，"必是张鲁少子为后，而后来嗣爵的张富为其兄"[4]，大渊忍尔据

1　参见姜生：《原始道教之兴起与两汉社会秩序》，《中国社会科学》2000年第6期。

2　[日]小林正美：《六朝道教史研究》，李庆译，四川人民出版社2001年版，第314页。

3　唐长孺：《魏晋期间北方天师道的传播》，载《魏晋南北朝史论拾遗》，中华书局1983版，第218—232页。

4　见饶宗颐：《有关大道家令戒之通讯》，《老子想尔注校证》附二，上海古籍出版社1991年版。

《魏志》中材料复证之 [1]，饶宗颐先生指出经中"义国损颠""魏氏承天驱除"等语可证曹魏无疑 [2]。张松辉文依据《家令戒》等篇中的思想主张、对曹魏政权的矛盾态度以及书中记载的有关历史情况等内证，认为本经成书于曹魏正元年间。马承玉文认为《家令戒》《天师教》《阳平治》应为魏晋之际驻洛阳的第四代天师张盛在正元二年正月七日三会日上发布的系列教戒。

张松辉、马承玉文皆能发前人所未发，对《天师教戒科经》的研究有所推进，进一步证实了其述作年代为曹魏末年的观点，但其文都有一个共同的前提认定：该经所包含的五篇经文原是完整一体的，是同时被创作出来的。其实不然，这几篇教戒可能曾同时被宣讲，但未必作于一人、一时。饶宗颐先生就曾怀疑《天师教戒科经》各篇非为同一时期作品，认为《家令戒》《阳平治》作于曹魏末期，前者出于张富，后者出于张鲁子弟或后人——与天师道有深切关系者，《天师教》可能为汉末张鲁所作，而首篇及《牵三诗》则未能确定。[4] 任继愈先生《中国道教史》认为"系由五篇天师道科戒合编而成，约成书于十六国北魏时。但其中《大道家令戒》《阳平治》二篇则为曹魏末年张鲁后裔发布之教令" [3]。合编说有一定道理，但据本书下段，合编的年代应早于十六国北魏。

1　见 [日] 大渊忍尔：《〈老子想尔注〉的成立》，《岗山史学》1967 年第 19 号，第 20 页。
2 4　《有关大道家令戒之通讯》，《老子想尔注校证》附二。
3　参见任继愈主编：《中国道教史》（增订本），中国社会科学出版社 2001 年版，第 46 页。

关于作者的探讨方面，张松辉文陷入了无法解释各篇经文口气不一致的困难，而他认为经中"吾"指的都是张陵或张鲁的看法也值得商榷。这里需注意一个问题，即要区分真实作者与经文假托身份的差异，二者之间可能并不一致，而假托的身份也不止一个，张文未能重视这一点。本书认为，就假托身份言，首篇及《牵三诗》出于张陵或某代嗣教"天师"，《家令戒》是假托于"大道"作的训诫，《天师教》《阳平治》假托张陵。至于真实作者，若孤立地来看，《天师教》《牵三诗》本身信息不足，难以判断。但若与《家令戒》《阳平治》联系起来看，则容易理解，《牵三诗》是以祖天师张陵或其后的某位天师抑或是以泛指的神格化"天师"口吻将守戒的思想、清整道教的时代任务总结成简单易诵的诗句，传授给道民，以便道民传诵记取。《天师教》与此相类，这是宗教中用以灌输思想信仰、修道诀要常用的方式和途径[1]，这就是为什么这两篇在体例上与其他各篇皆不相类的原因。五篇经文内容相应，主旨一致，首篇、《家令戒》《阳平治》为主为实，而《天师教》《牵三诗》分别与之相配，为辅为虚，当由第四代天师或天师道骨干成员在相隔不长的时间内相继作成，并最后加以合编。

《天师教戒科经》的戒律思想上承《想尔注》，如《天师教戒科经》中"人不念道，道不念人，人之若鱼，道之若水，鱼得水

1　如《太上洞玄灵宝智慧罪根上品大戒经》篇末载《太上智慧长乐颂》《太上智慧苦神颂》二首，赞诸天福堂之乐，哀九幽地狱之苦。

而生，失水而死，道去人虚，何望久生"[1]的语句是对《想尔注》
"诚为渊，道犹水，人犹鱼，鱼失渊去水则死；人不行诚守道，道
去则死"[2]句的袭仍，再如"以戒自检，行止举动，爱欲之间，守
戒不违，心无邪倾。若见色利，以戒掩目；若闻好恶之言，以戒
塞耳；若食甘香之美，以戒杜口；若愿想财宝，放情爱欲，以戒
挫心；若趣向奸非，意欲恶事，以戒折足"[3]的戒规是对《想尔注》
"不欲视之，比如不见，勿令心动。若动，自诚""自威以道诚，
自劝以长生"[4]的继承，等等。《天师教戒科经》将《想尔注》等的
道诚思想发展成了戒律，形成了五戒等戒条，成为道教初期的戒
本，总结了道教戒律萌生时期的戒律思想和主要戒律内容。

第二节　道教戒的发展

　　道教戒律初生于汉末三国，全面兴起于六朝，此阶段道教一
方面改革教理，一方面加强制度与教规建设，通过戒律的完善来
引导衰弱落后的道教质变为新型宗教。北魏寇谦之以新造《云中
音诵新科之戒》等为依据的戒律创设，南朝宋陆修静所撰《陆先
生道门科略》等系列斋戒仪范之书，都对促进道教戒律的系统化

1 3 《正一法文天师教戒科经》，《道藏》第 18 册，第 234 页。

2 《老子想尔注校证》，第 46 页。

4 《老子想尔注校证》，第 6—7 页。

建设起到了极重要的作用。至北周时期，道教戒律已基本成熟，各派系的戒律体系相对形成，集道教戒律建设之大成的《观身大戒》等已被撰成。

一、晋南北朝道教戒律的成熟

由上文论述可知，汉魏之时，随着道教的创立，道教戒律也萌生于其中，魏末已有《正一法文天师教戒科经》之类的初期戒本，根据文字内容特征，《赤松子中诫经》[1]也当为西晋以前的戒本。另外，《抱朴子内篇》中有"览诸道戒"[2]语。孤立地看，"道戒"未必就是指道教戒律之意，或也可为道之训诫解。但由段首"按《易内戒》及《赤松子经》及《河图记命符》皆云"[3]句可知，葛洪所览之"道戒"乃是《赤松子中诫经》之类道教戒律经典，并摘录了部分戒条；《遐览》篇又载《道士夺算律》三卷。如此可以断言，在葛洪的时代，道教中已经产生不少戒律经典，有了系统正式的戒律。因葛洪生于道教世家的丹阳葛氏，他广涉仙籍，

1　该书假托黄帝与仙人赤松子对答来表达内容。晋代以后的道书中的主神多是道教自造的神，此书假托的是战国秦汉时流行的先祖神轩辕黄帝和仙人赤松子，崇尚黄帝表明作此书的人尚未完全脱离作为道教前身的黄老道的信仰遗迹，故此书当是晋以前作品。

2　王明校释：《微旨》，《抱朴子内篇校释》卷六，中华书局 1985 年版，第 126 页。据《抱朴子外篇》自叙，葛洪于东晋元帝建武（317—318）中写定《抱朴子》内、外篇。

3　《微旨》，《抱朴子内篇校释》卷六，第 125 页。

又得郑隐、鲍靓[1]之器重，故能饱览当世道书，得见诸种道戒。[2]

晋南北朝时期，随着道教的革新发展，道教戒律全面兴起。晋南北朝的道教革新，主要通过造作新经典、改造旧教派、创设新教派、发展新道术等途径进行，涌现出了一批重要的领袖人物，其中对戒律发展贡献最大的要数寇谦之和陆修静。寇谦之（365—448）先后造作道书《云中音诵新科之诫》《录图真经》等。他借助老君授天师位的神话，并凭借个人在道教界的影响，取得了北魏政权的支持，顺利取得了天师道在北方的主教之权。所谓的神书《云中音诵新科之诫》正是他的宗教改革纲领。依据这一纲领，寇谦之实施了一场富有成效的道教革新，

---

1 郑隐曾"以道家训教戒书不要者近百卷"示葛洪，见王明《抱朴子内篇校释》卷十九《遐览》（中华书局1985年版，第332页）。葛氏家族世传《灵宝经》，而陆修静编《灵宝经目》中戒律经典较多。当然，葛洪时，这些经典未必已尽出。

2 姜生教授认为，原始道教在汉魏末期逐渐形成了教戒规范，为大规模教团的形成和发展创造了条件，魏晋道教以强调戒律进行清整改造，形成新的思想和信仰结构。（姜生、汤伟侠主编：《魏晋道教的理性化》，《中国道教科学技术史·汉魏两晋卷》第九章，科学出版社2002年版，第122页。）也有学者认为道教戒律正式产生于晋后，如李养正说："道教之有正式戒条，乃两晋南北朝上清、灵宝及新天师道等道派所造作。"（《道教概说》，中华书局1989年版，第273页。）卿希泰先生认为，在东晋末上清派、灵宝派创造的道馆（观）制度基础上"逐渐形成道馆（观）的管理制度和戒律制度"（《中国道教》，知识出版社1994年版，第82页），道馆制度于戒发展确有重大推动作用，但并非戒律产生的必要前提。小林正美认为"东晋、刘宋时期从道教史的全体来看，是极为重要的时期，道教的基础教理、经典、仪礼、戒律几乎都是在这一时期形成的"（《六朝道教史研究·绪言》，四川人民出版社2001年版，第6—7页），但由本书论述可知戒律在魏末以前的道教中已形成了正式的戒律，且颇具重要地位。

一是改造教义及道法，二是突出戒律建设。他以颠覆旧教权系统的方式来革新教义与道法，确立道戒的地位。

寇谦之借老君之谕宣布：

> 自天师张陵去世以来，地上旷诚修善之人，无所师授。嵩岳道士上谷寇谦之，立身直理，行合自然，才任轨范，首处师位。吾故来观汝，授汝天师之位，赐汝《云中音诵新科之诫》……汝宣吾新科，清整道教，除去三张伪法、租米钱税及男女合气之术。大道清虚，岂有斯事。专以礼度为首，而加之以服食闭炼。[1]

> 一从吾乐章诵诫新法，其诈伪经法科勿复承用……汝好宜教诫科律法人治民，祭酒按而行之……受其治箓诫之人，弟子朝拜之，喻如礼生官位吏礼法等同，明慎奉行，如律令。[2]

---

[1] 《释老志》，《魏书》卷一百一十四，中华书局1974年版，第3051页。但"三张伪法"句当为不确之说。第三代系师张鲁卒于建安二十一年（216），至神瑞二年（415）《音诵诫经》之作已逾二百年，鲁后数十代天师生卒年不详，但以每位天师嗣教五十年计，至寇谦之时，天师道系师至少已历七代，如此则北齐魏收《释老志》之"三张"当何指？其文似指陵、衡、鲁。又，考诸北周甄鸾《笑道论》乃频用"三张"之称，意指陵、衡、鲁，故推断"三张"为陵、衡、鲁。然此段《释老志》文对张陵是肯定的，若"三张"包括张陵，则《释老志》将自相矛盾；《音诵诫经》对张陵也是肯定的，且无"三张伪法"之说，盖为《释老志》之误。

[2] 《老君音诵诫经》，《道藏》第18册，第211页。

他的新道法的特点是专以礼度为首，并通过戒律的践行来实施。他主张臣忠子孝，夫信妇贞，兄敬弟顺，不贪富贵，以五常为德，以佐国扶命为责，他在道教规戒中突出这些忠德之类的伦理，是完成道教正统化发展的主要措施之一。除《云中音诵新科之诫》之外，寇谦之可能还整理、造作过多种戒律。[1]

陆修静为早期道教完成理性化改造做出了里程碑式的贡献，也为道教律学发展起到了关键性的作用。他的律学建设工作贯穿在他对南方天师道的改造发展以及造作与整理道经等方面。因政治上的分裂，本就失去控制的天师道更加剧了魏末以来的混乱，南方天师道处于"纵横颠倒，乱杂互起，以积衅之身，佩虚伪之治箓。身无戒律，不顺教令，越科破禁，轻道贱法。恣贪欲之性，而耽酒食，背盟威清约之正教，向邪僻祅巫之倒法"[2]的戒律废弛状况。宋明帝欲倡道教，于泰始三年（467）召见隐修庐山的陆修静，请其入居崇虚馆。成为南方道教首领的陆修静由强化戒律规范入手改革道教。他发布《道门科略》等纲领，要求道众勤学严守戒律，"三宣五令，令民知法"，"科禁威仪教敕大小，务共奉行"[3]，"禁戒以间内寇，威仪以防外贼"[4]；恪守三会日朝会制度，严

1　陈国符认为《老君音诵诫经》系寇谦之作。参见《道藏源流考》（上），中华书局1963 年版，第 101 页。

2　陆修静：《陆先生道门科略》，《道藏》第 24 册，第 781—782 页。

3　《陆先生道门科略》，《道藏》第 24 册，第 780 页。

4　陆修静：《洞玄灵宝斋说光烛戒罚灯祝愿仪》，《道藏》第 9 册，第 822 页。

格落实箓籍，以整顿天师道组织。他特别重视整理日益增多的灵宝经，使"灵宝之教大行于世"[1]，其《灵宝经目》中约录有戒律类道经七种。他制定完善道教戒律与斋醮仪式，在其所著道书中科戒类尤多，今《正统道藏》存有《太上洞玄灵宝众简文》《洞玄灵宝五感文》《陆先生道门科略》《太上洞玄灵宝授度仪》《洞玄灵宝斋说光烛戒罚灯祝愿仪》各一卷。

晋南北朝道教新经典的造作，不仅发展了道教的教义理论，更极大地丰富了戒律的内容，完善了戒律的理论。各道派的戒律也已形成，如三皇派奉持《十三禁》《斋持八戒法》《七百二十门要戒》等；灵宝派奉持的戒律颇多，如六情戒、上品十戒、十二可从、十善因缘上戒、十四戒持身之品等；晋南北朝，《上清经》中包括较多戒律经典，今《道藏》洞真部戒律类所收《太微灵书紫文仙忌真记上经》《太真玉帝四极明科经》，正一部所收《上清洞真智慧观身大戒文》等，皆属此时期上清派戒律经典；天师道的戒律也更加丰富，如老君五戒、道德尊经戒、老君百八十戒、太清阴戒、女青律戒、玄都律等都已出现。

总而言之，经过晋南北朝时期的长足发展，到北朝末期，道教戒律已然相当成熟，这表现在其律学理论的成熟、戒律地位的确立、律典的丰富、戒律的系统化等几个方面。而《无上秘要》

---

1 （唐）闾丘方远：《太上洞玄灵宝大纲钞》，《道藏》第 6 册，第 376 页。

（卷四十五至四十七）则是这段时期戒律发展的总结性著作，它集中了戒律发展的成果，是道教戒律成熟的表现。值得注意的是，这段时期中国社会正经历着伦理与信仰危机，儒学价值观念受到质疑，社会秩序濒临崩溃，各地起义频仍。在此背景下，道教通过戒律的建设担负起了伦理重建的历史任务。他们以自身的宗教哲学为基础，吸纳融合传统伦理，在魏晋南北朝时期的伦理重建与秩序稳定中发挥了重要的作用。所以此时道教戒律建设的突出特点是对礼法与世俗道德规范的汲取，专以礼度为首，主张忠、孝、贞、顺，重视儒学，佐国辅命。因新兴道教对历史形势的这种把握，故在南北方都得到了政府的接受与支持，统治者一方面打击借由旧道教所组织的民众起义，另一方面则肯定和利用新兴道教。

二、隋唐宋元道教戒律的发展

隋唐宋元时期，道教戒律获得巨大发展，这表现在对旧有道教戒律的系统化整理以及随着新教派的产生而出现的戒律的新创设。

进入隋唐，道教更加重视戒律的授受，对日益增多的戒律也有意识地加以整理，如楼观道士王延曾"校雠三洞经法科仪戒律飞符箓"[1]八十余卷，其后对道教戒律整理总结工作做出重要贡献

---

1 （元）赵道一：《王延》，《历世真仙体道通鉴》卷三十，《道藏》第 5 册，第 273 页。

的主要有朱法满、张万福、张君房等，对固有戒律的严格化和系统化是这一时期道教戒律发展的主要特点。[1]

朱法满为唐前期玉清观道士，他修撰了《要修科仪戒律钞》十六卷，以分类抄录道教科仪、戒律为内容，包括讲道诵经的科仪、弟子奉师的礼仪以及一千一百余条戒律、愿念，其所录戒律有三戒、五戒、六情戒、太上九戒、五种十戒、十二禁、十二可从戒、十四治身之法、三十六戒、四十五念、五十二愿、一百二十九戒、老君百八十戒、百病戒、观身三百大戒等，卷七《罪报科》另列三元罪戒品目一百八十条。《要修科仪戒律钞》以六朝至唐初道教科戒为根据，是研究六朝隋唐道教科戒仪轨的重要文献。

张万福为唐中期著名道士，他从道经中集录诸种戒律撰成《三洞众戒文》，又撰写《传授三洞经戒法箓略说》记载经戒授受仪轨，撰写《三洞法服科戒文》创设道教法服的等级、制作、穿着等方面的规制，撰写《洞玄灵宝三师名讳形状居观方所文》录载道教参师的仪式，以及《洞玄灵宝道士受三洞经戒法箓择日历》等诸种律学著作。他重视戒律的授受，认为"凡人初入法门，先受诸戒，以防患止罪"[2]。他继承并发展了《玉清经》人与

1　隋唐戒律的发展促使了道士类别的新变化，"律师"成为三类道士之一："道士修行有三号：其一曰法师，其二曰威仪师，其三曰律师。"(《尚书吏部·祠部郎中》，《唐六典》卷四，影印文渊阁四库全书本。)
2　（唐）张万福：《明科信品格》，《传授三洞经戒法箓略说》卷下，《道藏》第32册，第193页。

戒俱分三品的思想，认为人先天禀气清浊不同，后天亦有贤愚
之差，天尊因材设教，道分三乘，法开顿、渐，因人之多种而
立种种之戒，"自浅之深，非无优劣，从凡入圣，各有等差"[1]。
可见，张万福将三品戒的思想具体化了，并根据当时主要的道
派和地位、修行者的功力等次而将原有戒律具体地系列化、层
次化。

　　宋代著名道教学者张君房是对道教理论发展和经典整理做出
重大贡献的人物，他从所编《大宋天宫宝藏》中撮取精要万余条
编为《云笈七签》，其中卷三十八至四十为《说戒部》，对唐宋道
教戒律做了重要记载，辑录了包括十戒、智慧本愿大戒、十善劝、
太霄琅书十善十恶、定志经十戒、妙林经二十七戒、老君二十七
戒、百八十戒、老君五戒、化胡经十二戒、百病百药、初真十戒、
太玄都中宫女青律戒、太上黄素四十四方经戒、金书仙志戒、灵
宝戒、八戒等在内的众多戒律。除张君房外，南宋金允中编撰的
《上清灵宝大法》卷八《戒律禁忌》也汇集收录了无上十戒、十二
大戒、九真妙戒、玄宪科格等灵宝派各种戒律科格，对灵宝戒律
的内容与传授状况提供了较好的记载。

　　金、元是新兴道派增生繁荣的时期，新生道派多重戒律，故
伴随着新教派的产生也出现了大量新戒律的创设，此为金元时期

1　（唐）张万福：《三洞众戒文·序》，《道藏》第 3 册，第 396 页。

道戒发展的特点。金初刘德仁订立教义和九条规戒[1]，并以此传教收徒，创立大道教，元宪宗时赐名"真大道教"。真大道主张安于贱贫，力耕而食，严于戒律，如刘德仁本人就"绝去嗜欲，屏断酒肉。勤力耕种，戒行严洁"[2]。由于戒行的严格，使得真大道教徒在动乱不安、风俗不振的时代里保持着良好的道德品行，并在一定的地域里为社会秩序的安定发挥了积极的作用。据相关碑文记载："当是时，师友道丧，圣贤之学湮泯渐尽，惟是为道家者多能自异于流俗，而又以去恶复善之说以劝诸人，一时州里田野各以其所近而从之，受其教戒者风靡水流，散在郡县，皆能力耕作治，庐舍联络，表树以相保守，久而未之变也。"[3]

金初，王重阳创立了全真道，他主张出家苦修，但未订立系统戒条；后丘处机采摭道教传统戒律，仿摹佛教沙弥、比丘、菩萨三戒之制创全真道《三坛大戒》，单传秘授，使全真道成为戒律严格的教派，并形成"全真律宗"[4]。元代全真道对戒律的另一重要

---

1 "一曰视物犹己，勿萌戕害凶嗔之心；二曰忠于君，孝于亲，诚于人，辞无绮语，口无恶声；三曰除邪淫，守清静；四曰远势利，安贱贫，力耕而食，量入为用；五曰毋事博弈，毋习盗窃；六曰毋饮酒茹荤，衣食取足，毋为骄盈；七曰虚心而弱志，和光而同尘；八曰毋恃强梁，谦尊而光；九曰知足不辱，知止不殆。学者宜世守之。"（明）宋濂：《杂著·书刘真人事》，《文宪集》卷二十八，影印文渊阁四库全书本。

2 参见杨浩、张琨：《山东东平发现的元代真大道教九祖玄应真人碑》，《中国文物报》2005年4月6日。

3 （元）虞集：《真大道教第八代崇玄广化真人岳公之碑》，《道园学古录·碑》卷五十，四部丛刊本。

4 参见（清）王常月《钵鉴》。按：王志忠认为："龙门派崇尚戒行精严的特征并非丘处机'开创'龙门派时规定的，而是在秘密流传过程中逐渐形成的，到了明末清初，龙门派的传戒内容和形式才固定下来。"（《明清全真教论稿》，巴蜀书社2000年版，第132页。）

发展是使清规成为道教宫观的重要规范，陆道和编集的《全真清规》辑录有《教主重阳帝君责罚榜》十条、丘处机住持长春观时订立的《执事榜》三十六条，及元代全真道的其他一些戒规、礼仪等，如《指蒙规式》《簪披次序》《游方礼师》《堂门戒腊》《坐钵规式》《钵室赋》《三不起身》《全真体用》等。清规不仅是警戒、规范性的条文，而且突出对违反戒律行为的严格惩罚，如《清规玄妙全真参访外集》所载《清规榜》中惩罚的方式有架火焚身、炙眉烧单、杖责革出、跪香、迁单、打斋、罚香等。

宋末元初，新生的净明道以倡导入世的道德修持为特色，因而也重视戒律创设，认为戒律之设是因为人贤愚不齐，故太上设律教人，"推好生之德，悯人生之不齐，不得不彰其法则，垂慈立教。夫法者，律也。律不善以归于善，律不仁以归于仁，律不忠不孝而归于忠孝净明也"，从道者"当守律勿失，仰之如神明，畏之如雷霆"[1]，"克心勉励，慎守戒科"[2]。净明道初期的戒律为八宝垂训，据《修真十书杂著指玄篇》知，西山许真君所述《垂世八宝》包括忠、孝、廉、谨、宽、裕、容、忍八个条目，乃是对早先灵宝道戒的继承发展。[3] 南宋中期的《太上灵宝净明入道品》举受

---

1 （晋）郭璞：《净明法说》，载元黄元吉编《净明忠孝全书》卷二，《道藏》第 24 册，第 634 页。

2 《说戒具科目章第八》，《太上灵宝净明飞仙度人经法》卷一，《道藏》第 10 册，第 559 页。据考此书应为元代西山净明派道士所造。

3 如《太上洞玄灵宝三涂五苦拔度生死妙经》载灵宝戒律"八行"："八行者，一者孝行，二者仁慈，三者贞廉，四者忠信，五者善恶，六者柔和，七者奉戒持斋冥心大道，八者平等接物无有冤亲。"（《道藏》第 6 册，第 277 页。撰人不详，应为南北朝或隋唐道士所作。）

《净明法》者应遵守十项规则，是净明道道戒的发展。南宋中后期，《太上灵宝净明飞仙度人经法》以八宝垂训为核心，创设了净明道"十戒"，中称"八宝"为"八极"，而鉴水、日录两条最体现净明道道戒的特点。净明道道徒须在"坐卧处常置一鉴、一盂水"[1]，时时提醒自我进行省察，"鉴者喻心，水者喻性"[2]；又须"置一小册，日录所为，其有欺心自不可形于纸者是也，凡有似此，即速改之，则法书自灵，如或违之，则灾咎立至"[3]。这种日录省察方式的出现是功过格繁衍的前提。善恶量化、行分功过的思想在《太平经》《赤松子中诫经》等经典中已经出现，但只有到了净明道提倡的这种日录的方式出现以后，二者相结合才促使完整的功过格产生。金朝道士又玄子于大定辛卯年（1171）撰成《太微仙君功过格》，律分功过，善恶量化，要求世人依律自检，逐日逐月自记言行功过，行持不辍，积功累德，成为元代净明道道士奉持的主要戒律。

宋元时期道教善书的增衍成为道教戒律发展的一个新现象。"善书"一词初现于南宋真德秀《西山文集》；"劝善书"则出现于明代，徐皇后"作劝善书，颁行天下"[4]。道教善书的初步产生当在汉魏时期，《赤松子中诫经》称："自古英贤设教，留在《仙

---

1 《太上灵宝净明入道品》，《道藏》第 10 册，第 524 页。撰人不详，盖为宋元净明派道书。

2 《说戒具科目章》，《太上灵宝净明飞仙度人经法》卷一，《道藏》第 10 册，第 559 页。

3 《太上灵宝净明入道品》，《道藏》第 10 册，第 523 页。

4 《后妃传》，《明史》卷一百一十三，中华书局 1974 年版，第 3510 页。

经》，皆劝人为善，知其诸恶，始乃万古传芳，子孙有福"[1]，这一《仙经》即当为一辑录善言善行的早期善书，而《赤松子中诫经》本身也是一部典型的劝善书。但道教善书崛起为一种独具影响的戒律与劝善作品实在宋代《太上感应篇》出现以后。

三、明清时期道教戒律的泛化

在明清时期，道教戒律进入了一个新的发展状态，其一，经过金元时期的增生繁衍之后，道教戒律重又进入一个稳定、总结的阶段；其二，明清时期，道教戒律向社会上泛化发展，道教善书、功过格的社会影响极度扩大。此时期里，戒律由繁入简，而官观清规则由简入繁，都更受重视，作用更加突出。

对正一派道教戒律的总结做出重要贡献的当数张宇初。张宇初系第四十三代天师，江西贵溪人，明洪武十年（1377）嗣教，次年入朝受封正一嗣教道合无为阐祖光范大真人，撰有《岘泉集》《道门十规》《元始无量度人上品妙经通义》《三十代天师虚靖真君语录》等著作。张宇初所处的时代，正值从元末动荡形势中恢复社会秩序的阶段。元末的乱世也导致了道教内部的衰落局面，亟须整顿发展；明初又实行严格的宗教控制政策，政府强调道教要律纪严明、有助教化，力图去除其不利于社会稳定的因素。在此

---

1 《赤松子中诫经》，《道藏》第 3 册，第 445 页。

形势下，道教面临着整顿的需要，身为道教领袖的张宇初为适应
形势需要，以清整教内纲纪为己任，撰《道门十规》作为纲领，
规范教内秩序，力挽"玄纲日坠，道化莫敷"之势。《道门十规》
创立了十条戒律规范：道教源派、道门经箓、坐圜守静、斋法行
持、道法传绪、住持领袖、云水参访、立观度人、金谷田粮、宫
观修葺等。这十条规戒以简御繁，以总结归纳往旧规戒为基础，
"搜采前代定规、群师遗则，撰成道门十规"。张宇初突出恪守戒
律的重要性，"其初入道，先择明师参礼，开发性地，恪守初真十
戒"，"凡行持之士，必有戒行为先"，提倡通过戒律的践习，"收
习身心，操持节操"。违戒者必要受到处罚，"轻则议罚，容以自
悛；重则一遵戒条，下山除籍"。他甚至要求仿效全真道的方式
"创立庵舍，把茅盖头，聊蔽风雨，风餐露宿，水迹云踪"，倡导
出家绝俗，真功苦行，以操修戒行，磨砺身心。[1]《道门十规》不
仅是正一戒律的重要发展，更是正一道义法术的重要发展。

对全真道戒律做出中兴贡献的是清代龙门律宗第七代律师王
常月。王常月号昆阳子，山西长治人，受戒于龙门六祖赵复阳。
王常月所处时代的情势与明初张宇初类似，他深以玄风颓敝为叹。
清顺治十二年（1655）任白云观方丈前后，他相继三次奉旨开坛
说戒，度收弟子千余人；后又不辞年高，先后南下南京、杭州、
湖州、武当山收徒传戒，广度弟子，使明末久衰的全真龙门派一

1　以上见（明）张宇初：《道门十规》，《道藏》第 32 册，第 146 页、第 147 页、第 148 页、
第 151 页、第 149 页。

度中兴。他管理白云观期间，严格清规戒律，整饬道门，使白云观发展成全真第一丛林。他的戒律著作有《碧苑坛经》《初真戒律》等。《道藏辑要》所收《初真戒律》前有王常月顺治十三年的自序，称"戒者禁止之辞，益善止恶，皈真舍妄之谓也"，"近代以来戒法日废，至于今日间有得传者万万一二矣"，故此，他提出"凡初入太上正宗法门，不问道俗，必先遵依太上金科玉律、三洞戒文"。[1]《碧苑坛经》是他在南京隐仙庵说戒的记录，也称《龙门心法》，详论修炼次第与方法，继承全真道先性后命的内丹法要，并以修性为本，而修性的关键是做到戒行精严。他提出以初真、中极、天仙三坛大戒为戒、定、慧的渐进之基，针对"元风不振，戒律多弛，道化颓靡，黄冠失教，屡屡受教羽流，多有违条犯戒"的现象，他要求道士誓愿"奋发奉真，痛守初真之戒。倘或再犯前律，生遭天谴，死堕酆都；如违向日之科，阳受极刑，阴埋无间"。[2]《碧苑坛经》直接影响了清代全真道修炼法门的转变，促使了内丹清修向重视戒行修持的转变，戒律被视为"入圣之基"，专信神戒即是"筑基炼己"。[3]

应该加以充分注意的是，在明清时期，道教戒律的影响大大超越了宗教团体，出现了向社会的广泛扩散现象，本书称为"戒律的泛化"。戒律泛化的表现，一是根据简单的律条泛衍出诸多

1 （清）王常月：《初真戒说》，《藏外道书》第 12 册，第 13 页、第 17 页。

2 （清）王常月：《忏悔发愿文》，《碧苑坛经》卷首，《藏外道书》第 10 册，第 163 页。

3 《初真戒说》，《藏外道书》第 12 册，第 16 页。

的善书、功过格等本于戒律的东西，二是接触群体的极度扩大，戒律等大规模走入民间。"泛化"比"衰落"更能反映道教戒律在明清时期的实际社会影响，戒律思想、戒律语言为百姓所熟知，借助于文学的形式，倡导从善自律思想的功过格与善书广泛流传，像《太上感应篇》《阴骘文》《关圣帝君觉世真经》《了凡四训》等善书，不但融摄三教思想，亦且为三教所共同推崇。故明清善书既是儒释道会通的结果，更是佛、道教世俗化的产物，而在这样的阶段，佛、道戒律更产生了极大的社会秩序意义。究其原因，这是随着官方道教的衰落、民间道教的兴盛，戒律作为一种伦理载体与自律方式而产生了更广泛的社会控制作用。

第三节　道教戒的体系

道教的戒律众多，自三戒、五戒、十戒、十二戒、二十七戒、百八十戒至中极三百大戒，计三洞四十余种，由浅入深，是道教徒依道教生命、伦理、养性、修真之生活规范。道教初期的戒律比较简约，主旨为戒贪欲、守清静。两晋南北朝时期，由上清派、灵宝派、新天师道等沿袭佛教戒律，并汲取儒家名教纲常观念而制定"五戒""八戒""十戒"和其他戒律。《老君想尔戒》为早期天师道戒，《说十戒》和《思微定志经十戒》为上清、灵宝派之戒律，《老君说一百八十戒》为新天师道之戒律。清初，全真教龙门派传戒道士王常月撰《初真戒律》，与《中极戒》《天仙大戒》合称"三堂大戒"。元明之际，戒律之外又出现清规。戒律为警戒于事前的行为准则，清规则是对犯律道士的惩处条例，它仍袭于佛教。现存道教戒律主要收入《正统道藏》三洞之戒律类。《云笈七签》和《道藏辑要》亦有收录。

道教戒律形式上的特色首先在于它的灵活丰富，品类繁多。从名称上来看就有约二十种，如戒、律、科、愿、念、劝、格、行、品、忌、禁、规、清规、清约、式、诰、德、诀、病、药等。其中，戒、律最为常见，如《想尔戒》《女青鬼律》等，其他如《太真文九条科》《四十五念》《太清五十八愿》《十善劝》《十三禁》《紫文仙忌》《太上天坛玉格》《十四持身品》《十药》《十病》《七百二十门要戒律诀文》《道门十规》等，名目之多，是其他宗教戒律所罕见的。"戒"又有多种分类方法：《太上大道玉清经》将戒分为上、中、下三品；《太上灵宝元阳妙经》提出两种戒，一者修心诸净戒，二者息世机嫌戒；[1]《太上一乘海空智藏经》提出"五种净戒"，即道戒，圣戒，真戒，仙戒，众生戒；[2]《元始洞真

---

1 "修心清净戒者，谓行无点污，志不犯非；息世机嫌戒者，不作贩卖财宝以求福乐，不假他人形势以显己身，不求世间肉味以润饥虚，不乐华丽衣物以为服用，不乐高广屋舍床席屏帏毛褥锦绸等物，如是之事并能除断。"（《太上灵宝元阳妙经》卷一《圣行品上》，《道藏》第5册，第918页。撰人不详，约出于南北朝。）
2 《持戒品》，《太上一乘海空智藏经》卷六，《道藏》第1册，第654页。原不题撰人，应作于唐初。

决疑经》则始立有得戒、无得戒[1]，无得戒也即"无戒之戒"[2]，实即"身既无犯，亦无所持"[3] 的上品戒，这些都是从修行层次上来分的。从功用上分有斋戒与法戒之异。不同的道教宗派奉持的戒律也有所不同，上清派、灵宝派、正一道、全真道、净明道等各有所主，而以全真道的戒律最为严格。

其次，道教戒律形式上的特色还在于它的繁简结合。道教戒律中既有条规简略的，也有内容繁复的：简略的如三归、五戒、六戒、七戒、八戒、九戒、十戒等，其中《老君五戒》《初真十戒》是最为广泛的戒律；繁复的如百八十戒、三百大戒、七百二十门要戒乃至千二百戒等，前二者自始至终都是道教极重要的戒律。复杂戒律是以简略的戒律为基础展开的，其基本的思想和规范则是相同的。五戒的内容最为根本，可以说是最基本的戒律，但道教戒律内容复杂，五戒之外的方面还很多。

道教主要戒律有想尔九戒、五戒、十戒、碧玉真宫大戒规、孚佑帝君十戒、智慧上品大戒、智慧闭塞六情上品戒、智慧度生上品大戒及崇百药、说百病等。这些戒律的内容大同小异，只不

---

1 "有得戒者，三戒、五戒、八戒、九戒、十戒、二十七戒、百八十戒、三百大戒，止恶防罪，未达方便，名有得戒。止离三涂及人中苦，未入道分，若戒诸法，毕竟空寂，是名正戒，无持无犯，开正观门，为道根本。"（《元始洞真决疑经》，《道藏》第2册，第9页。撰人不详，约出于隋唐之际。）

2 《持戒品》，《太上一乘海空智藏经》卷六，《道藏》第1册，第655页。

3 《本起品》，《太上大道玉清经》卷一，《道藏》第33册，第283页。撰人不详，约出于南北朝。

过产生的时代不同、一些高道大德对戒律的观点不同而已，但其目的都是一致的。道教戒律除规范教徒言行，使能潜心灵修得证正果外，对神亦有"玉格"，对鬼则有"鬼律"，务期宇宙间尽是瑞气。

随着戒律的发展完善，对违戒行为的处罚也逐渐严格。违戒即受戒道士违背所应受持的规戒条律，破戒指道士受持规戒后重又违犯规戒。对违戒、破戒者，原本都有统一规定，后来各宫观以清规作为处罚的标准，现在基本是以批评教育为主，直至迁单（开除）。《正统道藏》和《道藏辑要》所收《全真清规》与清代北京白云观所订清规，均按道士所犯过失之轻重，分别处以跪香、革出（逐出）、杖革（杖责逐出）以及火化（处死）等。

第四节　道教戒的思想

一、道教制戒的哲学根源探析

在道教教义中，戒律绝不仅仅是一种行为规范，它实是关乎信仰与修行的根本物。戒律既是道教的伦理规范、组织规范，同时也是一个体现教义思想的理论体系，其中蕴含着道教的基本哲学认识。从哲学认识根源上来看，道教对戒律的发生、本质和意义等问题主要存在着以下三方面的解释：

其一，戒律是帮助返本归性的工具，"戒者，虚心明道、修身格物之谓也"[1]。道教认为，人之天性本是净明无碍的，与道相合，在这种状态下并不需要戒律。但当人心受到诸种诱惑障碍之后就易迷失本性，原本全具的道也随之受到了亏损，为了节制人心由此所生出的贪欲情惑，故设道戒以制之，以期返本归性，体道合真。故曰："戒律者，乃初学之范防也。上古无戒，修道咸真；中古无律，悟真证道；后世人心为物欲所汩，天性为妄念障遮，由是戒律所由出也。"[2]这一思想继承了《道德经》三十八章"失道而后德，失德而后仁，失仁而后义，失义而后礼"的认识，认为人的成长往往是向下堕落的，因为见闻触受等杂染使人变得心乱失道，故需以戒"自诚"，如此则"道去复还"[3]。在这种状况下，戒律是必不可少的控制手段，如果达到了返心复性的境界，则戒律就失去了意义，故对于得道的人来说，实际上并不存在什么戒律："夫不见可欲，使心不乱，则犹待于戒也；及夫虽见可欲心亦不乱，则又何戒之有哉？"[4]"苟心明则一切无有，苟意诚则一切不犯。"[5]由此说来，戒律乃是帮助返本归性的工具，"所以检情伏性，离妄成真也"，"譬

---

1 （明）周思得编：《上清灵宝济度大成金书》，《藏外道书》第16册，第672页。
2 《真师戒律品》，《无上玄元三天玉堂大法》卷二，《道藏》第4册，第3页（原不题撰人，据题跋考证应为宋道士路时中及其弟子翟汝文编）。清龙起潜《初真戒律序》也曰："上古垂拱无为结绳而治，后世人心日漓奸宄丛出，圣人设为律以防之。"（《藏外道书》第12册，第14页。）
3 《老子想尔注校证》，第6页。
4 《真师戒律品》，《无上玄元三天玉堂大法》卷二，《道藏》第4册，第3页。
5 《上清灵宝济度大成金书》卷一九，《藏外道书》第16册，第672页。

如履迷途者以戒为灯，涉大川者以戒为筏，拯沉疴者以戒为药，济炎火者以戒为霖"[1]，"不持戒则智慧不通"[2]。

其二，戒即是道，奉戒即是成仙。成仙是道教的信仰，这种信仰源于人自我超越的冲动。道教对现实的人有很深的认识，现实的人存在着诸多的局限：人的生命力十分脆弱，一滴水一粒沙子都会结束人的生命；人的生命也十分短暂，只有几十年的光阴，在这短暂的生命过程中还充满了艰辛苦难，饥饿、疾病、寒暑风雨，人不得不时刻经受着煎熬。人总是期望超越这些局限，而且，人也不满足于生命只是一个匆匆过程，意识推动着人必须为自身的生命存在寻找到一个更合理、更有意义的诠释。长寿乃至不死，不惧饥寒疾病乃至无所不能，对生命价值、对生存时空有限性的超越冲动之下产生的一切愿望和设想渐渐汇集寄托在一种假设的形象——仙中。仙是在上古神灵观念基础上，结合人对生命的各种愿望和求索而形成的一种设想，一种中国人对于理想的人的构设。道教正是一种以这种理想的人为信仰追求的宗教。然而，要如何才能够达至这种理想的人？那就是得道。得道的途径又何在？这就是戒律的意义所在，因为戒就是道，奉戒即可成仙。《想尔注》注"是以圣人抱一为天下式"句曰："一，道也。设诚，圣人行之为抱一也，常教天下为法式也。"注"载营魄抱一，能无离乎"句曰："一者道也。""今布道诚，教人守诚不违，即为守一矣。不行

1 《上清灵宝济度大成金书》卷十九，《藏外道书》第 16 册，第 681 页。
2 （唐）朱法满：《要修科仪戒律钞》卷四，《道藏》第 6 册，第 937 页。

其诚，即为失一也。"可见道即是戒，故称"道诚"，守戒就是守道，神仙可成，"奉道诚，积善成功，积精成神，神成仙寿"，"人不行诚守道，道去则死"。[1]

其三，道戒是天地神人共遵之律，个体、社会、自然、超自然都必须遵从道教戒律。道教重视生态和谐，将人体内和谐、社会和谐及宇宙和谐视为密切关联的大和谐系统，并且认为这几者之间的和谐状态会相互影响。《道德真经》第十三章说"贵以身为天下，若可寄天下；爱以身为天下，若可托天下"[2]，指出只有善于珍惜自己身体的人才可以担负天下的责任。葛洪进一步说："一人之身，一国之象也……故知治身，则能治国也。夫爱其民所以安其国，养其气所以全其身。民散则国亡，气竭则身死。"[3]可见道教将人体的和谐健康与社会的至治视为密切关联的问题，二者既相似，又相连。道教还认为，宇宙与人事存在着相通相感的关系，例如，早期道教经典《太平经》以太平世界为理想，而太平世界的存在乃依据于"太""平""气"的兼备：

> 太者，大也，乃言其积大行如天，凡事大也，无复大于天者也。平者，乃言其治太平均，凡事悉理，无复

1 以上引文见：《老子想尔注校证》，第29页、第12页、第16页、第46页。《太上灵宝元阳妙经》也曰："从大道法出精进法，从精进法出忍辱持戒法。"（卷二《圣行品下》，《道藏》第5册，第931页。撰人不详，约出于南北朝。）

2 《道藏》第11册，第475页。

3 王明：《地真》，《抱朴子内篇校释》卷十八，中华书局1985年版，第326页。

奸私也；平者，比若地居下，主执平也……气者，乃言
天气悦喜下生，地气顺喜上养。气之法，行于天下地上，
阴阳相得，交而为和，与中和气三合，共养凡物，三气
相爱相通，无复有害者。太者，大也；平者，正也；气
者，主养以通和也，得此以治，太平而和，且大正也，
故言太平气至也。[1]

　　地上事物与宇宙是紧密联系的，"交而为和"才能彼此得益，
才能实现最和谐的"太平"世界。故人若不爱护自然，亦将破坏
天地秩序，并最终使人类社会秩序被破坏，人将遭受灾难。"今人
以地为母，得衣食焉，不共爱利之，反共贼害之……共穿凿地，
大兴起土功，不用道理，其深者下着黄泉，浅者数丈……天地，
人之父母也，子反共害其父母而贼伤病之，非小罪也"，"父母俱
不喜，万物人民死"，"灾变怪万端并起"。[2] 由此可见，道教的世
界观具有整体和谐的观念前提，和谐乃是贯穿于天、地、人一体
的有机机制，这显示出了道教重视生态的特色，道戒曰："道以冲
和为德，以不和相克。是以天地合和，万物萌生，华英熟成；国
家合和，天下太平，万姓安宁；室家合和，父慈子孝，天垂福庆。
贤者深思念焉，岂可不和。"[3] 因此，道教认为养生、求仙、齐家、

1　王明：《三合相通诀》，《太平经合校》卷四十八，中华书局 1960 版，第 148 页。

2　《起土出书诀》，《太平经合校》卷四十五，第 114—115 页。

3　《正一法文天师教戒科经》，《道藏》第 18 册，第 232 页。

治国、地运、天行都是与大道一体相通的，人的内在秩序与社会秩序、宇宙秩序是密切关联的，[1]这就是为什么个体、社会、自然都必须遵从于同样的道德戒律：

> 五戒者，在天为五纬，天道失戒则见灾祥；在地为五岳，地道失戒则百谷不成；在数为五行，五数失戒则水火相薄、金木相伤；在治为五帝，五帝失戒则祚夭身亡；在人为五藏，五藏失戒则性发狂。[2]
>
> 戒在一身，一身无灾；戒在一家，一家免难；戒在一乡邑则一乡邑胥保安宁，不罹劫运。[3]

这就是道教哲学的认识，戒律是天地神人共同的规则，守戒失戒关乎个人的生死寿夭，关乎家国的治乱兴衰，关乎宇宙自然的有序失序。[4]故道教戒律不仅有在家戒、出家戒，还有亡者之

1　闵智亭《道教的根本教理及其核心信仰》指出："道教把《老子》哲学理论从整体宇宙观出发，然后将自然之道、治国之道、修身之道，三者归纳于一个共同的自然规律中。"（《中国宗教》2003 年第 4 期。）

2　《太上老君戒经》，《道藏》第 18 册，第 204—205 页。原不题撰人，约成书于南北朝。

3　《九皇斗姥说戒杀延生真经》，《藏外道书》第 4 册，第 21 页。

4　姜生教授指出，道教"设诫"有社会控制目的，《想尔注》重视道诫就是为了要求人们在社会行动中认真遵守，使得整个社会朝着有序化方向发展，"人—道—诫"在修仙实践中乃是一种统一的关系，《想尔注》的思想标志着守诫修道模式的形成。（参见姜生《中国道教科学技术史·汉魏两晋卷》第九章《魏晋道教的理性化》，科学出版社 2002 年版，第 130—146 页。）

戒 [1]、鬼神之戒 [2] 等。

二、道教戒律的思想特色

道教是一种原生宗教，在固有文化境域下诞生发展，带着自身的鲜明特色。其戒律也相应地具备诸种特色，这一是由于其原生性而致，二是由于在动态发展中融合改造他种因素而致。本书从以下几方面试做分析：

其一，养生意识。道教是在长生信仰基础上产生的宗教，它珍视生命价值，肯定人的现世生活意义。《想尔注》曰："生，道之别体也。" [3] 将生化、生命视为道的根本。道教戒律，尤其是早期道教戒律，也以养生、长生为基本意识，这是其他宗教戒律所不具有的特点。《大道家令戒》说："故谚言'死人不如生鼠'。" [4] 六朝正一道士所奉持的《正一五戒品》完全是以养生为立戒的根据，要求以健康的方式使用耳鼻口目身，色过则魂劳、音繁则魄苦、香溢则精流、味丰则神浊、体慢则志散脾伤，导致心乱、肾虚、

1　如《九真妙戒》："九真戒者，宣告亡灵，奉戒专心，克臻妙道。"（《玉宸经法炼度仪》，《道法会元》卷二十，《道藏》第28册，第786页。）
2　如《灵文鬼律》《鬼神十戒》等（《道藏》第6册，第608页；第31册，第650页）。
3　《老子想尔注校证》，第33页。
4　《正一法文天师教戒科经·大道家令戒》，《道藏》第18册，第238页。《三天内解经》则曰："死王不如生鼠。"（《道藏》第28册，第416页。原题"三洞弟子徐氏撰"，系南朝宋五斗米道徒。）

肺损、肝困，"五者混暗则身灭命亡，五者净明则体全年永，年永在于持戒，能持五戒，可以长生"[1]。《太上洞玄灵宝上品戒经》所载《六情戒》与此戒类似。又如洞神法师所遵的《十三禁》禁止淫欲施泄、忧悲思念、愤怒泆乐、醉酒淫乱、饥饱寒热、久视久听等等，"此十三禁者，人身之大祸也。奉之则生，逆之则死"[2]，体现出道教戒律以养生、长生、成仙为思想基础的特点。

其二，生态意识。道教认为宇宙是一个各部分相互关联相互影响的整体，和谐是事物发展的健康状态，人只有维护生态平衡才能使自身受益，反之则将使自身受害，此点在上一节中已有所论述。道教戒律禁止破坏或危及生态平衡的行为，要求敬畏自然，不得进行大规模改变自然状态的活动，"骂詈风雨是一病"，"尊天敬地为一药"[3]，"不得以火烧田野山林"，"不得竭陂池水泽"[4]；爱护生物，不得随意戕害物命，"守仁不杀，悯济群生，慈爱广救，润及一切"[5]，"不得便溺虫蚁上"，"不得无故采摘花草"[6]；从事渔猎耕

---

1 《正一五戒品》，《无上秘要》卷四十六，《道藏》第25册，第165页。

2 《三皇斋品》，《无上秘要》卷四十九，《道藏》第25册，第176页。

3 《百病律》《百药律》，载《玄都律文》（天师道戒，约出南北朝后期），《道藏》第3册，第457—458页。

4 《中极戒》，《藏外道书》第12册，第33—34页。（年代不详，全称《中极上清洞真智慧观身三百大戒》，是对《无上秘要》所载《观身大戒》的袭仿，原系上清洞真法师所须受持的规戒。据清王常月《钵鉴》称，丘处机定初真、中极、天仙"三坛大戒"，未便为实。）

5 《太上洞真智慧上品大诫》，《道藏》第3册，第391页。古灵宝经，约成书于东晋末南朝初。

6 《中极戒》，《藏外道书》第12册，第33页。

伐等活动要遵守时令，不得"逆四时，违五行"，不得"春行杀伐，夏诛诸命，秋则见恶不改，冬则开掘地藏"[1]，等等。道教戒律的生态意识超越了一般意义上的戒杀、仁爱等伦理意识，凸现了道教的宇宙整体观及和谐发展观，这是极珍贵的思想认识。

其三，三教合一思想。道教戒律有着开放的思维，不仅极广泛地吸取儒家和佛教的有益养分来丰富发展自己，而且愈益鲜明地主张三教融合。道教戒律大量地吸收儒家伦理来建构自己的伦理体系，如最早的道戒之一《想尔戒》，它主要是体现《老子》的思想，要求行无为、行柔弱、行守雌、勿先动、行无名、行清净、行知足等，然而"行忠孝"一条却不同于《老子》[2]，忠孝伦理是为汉代《老子》所批判的儒家伦理[3]，在此戒中却被收为戒律，可见道教戒律的伦理建设建立在融合儒、道伦理的基础之上。《正一五戒》既以仁、义、礼、智、信为五戒，又结合道教的养生理论对之加以诠释，更体现出道教戒律儒、道融合的特色。

道教首领很多都是有儒学背景的人，张陵就曾为太学生，葛洪、陶弘景等儒、道兼治，陆修静少宗儒学等。可见儒学在汉末六朝虽衰，但仍居于正统学术地位并且深入民间。在此情

1 《赤松子中诫经》，《道藏》第 3 册，第 446 页。撰人不详，约出于魏晋。

2 《太上老君经律》，《道藏》第 18 册，第 218 页。原不题撰人，约成书于南北朝。

3 简文《老子》曰："故大道废，安有仁义？六亲不和，安有孝慈？邦家昏乱，安有正臣？"而汉代被删改过的世本《老子》则曰："大道废，有仁义；智慧出，有大伪；六亲不和，有孝慈；国家昏乱，有忠臣。"（《河上公章句》本）其差异反映出汉代初期之后的《老子》转向了批判忠孝伦理的方向。

况下，道教不可能脱离儒学而另立一套完全不同的伦理体系，道教必须是一种建立在现实基础之上的、符合中国人价值思维的宗教。

与大量吸取儒家伦理相比，道教戒律对佛教戒律的借鉴则以形式方面为多。道教最初的戒律是想尔九戒、老君百八十戒之类，曹魏末年以后便出现了三归、五戒、八戒、十善十恶等与佛教类似的戒律，如《正一法文天师教戒科经》中已有五戒之设，而这个时期正是佛教戒律传入并逐渐传播的时期。曹魏嘉平二年（250），"天竺沙门昙柯迦罗入洛，宣译诫律，中国诫律之始也"[1]，此时正是道教戒律的创设发展阶段，成熟的佛教戒律的传入给它带来了有益的借鉴。

道教戒律在内容上对佛教戒律也有所袭取。以五戒为例，"洞神五戒"[2]"正一五戒""升玄五戒"[3]是以《想尔戒》的戒律思想和道教的养生思想为内容的，而《老君五戒》[4]《五录戒》[5]等则都以杀、盗、淫、妄语、酒为戒，与佛教五戒完全相同，这就不是简单的巧合了。再以八戒为例，《无上秘要》卷四十六《洞神八戒》、《三洞众戒文》卷下《八戒文》、《太上洞玄灵宝三涂五苦拔度生死妙经》所载《八行》等都与佛教八戒完全不同，但陆修静所订

---

1 《释老志》，《魏书》卷一百一十四，中华书局1974年版，第3029页。

2 《洞神五戒品》，《无上秘要》卷四十六，《道藏》第25册，第165页。

3 《升玄戒品》，《无上秘要》卷四十六，《道藏》第25册，第160页。

4 《太上老君戒经》，《道藏》第18册，第202页。

5 《圣行品上》，《太上灵宝元阳妙经》卷一，《道藏》第5册，第918页。

《受持八戒斋文》则基本是对佛教八关戒斋的抄袭。故而，道教戒律渊源于中国固有的文化传统，并"与其长生神仙的信仰相联系"，"与中国固有的伦理道德观念相辅相成"[1]，而又吸取他种宗教长处，对佛教的某些内容及形式有所模仿借鉴。

道教戒律三教融合的主张在唐后越来越明确，《太微仙君功过格·序》说："儒、道之教一无异也。"[2]《初真戒说》云："余观戒律者于三教典籍旨本一也，唤是道教恰是儒规，唤为道法即是王法。"[3]《除欲究本》中说得更直接："我也好信僧，我也好信道，我也好喇嘛，我也信儒教，只要是明公，说话通玄妙，与我心有益，低头愿聆教。"[4]这既是道教戒律融合儒、佛深入发展的结果，也是唐宋以后三教融合趋势在道教戒律中的反映。

三、道教戒的主要思想

（一）赏善罚恶的劝善报应思想

早期道教已将积功行善视为修道成仙的前提，主张通过道德的提升来完成宗教修行，实现成仙不朽的信仰追求。因此，道教戒律要求诸恶莫作，众善奉行，"宁守善而死，不为恶而生……长

---

1 王卡:《中国道教基础知识》，宗教文化出版社1999年版。

2 （金）又玄子:《太微仙君功过格·序》，《道藏》第3册，第449页。

3 《初真戒说》，《藏外道书》第12册，第15页。

4 （清）董庆奇:《五言》，《除欲究本》卷一，《藏外道书》第28册，第110页。

斋奉戒，自得度世"[1]，持戒奉善体道合真成为戒律的基本精神。早期道教戒律中充满了劝善的内容，《抱朴子内篇》称：

> 览诸道戒，无不云欲求长生者，必欲积善立功，慈心于物，恕己及人，仁逮昆虫，乐人之吉，愍人之苦，赒人之急，救人之穷，手不伤生，口不劝祸，见人之得如己之得，见人之失如己之失，不自贵，不自誉，不嫉妒胜己，不佞谄阴贼，如此乃为有德，受福于天，所作必成，求仙可冀也。[2]

约出于魏晋的道教戒律经典《赤松子中诫经》也称，"自古英贤设教，留在《仙经》，皆劝人为善，知其诸恶，始乃万古传芳，子孙有福"[3]，早期天师道重要戒律《玄都律文》严厉批判"人不念作善，但行恶，事父母不孝，事师主不义，事君不忠"[4]的不向善现象。可见，劝善禁恶乃是道教制戒的基本目的之一，以成仙不死为信仰的道教戒律甚至将善德看得比生命价值更高，要求人们"一戒不违，一律不犯，不肯为恶而生，宁可守善而死"[5]，这彰显

---

1 《洞玄灵宝天尊说十戒经》，《道藏》第 6 册，第 900 页。撰人不详，约成书于南北朝后期。
2 《微旨》，《抱朴子内篇校释》卷六，第 126 页。
3 《赤松子中诫经》，《道藏》第 3 册，第 445 页。
4 《玄都律文·虚无善恶律》，《道藏》第 3 册，第 456 页。
5 （清）王常月：《初真戒说·行持总说》，《藏外道书》第 12 册，第 18 页。

了中华文化的道德理性特征。

"修善得福，为恶得罪"[1]，为了使行善禁恶的戒律精神得到贯彻，道教设立了善有善报、恶有恶惩的"施—报"关系模式，宣称念善行善则有功，会受到神灵的嘉赏，思恶行恶则有过，并难逃神灵的惩罚。若"居世富贵，笑于贫贱，今报以贫贱；居世好杀，今报以伤杀；居世轻易，笑于丑陋，今报以丑陋；居世聪明，不教于人，今报以顽塞；居世常康，笑于困病，今报以滞疾"[2]，这正是天地"精神"的"赏善而罚恶"[3]规则。

道教劝善、报应思想与先秦思想文化有着较大的渊源关系，如《易·文言传》中"积善之家必有余庆，积不善之家必有余殃"的文句就常为道经所引用。汉代灾异论思想、天人感应思想对道教"善恶—报应"伦理也存有理论影响。《太平经》中的"承负"论就是对此的发展，该经说："凡人所以有过责者，皆由不能善自养，悉失其纲纪，故有承负之责也。比若父母失至道德，有过于邻里，后生其子孙反为邻里所害，是即明承负之责也。今先王为治，不得天地心意，非一人共乱天也。天大怒不悦喜，故病灾万端，后在位者复承负之。"[4]"承负"论为道教戒律善恶报应思想的直接源头，后来在佛教轮回说的影响下形成了道教的承负报应论，

1 《正一法文天师教戒科经》，《道藏》第 18 册，第 232 页。
2 《太上洞玄灵宝消魔宝真安志智慧本愿大戒》，《云笈七签》卷三十八，《道藏》第 22 册，第 265 页。
3 《微旨》，《抱朴子内篇校释》卷六，第 125 页。
4 《试文书大信法》，《太平经合校》卷三十七，中华书局 1960 年版，第 54—55 页。

并贯彻于戒律之中。《赤松子中诫经》中的善恶报应思想也明显地有天人感应论的影响，如文中说："天虽高其应在下，后土虽卑其应在上。天不言而四时行，地不言而万物生，人处其中恣心情欲。凡人动息，天地皆知"，"鬼神不欺物，示之以祸福怪异，灾祥是鬼神之信也"。[1]

（二）积功行德的阴骘阴德思想

"阴骘"一词源出自《尚书·洪范》"惟天阴骘下民"，意指上天在暗中保佑着下界人民，后来在道教戒律的大力提倡和发展下成为一个重要的宗教伦理概念。在道教戒律中，阴骘又称阴功、阴德，包含两种意义，一指在人世间所做的而在阴间可以记功的好事，一指暗中做善事，不求人知。道教戒律称，行善事即使不能立即在现世得益，也一定会增加在阴间或来世的福报。道戒通过这种阴骘的观念来劝人放弃现世中利害得失的顾虑，坚定为善终有福报的信念，一心行善，从而提高人的道德素质。

"非积善阴德，不足以感神明"[2]，早期道戒已重视阴德的思想，如约出于南北朝的天师道戒律《百药律》称："阴德树功为一药。"[3]在以后的道教发展中，阴德思想愈益受到重视和倡导。约出于唐初的《初真十戒》，为新出家道士所受，此后一直是道教的重要戒律，其第二戒即为"不得阴贼潜谋，害物利己，当行阴德，

1 《赤松子中诫经》，《道藏》第 3 册，第 445 页。
2 《微旨》，《抱朴子内篇校释》卷六，第 124 页。
3 《玄都律文·百药律》，《道藏》第 3 册，第 457 页。

广济群生"[1]；宋代道书称"功行周施阴德足，三清自授真天篆"[2]；约成书于元代的道教善书《文昌帝君阴骘文》尤其倡导暗中积德，行阴功。《阴骘文》以掌管文昌府和人间禄籍的文昌神梓潼帝君口吻劝人行善，广积阴德，声称久之则可得神灵福佑：

> 帝君曰：吾一十七世为士大夫身，未尝虐民酷吏；救人之难，济人之急，悯人之孤，容人之过。广行阴骘，上格苍穹。人能如我存心，天必赐汝以福……欲广福田，须凭心地。行时时之方便，作种种之阴功……诸恶莫作，众善奉行。永无恶曜加临，常有吉神拥护。近报则在自己，远报则在儿孙。百福骈臻，千祥云集，岂不从阴骘中得来者哉？[3]

《阴骘文》等在明清时期影响很大，几乎家喻户晓，为之注释者众多，出现《阴骘文圆证》《阴骘文像注》《阴骘文图说》等代表作，以及《为善阴骘》等同类作品，可见明清时期阴骘思想广为流行。张三丰《大道论》说："不拘贵贱贤愚，老衰少壮，只要素行阴德，仁慈悲悯，忠孝信诚，全于人道，仙道自然不远

---

1 《虚皇天尊初真十戒文》，《道藏》第 3 册，第 403 页。

2 《龙虎中丹诀》，《道藏》第 4 册，第 323 页。

3 （清）朱珪石校，（清）蒋予蒲重订：《文昌帝君阴骘文注》，成都二仙庵《重刊道藏辑要》本，《藏外道书》第 12 册，第 402 页。

也。"[1] 清初道人张清夜所作《玄门戒白》声称："广行方便，多积阴功。"[2] 晚期道教戒律《孚佑帝君治家十则》则将阴功定为十戒之一。

（三）敬畏神天的神判天罚思想

人的思想行为有善恶之分，善恶之不同也将产生结果的分殊。道教将人们的日常行为都加以神圣化，认为人的一言一行都能感应神天，关乎终极意义，以此使人对自己的任何思想言行都加以重视并产生责任感。对人之思想行为的善恶属性加以评判，并对其进行差别性决罚的力量也正来自天神。道教戒律称"天地有司过之神"[3]，人的一言一行时刻都处在神的监视之下，并进行善恶的记录和评价，而这些评价正是在一定时候施行赏罚的根据。

执掌善恶考录和功过决罚的天神很多。《赤松子中诫经》认为，地上凡人皆与天上某一星辰相对应，该星辰根据其人言行的善恶而施以祸福报应，主管其人的祸福生死：

> 生民茕茕，各载一星，有大有小，各主人形，延促
> 衰盛，贫富死生。为善者，善气覆之，福德随之，众邪
> 去之，神灵卫之，人皆敬之，远其祸矣。为恶之人，凶

---

1 《大道论》，《张三丰先生全集》卷三，《藏外道书》第 5 册，第 466 页。原题明张君宝撰，清汪锡龄初编，清李西月重编。

2 （清）张清夜：《玄门戒白》，清手抄本。

3 《易内戒》《赤松子经》及《河图记命符》，《抱朴子内篇校释》卷六，中华书局 1985年版，第 125 页。

气覆之，灾祸随之，吉祥避之，恶星照之，人皆恶之，
衰患之事，并集其身矣。人之朝夕，行心用行，善恶所
为，暗犯天地禁忌，谪谴罪累，事非一也。人之朝夕为
恶，人神司命，奏上星辰，夺其算寿，天气去之，地气
著之，故曰衰也……天上三台、北辰、司命、司禄差太
一直符，常在人头上，察其有罪，夺其算寿。[1]

更多的则是天神的监视，如四司五帝、天官、地官、水官、
灶神、善恶童子及三界十方一切灵官等，都有考较男女生死罪福
的职责。道教中还有独特的身神系统，其中也有专司人思想言行
之善恶的："凡人身中常有伺过之神，随时上下，白人善恶"[2]，"身
中有三尸……每到庚申之日，辄上天白司命，道人所为过失"[3]。

道教称，天神会在某些特殊的时日对人实行清算，执行赏罚，
如三元、八节等，"三元校籍，善恶攸分"[4]，"庚申、甲子八节，太
一八神下，司察人过咎"，"庚申日，人身中伏尸，上天言人罪过。
本命日，受法人身神吏兵上天计人功过"，[5] "天尊敕诸善男子善女
人：天上曹官每月一日令二童子降于人间，察其善恶，录人是非。

---

1 《赤松子中诫经》，《道藏》第 3 册，第 445 页。
2 《太上洞玄灵宝宣戒首悔众罪保护经》，《道藏》第 6 册，第 907 页。撰人不详，约出
  于南北朝。
3 《微旨》，《抱朴子内篇校释》卷六，第 125 页。
4 《元始天尊说三官宝号经》，《道藏》第 2 册，第 36 页。撰人不详，似出于宋元。
5 《说杂斋法》引《明真科》，《云笈七签》卷三十七，《道藏》第 22 册，第 260 页。

行善者天曹上校其善簿，造恶者地府下注其恶名。命终之后，善者受福，恶者受殃"。[1] 赏罚的方式有增减年寿、赐福降灾等。"行恶事大者，司命夺纪，小过夺算"，"纪者，三百日也"，"算者，三日也"[2]，"时去算尽，不周天年，更殃后代子孙，子孙流殃不尽，以至灭门"[3]。

这种天神监控和审判的思想充分调动起精神约束的力量，使得道德说教转化为个体的自我控制，而这种道德控制方式对社会产生过广泛的影响，部分地被吸收转化成了民俗和民间信仰，对家训也产生重要影响。《颜氏家训》即称："世有痴人，不识仁义，不知富贵并由天命。为子娶妇，恨其生资不足，倚作舅姑之尊，蛇虺其性，毒口加诬，不识忌讳，骂辱妇之父母，却成教妇不孝己身，不顾他恨。但怜己之子女，不爱己之儿妇。如此之人，阴纪其过，鬼夺其算。"[4]

道戒称，神明的照察是无时无处不在的，"举头若有神明，暗室屋漏若十手十目之指视"[5]，家规则劝说"报国孝亲，冥冥之中，自有鉴察也"[6]，故不可存在侥幸心理而为恶。《袁氏世范》说："今人有为不善之事，幸其人之不见不闻，安然自肆，无所畏忌。殊

1 《太上洞玄灵宝上品戒经》，《道藏》第 6 册，第 866 页。

2 《对俗》《微旨》，《抱朴子内篇校释》卷三、卷六，第 53 页、第 125 页。

3 《赤松子中诫经》，《道藏》第 3 册，第 445 页。

4 《颜氏家训·归心》，影印文渊阁四库全书本。

5 （元）陈坚：《太上感应篇图说》，《藏外道书》第 12 册，第 99 页。

6 包东波编：《中国历代名人家训精萃》，安徽文艺出版社 1991 年版，第 390 页。

不知人之耳目可掩，神之聪明不可掩。"故《药言》称："高明
之家，鬼瞰门户，凡事求无愧于神明，庶可承天之佑。否则，不
觉昏迷，自陷于危立之辙也。天启其聪，天夺之鉴。二语时宜惕
省。"[1] 道戒曰："是道则进，非道则退。不履邪径，不欺暗室。积
德累功，慈心于物。"[2] 道教重视的这种不欺暗室思想也深入到家训
中，清王师晋《资敬堂家训》称："暗室屋漏之中，有神明也。"
康熙《庭训格言》的"天佑"观也正是这一思想的倡导："凡人
最要者，惟力行善道，能尽五伦，而一心笃于行善，则天必眷佑，
报之以祥。若徒言善，而心存奸邪，决不为天所佑。"[3]

道教戒律称："凡人逐日私行，善恶之事，天地皆知其情。暗
杀物命，神见其形；心口意语，鬼闻人声。"[4] 天地神明无所不在，
时刻照察人间，故人必须礼敬神明，"敬天地，信鬼神"[5]，"不得不
敬于天，不得谓天无神、呼地无鬼"[6]，"当念敬鬼神，不谄不慢"[7]。

（四）道教戒的经济伦理思想

魏晋以后，道教基本上保持着稳定发展，唐代以前宫观数和
专业教徒人数都在持续地增加，据杜光庭《历代崇道记》载：

1　以上引文见：《中国历代家训大观》，第 185 页、第 407 页。

2　（宋）李昌龄注、郑清之赞：《太上感应篇》，《道藏》第 27 册，第 12—14 页。

3　以上引文见：《中国历代家训大观》，第 824 页、第 602 页。

4　《赤松子中诫经》，《道藏》第 3 册，第 445 页。

5　《赤松子中诫经·序》，《道藏》第 3 册，第 444 页。

6　《洞真太上八素真经修习功业妙诀》，《道藏》第 33 册，第 470 页。

7　《中极戒》第 230 戒，《藏外道书》第 12 册，第 37 页。

晋武帝于洛阳造通天、洞天、灵仙、灵宝四观，及
诸州共二百所……（先魏武帝）乃令于所现处造告平观，
即李宗之故居也。别度道士七人，并前后所度道士，共
计四百七十二人……后魏道武帝于云中太原及河朔造观
计五十所，度道士六百余人。太武敕令天下造太平观共
二百七十五所，度道士一千三百人……隋高祖文皇帝迁
都于龙首原，号大兴城。乃于都下畿内造观三十六所，
名曰玄坛，度道士二千人。炀帝迁都洛阳，复于城内及
畿甸造观二十四所，度道士一千一百人……从国初已
来，所造宫观，约一千九百余所，度道士计一万五千余
人。其亲王贵主及公卿士庶，或舍宅舍庄为观，并不在
其数。[1]

《历代崇道记》的记载并非尽确，据当代学者估算，唐代道士
数量保持在28000—39900名左右[2]，而且这些只是持有祠部度牒
的正名道士，此外尚有大量未录籍的道士。宫观拥有大量的田产，
唐代道士可依法受田，"凡道士给田三十亩，女冠二十亩"[3]，"道士
受《老子经》以上，给田三十亩"[4]。依唐律，一般常人授田百亩而

1　（唐）杜光庭撰：《历代崇道记》，《道藏》第 11 册，第 1—4 页。

2　参见王永平：《道教与唐代社会》，首都师范大学出版社 2002 年版，第 198 页。

3　《尚书户部》，《唐六典》卷三，影印文渊阁四库全书本。

4　《事类集》，《白氏六帖》卷二十六，文物出版社 1987 年影印本。

女子不授田，但却给予了女道士受田的权利。这是因为世俗女子在经济上依附于男丁，而女冠与道士各自独立，关系相对平等，从而对世俗法律产生了影响。授田之外，尚有对一些道教首领的封赐，对某些宫观的特别赐田、施舍。唐代有十多位公主入道，也皆获大量财物、田地、奴婢。明代授予宫观的田地数有所减少，《续文献通考》载，明惠帝建文三年（1401），敕僧道田每人五亩。宫观有时也通过交易从农民手中获得土地。官度道士有免除差徭、兵役、赋税的特权，这是道教宫观经济的优势条件。

道教的宫观经济活动也较为丰富，通常包括租佃、经营田园、放债取息、商业、畜牧业等。据《洞玄灵宝三洞奉道科戒营始》载，道观内一般设有"净人坊、骡马坊、车牛坊、十方客坊、碾硙坊"等单位，进行"药圃、果园、名木、奇草、清池、芳花"等"种种营葺，以用供养"[1]。道观经营除下层道士为劳动力外，还有观户、奴婢、部曲等。如此可见，道教的宫观经济具有一定的规模与实力，分散在社会的各处，进行着广泛的经济活动，构成社会经济的一个单元。道教经济活动中贯彻着一定的经济思想和原则，这主要来自戒律。道戒经济伦理思想与世俗经济伦理思想产生过相互影响，前者吸取了后者中的一些公认的价值观念和准则，同时也将自身独特的经济思想渗透到了社会经济伦理思想中去，在其经济实力基础上对社会经济发生着伦理性及实体性的双

---

1 《置观品》，《洞玄灵宝三洞奉道科戒营始》卷一，《道藏》第24册，第745页。原题"金明七真撰"，乃神仙名号，据考实应出于南北朝末或隋唐之际。

面影响。

1. 道教戒律淡财而贵生的财富理念

道教戒律视养生为本，而视财富为外物。人自身的生命价值是最根本的，财富无法与之相比，由此形成了道教戒律淡财而贵生的财富理念。除了守道奉戒能使人长生无虞外，包括财富在内的其他任何东西都无益于仙道，"教戒者，欲令人劝进长生，全身保命无穷。人皆能奉法不倦，何但保命，乃有延年无穷之福。此非富贵者货赂请求所能得通也，亦非酒肉祭祷鬼神所降致也"[1]。在满足维持生命最基本的物质需要之外，其他的财富追求都属于贪欲，是对世俗荣华富贵的沉溺，那只能是身心之累，实无意义。贪恋外财，放纵欲望，最终将导致远道背德，不得正真，若：

> 违背真正，不从教戒，但念爱欲，富贵荣禄，色利财宝，饮酒食肉，恣心快意，骄奢盈溢，岂复念道乎？人不念道，道不念人，人之若鱼，道之若水，鱼得水而生，失水而死，道去人虚，何望久生也？

故而修道者当时时警惕，不见可欲，不贵难得之货，"若愿想财宝，放情爱欲，以戒挫心"。[2]

唐代以前的道教重视外丹炼养，而外丹炼养是需要一定的物

---

1 《正一法文天师教戒科经》，《道藏》第 18 册，第 234 页。

2 以上引文见：《正一法文天师教戒科经》，《道藏》第 18 册，第 234 页。

质条件作为前提的，故经济基础于道教尚有重要意义，但也只被视为工具性条件而已。当外丹学衰落、内丹学渐盛的时候，道教对于经济的依赖和重视就更低了，故而全真道尤其主张清修苦行，断除酒色财气，对财富看得十分淡泊，自王重阳而下，论述颇多。如《盘山语录》载："或问：'初学修炼，心地如何入门？'师云：'把从来私情眷恋，图谋计划，前思后算，坑人陷人底心，一刀两断着。又把所着底酒色财气，是非人我，攀缘爱念，私心邪心，利心欲心，一一罢尽。'"[1] 修仙道者须得性淡情空，以虚灵之心通真接神，财利之欲只能是修行的大碍，在道教的神学伦理中，信仰与财富的关系基本上是被如此界定的。

基于这种认识，道教戒律要求修道者淡泊财利，以养生为要，"学仙之法，欲得恬愉澹泊，涤除嗜欲，内视反听，尸居无心"[2]，"不劳精思求财以养身，不以无功劫君取禄以荣身，不食五味以恣，衣弊履穿，不与俗争"[3]，"戒勿贪宝货"[4]，"愿世人轻货利，勿以贪污败令名"[5]。不应为财利之欲闭塞心智，而当去欲正心，以道节欲"有道之士，常以道制欲，不以欲制道。以道制欲，神所以

1　《修真十书盘山语录》，《道藏》第 4 册，第 822 页。

2　王明：《抱朴子内篇校释》，卷二《论仙》，中华书局 1985 年版，第 17 页。

3　《老子想尔注校证》，第 10 页。

4　《太上经戒·老君二十七戒》，《道藏》第 18 册，第 227 页。

5　（清）孙念劬辑：《劝戒汇抄·文帝七愿》，《全人矩矱》卷三，《藏外道书》第 28 册，第 381 页。

清，心所以静"[1]。应知财为外物，不可贪求宝货，于物仅取可足身用而已，求财亦必循之以道，不可邪取妄念，否则反致殃祸。"不得贪利财货。财货粪壤，随时而与，下古世薄，以财为宝，专念求利，买贱卖贵，伺候便宜，欺诬百姓。得所欲者心怀喜悦，不得所欲者怨恨毒心，或忿争多少刀兵相贼，违犯天禁，不从教戒，贪欲爱财。财者害身之雠，身没名灭，何用财为？"[2]

在最受关注的生命期限的问题上，道教持命定论的基本认识。道教戒律认为，人的生死寿夭，本有定数。《赤松子中诫经》载黄帝问仙人赤松子曰："'人生寿命合得几许？'对曰：'人生堕地，天赐其寿，四万三千八百日，都为一百二十岁，一年主一岁，故人受命皆命一百二十岁，为犯天地禁忌，夺算命终。'"[3] "人生受命，制之在天"[4]，人生是受命运限定的，而天神正是控制人的命运的力量所在。在这样一种生命天定的认识基础上，财富自然也是命定的，戒律经典说：

　　汝耳目闻见，从古以来，富贵者久乎？财弃于地，身死于市，以此观之，故谚言"死人不如生鼠"。得之在

---

1 （宋）李道纯：《〈太上老君说常清静经〉注》，《道藏》第 17 册，第 141 页。

2 《正一法文天师教戒科经》，《道藏》第 18 册，第 233 页。

3 《赤松子中诫经》，《道藏》第 3 册，第 445 页。

4 《正一法文天师教戒科经》，《道藏》第 18 册，第 234 页。

命，求之以道……为道当治身养生求福耳。[1]

人受命长短，善恶富贵，贫贱愚智，穷通吉凶，祸
福乃至草木虫鱼，风云雹霰，莫不由之于天。[2]

"得之在命"一语，典型地体现了财富天定的道教思想。财富天定这一理论设定的意义在于，它为控制修道者对于财富的欲望提供了思想上的诱导力。因为既然财富天定，那就意味着财富是不可勉强取得的，为财富而费尽心力是徒劳的，妄求财利恰恰将要失去财富，只有放下对财富的执着，静心修道才是正确的。"人生穷富，天已注定。今日取多，岂遂为多？今日取少，岂遂为少？"[3]道教将财富的分配权力放到了神那里，同时也就在理论上消解了人对于财富的妄求之心。

命定论也并非道教戒律对于财富的唯一解释，人仍然可以通过天人感应对自己的财富前景施以影响。人的年命虽然有限，但可以通过自己的行为加以改变，行善积德，则可享受天年，甚至不朽成仙；而履恶为凶则天神记过夺算，不得寿终正寝，甚至将殃恶遗留给子孙后代。人生财富也是如此，若能无欲而求，勤恳

1 《正一法文天师教戒科经·大道家令戒》，《道藏》第18册，第238页。

2 （唐）张万福撰：《明科信品格》，《传授三洞经戒法箓略说》卷下，《道藏》第32册，第194页。

3 《太上感应篇集注》，《藏外道书》第12册，第131页。

正取，"求之以道"，则"冥冥之中暗藏其禄"[1]，天神自然赐之福禄。财富命定并不意味着某人一定清贫或富贵，而是指财富的最终实现掌握于天神之手。

这种感应论是为诱导人们向善修德而设立的。如果天定论是唯一的，那人的存在、人的行为将全部失去意义，人所剩下的就只有机械、被动的等待。感应论将命运实现的过程交给了个体。天命论的含义不是说每个人的最终命运是早已定型的，而是指个体的命运最终是由天神来裁判的，而个体如何把握生命过程则正是这"末日审判"的依据所在。根据《大道家令戒》，断绝贪心，弃利去欲，远恶从善之人，"神明具自知之"[2]，终可被道君拣选为种民。

人的发展不能没有物质基础，但人的发展并不仅仅是物质上的发展，将物质追求等同于人的生命意义的追求，乃是对生命本质的狭隘理解。过于追求物质利益，必将会导致人的本性的遮蔽，也会导致诸多社会问题、自然问题的产生，比如人们唯利是图，杀人越货，就会一味开掘自然，破坏生态平衡，等等。所以，应该让财富回归财富的本位，正确地认识它，合理地对待它。只有在财富与人生、物质与社会、物质与自然的整体关系景象下定位财富，才能完整地理解它。而这种理解是关乎每个人的生活态度，关乎社会秩序、生态秩序的根本性问题。

---

1 《太上感应篇集注》，《藏外道书》第 12 册，第 148 页。
2 《正一法文天师教戒科经·大道家令戒》，《道藏》第 18 册，第 237 页。

生贵于物，淡泊财利，求之以道，得之在命，这正是道教戒律中体现出的对于财富的基本观念，它也是传统社会里经济伦理思想的一种基本观念。道教戒律的财富观，有其消极性的一面，比如它过于消解了人的物质欲望，漠视工艺理性，等等。但不可忽视的是，这种财富观在传统社会里曾对人们正确认识财富本质，树立合理的财富观念和人生态度，起到了重要的教育作用。

首先，道教戒律淡财贵生的财富观念对一般百姓的影响至为深远。财为身外之物，生不带来，死不带去，这样的财富观念在中国人的思想中是根深蒂固的。淡泊财富，不得一味妄求货利，而应重视人的生命价值与道德价值，这是传统社会中人们安身立命、训子诫孙、砥砺世俗的一贯准则，溯其所自，则受道教戒律的经济伦理思想影响甚深。道教戒律将财富放到从属于生命价值的位置来看待，将个体德性的完善看得高于对财富的追求，将物质的索取放在生态环境自然发展得以维持的前提下进行，这种财富观念随着戒律的传播而为民众所熟知、所认同、所袭取。

其次，道教戒律的财富观念也是官宦士大夫阶层财富思想形成的源泉之一，尤其是历代清官的廉洁思想源泉之一。历代清官在认识财富问题的时候，大多从道教中寻找到了理论根据。道教指导他们认清财富的本质，将人格价值置于物质利益之上，将社会公益置于个人私利之上，从而使他们能够树立正确的财富观念，在各种世俗的诱惑之中坚守节操，廉明公正。道教戒律中有许多是直接针对为官者的训诫的，寇谦之在改革五斗米道祭酒职官的措施中就提倡"简贤投明""唯贤是授",并有禁止道官向道民索取财物的律令。[1] 戒律中提倡为官清廉的条文甚多,如"恬淡无欲为一药","廉洁贞信为一药","清廉贞分为一药"[2];"当念无求无欲,清白守贞"[3],"官幕秉公,不开贿赂之门,百功。差吏不受贿、不舞弊,百功","贪赃枉法,五百过。苛敛民财,五百过"[4]。后期道教还出现了专门针对官宦的戒律,如《当官功过格》《居官格》,这类戒条直接以居官者为劝导和约束对象。

居官者往往也从道教理论中意识到,财富问题不单是个人的问题,同时也是国家的基本政策问题,不能正确处理则会带来巨大的社会矛盾。《道德经》曰:"民之饥,以其上食税之多,是以饥","民之轻死,以其上求生之厚,是以轻死"。如果统治阶级一味满足自己的私欲,过重地剥削百姓,则将置百姓于死地,此时就要产生重大的社会动乱,"民不畏死,奈何以死惧之"[5]。道教据此而发出的诸多阐述推动了历代薄赋敛、轻徭役财富政策的形成。

2. 道教戒律无为而富的经营管理思想

无为而富是道教独特的经济思想,源于道家哲学。道家从"无为为本""道法自然"的哲学主张出发,以一种极为特殊的方式表达了爱民富民的思想。"我无为而民自化,我好静而民自正,

---

1 《老君音诵诫经》,《道藏》第 18 册,第 211 页。

2 《玄都律文·百药律》,《道藏》第 3 册,第 457—458 页。

3 《中极戒》,《藏外道书》第 12 册,第 37 页。

4 (清)贺维翰:《八字功过格·廉》,抄本。

5 《老子道德经》第七十五章、第七十四章,四部丛刊本。

我无事而民自富"[1]，一切都要顺应自然，反对任意干涉民众的经济
活动。统治者应居高临下，把政策放宽到极限，营造出一种宽松、
和谐的大气候、大环境，使人们在其中自由发展，无为而富。道
家尤其反对统治者过度地为自己牟利求富，认为"多藏必厚亡"[2]，
财货越多，取祸越多。统治者如果通过无限攫取的方式满足自己
的欲望，必将削夺民众的利益，造成民众的贫困。追逐财利对统
治者与被统治者都将是有害的。道教戒律完全继承了道家的这种
思想，道教最早的戒律之一《道德尊经想尔戒》就将"行无为"
视为"尊卑同科"的戒条[3]，并将之应用到经济问题的认识上，《老
子想尔注》说：

> 彼有身贪宠之人，若以贪宠有身，不可讬天下之号
> 也。所以者，此人但知贪宠有身，必欲好衣美食，广宫
> 室，高台榭，积珍宝，则有为。令百姓劳弊，故不可令
> 为天子也。设如道意，有身不爱，不求荣好，不奢侈饮
> 食，常弊薄赢行，有天下，必无为。[4]

无为实乃无欲，统治者无欲则不与民夺财，以此经营天下，

1　《老子道德经》第五十七章，四部丛刊本。

2　《老子道德经》第四十四章，四部丛刊本。

3　《太上老君经律》，《道藏》第 18 册，第 218 页。

4　《老子想尔注校证》，第 16 页。

则天下可富。河上公注《老子》"我无事而民自富"句曰："我无徭役征召之事，民安其业，故皆自富。"注"法物滋彰盗贼多有"句曰："法物，好物也。珍好之物滋生彰著，则农事废，饥寒并至，故盗贼多有也。"注"治人事天莫若啬"句曰："啬，贪也。治国者当爱民，则不为奢泰。""夫独爱民财、爱精气则能先得天道也。"[1]又注第五十三章曰，若统治者为自己广修高台榭宫，奢华好武，而使农事废不耕治，五谷伤害国无所储，民不足而君有余，则谓非道。可见，道教将无为而富视为基本的经济营运思想，其主要针对统治阶层。如统治阶层能够实行薄赋敛、轻徭役的经济政策，且不与民争财，则天下自富。

无为而富的经营思想用于个人则指知足知止，不强求财富。《老子想尔注》解"不失其所者久"句曰："富贵贫贱，各自守道为务，至诚者道与之，贫贱者无自鄙强欲求富贵也。不强求者，为不失其所，故久也。"[2]为者败之，持者失之，致富当遵循于道，强求者反而会失去，若"人能知止足，则福禄在己"[3]。河上公指出："有为于事，废于自然；有为于义，反于仁"，"执利遇患，执道全身；坚持不得，推让反还"，"圣人不为华文，不为色利，不为残贼，故无坏败"，故道教主张无为致富，持道经营，不事强求。[4]

1 《老子道德经》第五十九章河上公注，四部丛刊本。
2 《老子想尔注校证》，第42页。
3 《老子道德经》第四十四章河上公注，四部丛刊本。
4 《老子道德经》第六十四章河上公注，四部丛刊本。

　　"无为"还包含着顺应天时，不得违反自然规律生产经营的意思。传统社会是农业型社会，农业生产受自然条件的限制较大，必须遵从自然规律，生产经营才能有效。在农业经济基础上产生的道教经济伦理思想，带着农业文明的深刻烙痕，力主尊重自然生长规律，遵从时节禁忌，并要求维护生态平衡，不可采取杀鸡取卵的方式进行经济开发。河上公注《老子》"治人事天莫若啬"句曰："事，用也。当用天道，顺四时。"[1] 道教戒律禁忌中有很多相关的条文：五斗米道曾"依月令，春夏禁杀"[2]；《赤松子中诫经》禁止"涸绝池沼，捕采水族鼋鼍龟鱼""春行杀伐，夏诛诸命，秋则见恶不改，冬则开掘地藏"[3]；《玄都律文》称："探巢破卵是一病"，"不烧山林为一药"[4]；《观身大戒》规定："第六十五戒者，不得无故采摘花草。第六十六戒者，不得无故砍伐树木。第六十七戒者，不得以火烧田野山林。第六十八戒者，不得冬月发掘地中蛰藏。"[5]……

　　道教无为而富的思想不仅被一般平民、商贾作为致富指导，在现实政治中更被演化为休养生息的理论。纵观中国古代政治经济史，休养生息的决策原则几乎成为历朝开国皇帝的第一项理国富民措施，并被承袭很长一段时间，对富民强国起到了极大的理

1　《老子道德经》第五十九章河上公注，四部丛刊本。

2　《三国志·魏书·张鲁传》裴注，第 72 页。

3　《赤松子中诫经》，《道藏》第 3 册，第 446 页。

4　《玄都律文》，《道藏》第 3 册，第 458 页、第 457 页。

5　《中极戒》，《藏外道书》第 12 册，第 33 页。

论指导作用。汉高祖刘邦接受了陆贾等思想家提出的将黄老道家的无为思想引入政治决策的主张，休养生息政策由是成为既定国策，"汉兴，扫除烦苛，与民休息"[1]，力求营造一个宽舒的生产环境，而且收到了良好效果。从《汉书·刑法志》的一段记载中可以了解到，这一政策为后继的数代君王所因袭，成为汉代思想政治的一大特点："当孝惠、高后时……萧、曹为相，填以无为，从民之欲，而不扰乱，是以衣食滋殖，刑罚用稀。及孝文即位，躬修玄默，劝趣农桑，减省租赋。而将相皆旧功臣，少文多质，惩恶亡秦之政，论议务在宽厚，耻言人之过失。化行天下，告讦之俗易，吏安其官，民乐其业，畜积岁增。"[2]学者指出，汉初轻徭薄赋的指导思想来自"黄老学的保民、爱民和养民理论"[3]，可见作为道教前身的黄老道对汉代经济政策的影响。

唐代初年，道教无为的经营管理理论也是统治阶层经济思想中的重要指导因素。贞观二年，太宗谓侍臣曰："凡营衣食，以不失时为本。夫不失时者，在人君简静乃可致耳。若兵戈屡动，土木不息，而欲不夺农时，其可得乎？""君无为则人乐，君多欲则人苦，朕所以抑情损欲，克己自励耳。"[4]可见太宗深谙道教无为的经济思想，对于简静、顺时、寡欲与经济发展之间的关系认识得

---

1 《景帝纪》赞语，《汉书》卷五，中华书局1962年版，第153页。

2 《刑法志》，《汉书》卷二十三，中华书局1962年版，第1097页。

3 丁原明：《黄老学论纲》，山东大学出版社1997年版，第326页。

4 《贞观政要·务农》，上海古籍出版社1978年版，第237页。

十分清楚。贞观君臣在这一观点上认识基本相同，相互支持。贞观十一年，魏徵上疏曰：

> （君上）惧危亡于峻宇，思安处于卑宫，则神化潜通，无为而治，德之上也。若成功不毁，即仍其旧，除其不急，损之又损。……
>
> 君人者，诚能见可欲则思知足以自戒，将有作则思知止以安人，念高危则思谦冲而自牧，惧满溢则思江海下百川，乐盘游则思三驱以为度，忧懈怠则思慎始而敬终，虑壅蔽则思虚心以纳下，想谗邪则思正身以黜恶，恩所加则思无因喜以谬赏，罚所及则思无因怒而滥刑。总此十思，宏兹九德，简能而任之，择善而从之。则智者尽其谋，勇者竭其力，仁者播其惠，信者效其忠。文武争驰，君臣无事，可以尽豫游之乐，可以养松、乔之寿，鸣琴垂拱，不言而化。何必劳神苦思，代下司职，役聪明之耳目，亏无为之大道哉！[1]

魏徵虽非道教中人，但由其言论可知他对道教借鉴之深。唐代君臣崇道教、学道教者，其数甚多，通过这种途径，道教无为而富的经济思想得以对唐代的经济政策发生一定程度的影响。

---

1 《贞观政要·君道》，上海古籍出版社1978年版，第6页、第9页。

宋初统治者积极采纳道士无为无欲治国的意见，既在施政中加以应用，也在生活中有所实践，对此学术界已有所论，兹不赘述。[1] 明太祖朱元璋也以休养生息为安民富民的政策指导，他经常告诫臣下，要爱惜民力，不可剥削过重。他曾用了一个生动形象的比喻来向臣下阐述无为富民思想的重要性："天下初定，百姓财力俱困，譬犹初飞之鸟，不可拔其羽；新植之树，不可摇其根，要在休养生息之。"[2] 明初经济秩序之所以能够顺利恢复，是与道教无为而富的经济伦理思想有着密切关系的。

3. 道教戒律以仁义为利的义利思想规范

义与利的关系是经济伦理中的一个基本问题，它集中表达了人们对于道德伦理与物质利益之间关系的认识。道教戒律认为："士以忠孝立身，商以仁义为利。"[3] 可见在义利关系上，道教是持重义态度的。仁义为利是道教义利观的核心，它有多种含义：其一，义在利先，"推义损己"[4]；其二，不得以非正义的手段谋取利益，唯利是图是不允许的；其三，仁义可带来利益，是利益实现的途径。

首先，义在利先。道教在价值观念上将仁义置于财利之上，财利只是纯粹的物质关系，而人与人之间的相互尊重、相互友爱

1 参见丁原明：《黄老学论纲》，山东大学出版社1997年版，第329—330页。
2 《开国规模》，《明史纪事本末》卷十四，影印文渊阁四库全书本。
3 《洪恩灵济真君礼愿文》，《道藏》第9册，第24页。
4 《太上九真妙戒金箓度命拔罪妙经》，《道藏》第3册，第407页。

才是体现人之本质的东西，其重要性是物质利益无法相比的。以自我利益为重，以他人利益为轻，将个人利益置于他人利益之上，这种违背仁义精神的价值取向是为道教所反对的。在人我关系中，道教戒律要求将物质利益放在相互关爱之下，要尊重他人的经济利益。从积极的方面来说，要主动维护他人的利益；从消极的方面来说，则不要去损害他人的利益，不得损人利己，相反地，为了帮助他人，在一定的情况下应该舍弃自我的利益。道戒曰："富人不占小贸便宜，让贫户租欠，百钱一功。不逼取贫债，十功。让债还遗，全人身家，各二百功。不取非义财，百钱一功。假银入手，弃不使行，百钱一功"[1]，"不得欺心窥求财利"[2]。

道教推崇义的品格，强调向品格高尚的人学习，"以义方教训子女，十功"[3]。对于能够体现义的品格的动物，道教也特别加以尊重，比如不食有义的动物，"牛之有功，犬之有义，雁之有序，鲤鳝朝斗，此等之肉，又安忍食之"[4]。《太微仙君功过格》中救"无力报人之畜一命为八功，虫蚁飞蛾湿生之类一命为一功"，而"救有力报人之畜一命为十功"，此种差别正是体现对于义的推崇。《太微仙君功过格》中又有《不义门十条》，其中五条都是对经济思想和经济行为的规范，如"教人为不廉、不孝、不义、不仁、

1 （清）贺维翰：《八字功过格·廉》，抄本。
2 《太一天章阳富霄雳大法·传度朝仪》，《道法会元》卷一百四十一，《道藏》第29册，第722页。
3 （清）贺维翰：《八字功过格·礼》，抄本。
4 《虚皇天尊初真十戒文》，《道藏》第3册，第405页。

不善、不慈；为非作过，一事为一过"，"不义而取人财物，百钱为一过，贯钱为十过"，等等。[1]

其次，不可枉义牟利。人若将自我的物质利益看得高于一切，则将走上唯利是图、不择手段的歧途。若社会上这样的人多了，人与人之间就将充满尔虞我诈，人人都以实现自己的一己之私为是，人与人之间的相互关爱、社会的团结都无从谈起。这样的社会关系是道教所极力批判的，故道戒曰"亡义取利是一病"[2]，"欠人财物抵讳不还百钱为一过，贯钱为十过，因而谋害其过加倍"[3]，"仁义不可不行，施惠不可不作，孤弱不可不恤，贫贱不可不济，厄人不可不度……贪利不可不远"[4]。

凡是以不正当手段谋取财利的行为，道教戒律都是禁止的。其一是盗窃、抢劫，"第九戒者，不得窃盗人物。第十戒者，不得妄取人一钱以上物。第十一戒者，不得图谋一切人物"[5]，"不得偷盗及怀偷盗想"[6]，"偷盗人财物或教人偷盗百钱为一过，贯钱为十过。若见偷盗不劝为一过，赞助偷盗为五过"[7]，"不得横取人物"[8]；

1 以上引文见（金）又玄子：《太微仙君功过格》，《道藏》第 3 册，第 450 页、第 452 页、第 453 页。
2 《玄都律文·百病律》，《道藏》第 3 册，第 459 页。
3 《太微仙君功过格·不义门》，《道藏》第 3 册，第 453 页。
4 《正一法文天师教戒科经》，《道藏》第 18 册，第 232 页。
5 《中极戒》，《藏外道书》第 12 册，第 32 页。
6 《无上十戒》，《太上灵宝朝天谢罪大忏》卷九，《道藏》第 3 册，第 501 页。撰人不详，应出于南宋。
7 《太微仙君功过格·不义门》，《道藏》第 3 册，第 453 页。
8 《老君说一百八十戒》，《云笈七签》卷三十九，《道藏》第 22 册，第 271 页。

其二是欺诈，道戒反对"诈欺慢诞，诬謗返说，无诚无信，指南作北，庚东为西"，"阿言谀语，常有争欺，治生贩卖，专为诳巧"，"取人长钱，与人短数；轻秤小升，狭幅短度；强持与人重秤，大斗专以取人"[1]，"欺诈盲聋痈痃之人，窃盗金帛"[2]，要求"买办者务得正大光明，勿欺暗室"[3]；其三是倚势取财，"威势逼勒是一病"[4]，不可"欺孤凌寡，败他成己，危他取安，借贷不还"[5]，若"倚势占人产业，二百过"，"乘利逼取贫财，百过"[6]；其四是损物益己，不得为了经济利益而毁伤物命，损坏环境，不得烧山林，不得非时渔猎，不得妄采地下资源，戒"贪婪过度，损物益己"[7]。其他凡是不正当、不公平的经济行为都是戒律所禁止的，比如"不得以粗物易人好物"[8]，等等。

再次，仁义生利。仁义是利益实现的途径，道教有天赐爵禄的观念，仁者天必赐之福禄。《太平经》说，贫富分别的产生，一是能否以自力更生的精神勤恳劳动。人生来就被赋予了劳动的能力，应当发挥这种天赐的能力，凭劳动致富，所谓"天生人，幸

---

1 《太上洞玄灵宝宣戒首悔众罪保护经》卷中，《道藏》第 6 册，第 902 页。

2 《赤松子中诫经》，《道藏》第 3 册，第 446 页。

3 《长春真人执事榜》，载清闵小艮传述《清规玄妙全真参访外集》，《藏外道书》第 10 册，第 610 页。

4 《玄都律文·百病律》，《道藏》第 3 册，第 458 页。

5 《赤松子中诫经》，《道藏》第 3 册，第 446 页。

6 （清）贺维翰：《八字功过格·廉》，抄本。

7 《太上洞玄灵宝三元玉京玄都大献经·十戒》，《道藏》第 6 册，第 274 页。

8 《中极戒》，《藏外道书》第 12 册，第 32 页。

使其人人自有筋力，可以自衣食者"，"夫人各自衣食其力"。二是
能否行真道行仁德。"力行真道者，乃天生神助其化，故天神善物
备足也。行德者，地之阳养神出，辅助其治，故半富也。行仁者，
中和仁神出助其治，故小富也。行文者，隐欺之阶也，故欺神出
助之，故其治小乱也。行武者，得盗贼神出助之，故其治逆于天
心，而伤害善人也。"[1]这就是说，人应该靠自己的劳动，通过仁义
的经营方式来维持生活，获取财富。互利相惠，可以生财，彼此
争夺计算，则寡利甚至无利。"若计利则害义，寡取则不争，让则
有余。"[2]

　　道教戒律义利观的产生主要是来源于道教的教义。道教将个
人道德品质的完善视为宗教修行的关键，在万物平等、救度一切
的教义下，在以生为贵、以物为轻的观念下，道教戒律确立仁义
为利的准则就是十分自然的事情了。无论是在物质上还是在精神
上，人们都应互助互爱，"诸神相爱，有知相教，有奇文异策相与
见，空缺相荐相保，有小有异言相谏正，有珍奇相遗"[3]，"士庶有
道则相爱"[4]。道教戒律的义利观同时也与世俗社会的主流义利观基
本一致，有一定渊源关系。在人我关系中重视他人利益，反对一
己私利，这是带有普遍性的伦理观念。孔子曰："饭疏食，饮水，

1　以上引文见王明：《太平经合校》卷六十七、卷三十五，中华书局1960年版，第242
　　页、第36页、第31页。
2　（元）陈坚：《太上感应篇图说》，《藏外道书》第12册，第102页。
3　王明：《大功益年书出岁月戒》，《太平经合校》卷一百一十，中华书局1960年版，第539页。
4　《洞玄灵宝太上六斋十直圣纪经》，《道藏》第28册，第383页。

曲肱而枕之，乐亦在其中矣。不义而富且贵，于我如浮云。"宋陈祥道注曰："贫与贱，人之所恶，不以其道得之不去也，故饭疏饮水，曲肱而枕，乐亦在其中。富与贵，人之所欲，不以其道得之，不处也。故不义富贵，于我如浮云。"[1]可见，儒家虽然对财富的意义是肯定的，认为富贵乃是人的自然期望，但也绝不主张枉道求之，反对弃义图利。

　　道教戒律的义利观与世俗价值观念基本一致，既是道教团体内的价值规范，也是世俗社会树立义利观的重要指导。中国传统义利观以道德理性为导向，强调互利的思想，对于人们财富观念的理性化起到了极重要的诱导作用。仁义与财利、欲望与理性，这是古今中外经济伦理的核心之一。西方的价值观念中也是主张理性地对待欲望、合理地实现欲望的，而这就必须对欲望适当地加以控制。十七世纪英国著名哲学家、教育家约翰·洛克就曾说："一切德行与价值的重要原则及基础在于：一个人要能克制自己的欲望，要能不顾自己的倾向而纯粹顺从理性所认为最好的指导，虽则欲望是在指向另外一个方向。"[2]姜生教授指出："经营和谋利是可以接受的，它是人的生存方式之一，但任何试图赚取非分之利的行为都只能意味着自寻其咎。这就使贪婪地牟取暴利的行为受到一个隐藏的神秘之手的控制。"[3]而道教戒律正是为人们提供了

1　以上引文见（宋）陈祥道撰：《论语全解·述而》，影印文渊阁四库全书本。
2　[英]约翰·洛克：《教育漫话》，傅任敢译，教育科学出版社1999年版，第19页。
3　姜生：《道教善书思想对明清商业伦理的影响：以〈感应篇集注〉为例》，《理论学刊》2004年第11期。

一只看不见的手——基于神学意义的道德诫命。

4. 道教戒律重契守信责任规范的形成

道教十分重视契约，这是继承上古时代符契制度而产生的思想。《道德经》曰："圣人执左契而不责于人。有德司契，无德司彻，天道无亲，常与善人。"河上公注曰："古者圣人执左契，合符信也。无文书法律，刻契合符以为信也。但刻契为信，不责人以他事也。有德之君司察契信而已，无德之君背其契信司人所失。天道无有亲疏，唯与善人则与司契者也。"[1]

道教在其传道过程中引入了符契的制度，这表现在两个方面。

其一，天师道入道要受箓，受箓前受戒。箓乃是入道者与神的契信，是神对入道者登名仙籍的许可与证明，而持符箓者则要遵守对神的承诺，誓心从真。受戒则意味着接受神的诫约，"戒除情性，止塞愆非，制断恶根，发生道业，从凡入圣，自始及终，先从戒箓，然始登真"[2]。道士受箓后获职券牒文，以证所得之法职，明其所录之神界，如此则可通神达灵，此符契即"职牒"。"亦曰升天券，得道之日过天门地户，魔王主司以相按验，乃至神仙洞府、诸天曹局，悉皆堪会，如世之公验也。"[3]

其二，道教经戒传授仪式过程中引入了符契的制度，欲授受

---

1 《老子道德经》第七十九章河上公注，四部丛刊本。

2 《秘要诀法·明正一箓》，《云笈七签》卷四十五，《道藏》第22册，第318页。

3 （唐）张万福撰：《明科信品格》，《传授三洞经戒法箓略说》卷下，《道藏》第32册，第195页。

经戒，必先预备契信之物，"凡受上清宝经，皆当备信。信以誓心，以宝于道。准于割发歃血之誓。无信而受经谓之越天道，无盟而传经谓之泄天宝"[1]。据《传授经戒仪注诀》《传授三洞经戒法箓略说》，经戒法箓传授时应具备之信物包括：七宝、金银、金环、金钮、玉璧、断发歃血、绛巾碧巾、命米、玉雁、纸墨、券契、盟、誓等。其中，绛巾（丹色，表征血）、碧巾（青色，表征发）是用以代替歃血断发的，其意义在于"割身自信，誓于神明"；券契的意义在于"受道之日，关奏天曹地府，四司五帝，一切神仙，以为监证，所以召七祖以监临，对五帝而结券，若后违盟犯约，背道轻师，则勘契合券，以自证检，亦犹世之交易，各执券契以相信也"；盟、契的作用是"立约以契之"，"以言契心，告神盟也"。[2]

可见，道教戒律中具有很重的契约意识。道教也将这种契约意识贯彻在经济思想中，主张在经济行为中要有责任意识，要重契约，守信诺，无食于言，毋欺人我。《太平经》要求人们"动作言顺，无失诚信"[3]。《老子想尔注》说："人当常相教为善，有诚信。"[4]五斗米道在汉中时要求道民遵守"诚信不欺诈"[5]的戒律。

---

1 《太玄都中宫女青律文》，《太真玉帝四极明科经》卷五，《道藏》第3册，第439页。早期上清派经典，约成书于东晋南朝。

2 以上引文见：《明科信品格》，《传授三洞经戒法箓略说》卷下，《道藏》第32册，第194—196页。

3 王明：《七十二色死尸诫》，《太平经合校》卷一百一十二，中华书局1960年版，第569页。

4 《老子想尔注校证》，第11页。

5 《三国志·魏书·张鲁传》，第67页。

《虚皇天尊初真十戒文》中说："心既不诚而谓之道，是谓背道求
道。"[1]《道门十规》中说"尊经阐教，莫大于推诚"，又说"诚则
有神"[2]。

道教戒律要求在经济活动中遵守交易规则，符合公平、公正
的既定经营规范，"持心平等，不得自欺"[3]，不得"负债逃隐，违
捍不还"[4]，不得"借换不还，欺诱万民"[5]，"换贷不还是我大病；出
债长取大斗入小斗出、轻秤出重秤入是我大病"[6]，"穿窬墙壁，移
号拆函，开封击锁，改换印章，私心隐匿，贷借不还，欺昧侵窃，
皆谓之盗"[7]。违背市场既定的契约，亏义求利，违法营事者，不
但要受到律法的制裁，还会受到神界的判罚。

> 或居市井，专事商贾，兴贩贸易，全亏仁义，欺惘
> 取利，将粗揉精，饰伪乱真，惧他适用，大秤小斗，种
> 种百为，惟贿所觊，常怀诈欺。上来往业，当堕地狱，

---

1 《虚皇天尊初真十戒文》，《道藏》第3册，第404页。

2 （明）张宇初：《斋法行持》《住持领袖》《道门十规》，《道藏》第32册，第149页、150页。

3 （南宋）金允中编：《本法戒律品·十戒》，《上清灵宝大法》卷一，《道藏》第31册，
  第356页。

4 《太上洞玄灵宝宿命因缘明经·五恶》，《道藏》第6册，第135页。

5 《洞玄戒品·洞玄十恶戒》，《无上秘要》卷四十六，《道藏》第25册，第162—163页。

6 《洞玄灵宝太上真人问疾经》，《道藏》第24册，第675页。撰人不详，从内容看盖系
  南北朝或隋唐道书。

7 （南宋）宁全真授、王契真纂：《戒律禁忌》，《上清灵宝大法》卷八，《道藏》第30
  册，第719页。

长劫受苦，苦尽复生，或为饿鬼，或为畜生，往复循环，百千万劫，报尽复还生于兹世。[1]

道教相信多言必多失、轻诺必寡信。为了做到言必信、诺必果，人们在经济行为中就应当慎言慎行，不能轻率地许诺，也不要轻易地为别人做中保，避免因为别人的不守契约而导致自己的失信，故"不得为人作中保契卖交易"[2]。

诚信是社会经济秩序和谐发展的基本规则要求。经济是在互动交流中存在的，没有诚实守信，便无法形成一个稳定健康的市场交流环境。重契守信的经济伦理规范无论对于以农业经济为基础的古代社会，还是对于以工业经济为基础的现代社会，都是极其重要的。道教以重契守信为戒律，既直接约束了道教徒的经济思想和行为，也间接地教育和规范了世俗社会的经济思想与行为，为良好的社会经济秩序的建立提供了一种规范模式。

世俗社会中的人，对于商业规范的遵从，一是迫于世俗法规的强制约束，一是限于社会舆论的约束；除此之外，还受到道教戒律所带来的价值观念的约束和心理上的约束。道教戒律称："凡人逐日私行，善恶之事，天地皆知其情……故作违犯，则鬼神天地祸之也。"[3]纵使人可被欺，然而天鉴之聪不可欺，天降之罚不可

---

1 《太上上清禳灾延寿宝忏》，《道藏》第 3 册，第 513 页。撰人不详，约出于唐宋。

2 《中极戒》，《藏外道书》第 12 册，第 35 页。

3 《赤松子中诫经》，《道藏》第 3 册，第 445 页。

逃，这种思想在传统社会中影响到了很多人的经济行为。《袁氏世范》曰："人之耳目可掩，神之聪明不可掩。"《省心杂言》说："高不可欺者，天也；尊不可欺者，君也；内不可欺者，亲也；外不可欺者，人也。四者既不可欺，心其可欺乎？我心不欺，人其欺我乎？"故《药言》称："凡事求无愧于神明，庶可承天之佑。"[1]据《康对山集》载，陕西商人樊现曾经说："谁谓天道难信哉！吾南至江淮，北尽边塞，寇弱之患独不一与者，天监吾不欺尔！贸易之际，人以欺为计，予以不欺为计，故吾日益而彼日损。谁谓天道难信哉！"[2]这一源自宗教神学的经济伦理约束是种重要的规范力量，它的特点和优势在于"为此世的道德找到了宗教性的超越根据"[3]。从一些实际事例中，我们更可以看到这种宗教经济伦理的影响，如《太上感应篇集注》诠释"不欺暗室"句时所举的例证。[4]类似的事例又可见于它处，如清焦循《里堂家训》引明嘉靖间张志淳《南园漫录》云：

> 予郡有符、丁二姓相友善。丁后病，而有子支漫不事生产，丁乃以白金若干托符曰："子支漫不事生产，恐身后即耗，烦为密收，而训使治生，改则畀之，不改则

1　以上引文见：《中国历代家训大观》，第185页、第248页、第407页。
2　（明）康海：《康对山集·扶风耆宾范翁墓志铭》。
3　余英时：《士与中国文化》，上海人民出版社1987年版，第558页。
4　《太上感应篇集注》，《藏外道书》第12册，第128页。

君之物矣。"符许诺。日过其子，告以其父命之笃，子稍
改悟曰："恨无赀以营生计。"符许借之，借而叩之，果
不费，则勖之焉。逾时再询而叩之。曰："恨少耳，若多
假焉，生弥遂矣。"则再借之，如是者三，子曰："若得
若干，业可成矣。"符知其可也，则曰："汝当具牲醴来，
吾为汝转借。"其子如命往符，则以其牲醴置丁之灵几
前，为文告曰："君不鄙予，托予以子，而委我以财，今
君之子克家矣。财凡若干两，尽以付君之子，君可以无
虑矣。"遂归。时丁颇裕，而符更穷，财不相负，而又能
忠诲其子俾其成，可谓难矣。郡人尽能道其事。[1]

此种经济行为体现的正是《八字功过格》等要求在经济交往中
"不负人寄托"的自律原则。基于明清时期史料中这类事例较多
的事实，学者指出："这种基于宗教伦理而形成的经济伦理，在
明清社会经济关系中显然是发挥了积极的作用的。"[2]道教戒律重
契守信的经济责任观对于传统社会里诚信经济秩序的建立和持守
提供了重要的思想理论根据以及心理精神约束力量。

　5.道教戒律疏财济世的社会经济观念

　　财富是个体生存的物质需要，但除此之外，它还有何种意

1　周秀才等：《中国历代家训大观》，大连出版社1997年版，第798页。
2　姜生：《道教善书思想对明清商业伦理的影响：以〈感应篇集注〉为例》，《理论学刊》
　　2004年第11期。

义？对于保证自身生活所需之外的财富应该如何对待和处理？这是个人经济问题之上的社会经济问题。道教认为，经济的最终意义在于其社会性，经营的最终目的乃在于整个社会的福祉，而非一己之私利。道教不以物质享受为追求，故而其经营的目的指向在于济世。道教戒律体现了一种以社会为本的经济观，此种"社会经济"思想彰显出疏财济世、毋唯私利的特点。

《太平经》认为，财富本质上是社会所共有的，因为它是天地神真为整个社会所创设的，理应为整个社会所共同享有。现实中有的人会因为某种机缘而获得大量的财富，但并不能认为这些财富都是他个人所有，他应该将这些财富散疏于穷急，造利于公益。《太平经》说：

> 或有遇得善富地，并得天地中和之财，积之乃亿亿万种，珍物金银亿万，反封藏逃匿于幽室，令皆腐涂。见人穷困往求，骂詈不予；既予不即许，必求取增倍也。而或但一增，或四五乃止。赐予富人，绝去贫子。令使其饥寒而死，不以道理，反就笑之。与天为怨，与地为咎，与人为大仇，百神憎之。所以然者，此财物乃天地中和所有，以共养人也。此家但遇得其聚处，比若仓中之鼠，常独足食，此大仓之粟，本非独鼠有也。少（按：少当作小）内之钱财，本非独以给一人也。其有不足者，悉当从其取也。愚人无知，以为终古独当有之；不知乃

万户之委输，皆当得衣食于是也。[1]

《太平经》以这样一种财富天赐公有说诱导人们以社会公益的思想来认识财富、对待财富，"人有财相通，施及往来"，若"积财亿万，不肯救穷周急，使人饥寒而死，罪不除也"。[2]

道教戒律严格地规范教徒、积极地劝导世人要怀着财物天下共有之心，尽己之力去帮助他人，"布施财力"，"大愿利人"[3]，"悯人之凶，乐人之善，济人之急，救人之危。见人之得，如己之得；见人之失，如己之失"[4]，"不得贪积珍宝，弗肯散施"[5]，"不得多积财物，不思散施"[6]。道教戒律将财富视为"度己度人"的经济实行途径，要求做到"善人如水，利入一切，功济如流，悉受其润"[7]。若不以济度之心对待财富，不能做到自利利他而一味积聚财富，贪图一己私利，则非但不是保财之方，相反会失去所有财富。道戒言：

1 《六罪十治诀》，《太平经合校》卷六十七，第 246—247 页。

2 《六罪十治诀》，《太平经合校》，卷七十三至八十五、卷六十七，第 307 页、第 242 页。

3 《洞玄灵宝太上六斋十直圣纪经·九转仙行》，《道藏》第 28 册，第 384 页。

4 （宋）李昌龄注，郑清之赞：《太上感应篇》卷三、卷四，《道藏》第 27 册，第 20—23 页。

5 （唐）朱法满：《太上十戒》，《要修科仪戒律钞》卷五，《道藏》第 6 册，第 940 页。

6 《中极戒》，《藏外道书》第 12 册，第 32 页。

7 《太上妙法本相经》卷中，《道藏》第 24 册，第 864 页。撰人不详，约出于南北朝末或隋唐之际。

　　积德为保家之本。从来多行方便者天赐之福，广积
阴功者神益之寿。世之福寿双全者，非积功好义之家不
能长享丰盈也。吾叹世人，柜有余财非加二加三不欲借，
仓存余粟非借升还斗不能出。殊不知天理有循环，长之
易者消之亦易；报应有早晚，悖而入者亦悖而出；总让
你刻薄性成，定遭儿孙之耗散；不怕他机关用尽，难当
妻女之养奸。何如细玩《阴骘文》，句句行去，件件作
来。疏财仗义，上格苍穹，庶几家资可保也。[1]

注重行善济世是所有道派戒律的共同主张，在家在俗，无论贫
富，都须有济物利人之心，力到便行，"施惠穷困，拯度危厄，
割己济物，无有吝惜"[2]。净明道劝善书《力到行方便文》则指
出，有经济力量的人更应该将财富用于社会的公益事项，因为赈
救世道之事"富者易为功，贫者难为效"。该文说："人在世
间，方便第一，力到便行，蹉过可惜。富贵权势者，祸福及人甚
易，临事以方便为心，宽一分则人受一分之赐，更力行好事，种
种方便，毋问人物，推圣贤兼善天下之心，功德莫大。"书中提
出了诸种将财富用于济度社会的方法，如："平粜米"，有财者
在收成之时广行收买，在年成歉收时原价卖出；"济人疾病"，

1 《孚佑帝君治家十则》，《劝世归真》卷三，《藏外道书》第 28 册，第 49 页。
2 《十善因缘上戒》，《太上洞玄灵宝智慧罪根上品大戒经》卷上，《道藏》第 6 册，第 886 页。

制丹药施舍病者；"夏月施汤水，冬月施老病衣服，存恤鳏寡孤独"；"修桥补路，开井通渠，兴利除害"；等等。[1]

道教宫观经济不以营利为目的，而将经济运营活动视为济世的一个途径，将盈利用于慈善，赈灾救贫。其疏财济世的途径与方式一般有以下诸种：

其一，经济布施。戒律提倡慈愍好善，随时助人，周穷救急，散施钱财，对于穷、残、老、弱、病者尤当尽力援助，给予衣食，甚至为其还债，"家富，提携亲戚；岁饥，赈济邻朋"[2]，"赈济鳏寡孤独穷民，百钱为一功，贯钱为十功。如一钱散施，积至百钱为一功，米麦币帛衣物以钱数论功，饶润穷民债负亦同此论"，"葬无主之骨一人为五十功，施地与无土之家葬一人为三十功"，[3]"矜孤恤寡，五十功。排难解纷，五十功。救人危难，百钱一功。助人嫁娶，百钱一功。点夜灯，一夜一功。施米施粥施药施棺，百钱一功。给袄被，百钱一功"[4]。

其二，致力于公益事业。上文所列《力到行方便文》中的修桥补路、植树造林、凿井开源诸事，在《赤松子中诫经》中已经被提出，该经所列可以积功加筹的善事包括"葺理义井、沟渠，

1　以上引文见（明）赵宜真：《力到行方便文》，《仙传外科秘方》卷十一，《道藏》第26册，第717—718页。
2　《文昌帝君阴骘文注》，（清）朱珪石校，（清）蒋予蒲重订，《藏外道书》第12册，第402页。
3　（金）又玄子：《太微仙君功过格·救济门》，《道藏》第3册，第450页。
4　（清）贺维翰：《八字功过格·义》，抄本。

修填道路，不以小失其大，不以大弃其小"[1]，等等。另如《太微仙君功过格》称："平理道途险阻及泥水陷没之所，一日一人之功为十功；若造船桥济渡不求贿赂者，所费百钱为一功，一日一人之功为十功。"[2]

其三，建观造像，印经布道。道教戒律曰："修圣像坛宇、幢盖幡花、器皿床坐及诸供养之物，费百钱为一功，贯钱为十功。如施与人钱物修置，百钱为半功，贯钱为五功，或以什物一件为一功"[3]，或"印造经文，创修寺院"[4]，亦可积功修德。

道教往往通过大量的因果报应故事来宣扬疏财济世的经济观念，唐末五代杜光庭所编《道教灵验记》中记载宫观、尊像、经文灵验事例甚多，目的在于宣扬道德之尊，劝人归道从善，建观造像，印造经文。《了凡四训》中也记载因散财施舍而得善报的多种事例，如：

> 莆田林氏，先世有老母好善，常作粉团施人，求取即与之，无倦色；一仙化为道人，每旦索食六七团。母日日与之，终三年如一日，乃知其诚也。因谓之曰："吾食汝三年粉团，何以报汝？府后有一地，葬之，子孙官

1　《赤松子中诫经》，《道藏》第 3 册，第 447 页。

2 3　《太微仙君功过格》，《道藏》第 3 册，第 450 页。

4　《文昌帝君阴骘文注》，《藏外道书》第 12 册，第 402 页。

爵，有一升麻子之数。"其子依所点葬之，初世即有九人
登第，累代簪缨甚盛，福建有无林不开榜之谣……常熟
徐凤竹栻，其父素富，偶遇年荒，先捐租以为同邑之倡，
又分谷以赈贫乏，夜闻鬼唱于门曰："千不诓，万不诓；
徐家秀才，做到了举人郎。"相续而呼，连夜不断。是
岁，凤竹果举于乡，其父因而益积德，孳孳不怠，修桥
修路，斋僧接众，凡有利益，无不尽心。后又闻鬼唱于
门曰："千不诓，万不诓；徐家举人，直做到都堂。"凤
竹官终两浙巡抚。[1]

道教戒律疏财济世的社会经济观念对于引导人们更全面地认
识财富，更有意义地处理财富起到了积极的诱导作用。在古代，
大户人家往往也都效仿宫观的做法，在灾荒之年，散财施食，或
于平时出资修造宫观道像，葺桥补路，印发经文善书等，以积累
功德，期冀阴骘。据明代汪道昆《太函集》载，经商成功的汪通
保平素性好仁义，颇信仙道，以处士自居，"尝梦三羽人就舍，旦
日得绘事，与梦符，则以为神，事之谨。其后几中他人毒，赖覆
毒，乃免灾"，他相信此"莫非神助"，后"乃就狮山建三元庙，
费数千金"。[2] 另有大商人阮弼，"崇事二氏，种诸善根"，出资修

1　《袁了凡先生四训·积善之方》，《寿世慈航》卷三，《藏外道书》第28册，第788页。
2　汪道昆撰：《汪处士传》，《太函集》卷十四，明万历十九年（1591）刻本。

缮三茅宫，"饰诸神像，乐善而无所徼福，其费不赀"。[1]虽然人们往往带着功利的思想来做善事，但毕竟认同了疏财济世的经济思想和意义，也在一定程度上做出了很多有益于社会的实事。道戒疏财济世观念为古代社会里民间慈善事业的形成和发展提供了一个重要的推动力量。[2]

财富在本质上为社会全体而设，个人只应合理地占有、享用其中的一部分，这一思想对于促进社会公益事业、慈善事业的发展最有意义。有了这种财富认识，人们尤其是积聚了大量财物的人就不会随意挥霍财富，而将以社会为本的心态和认识去更合理地使用财富。道教鼓励世人散今世之财以为来世及后代谋阴骘，这在客观上对社会财富的再分配产生了积极意义。

社会经济秩序的构成，既有确立生产资料分配、基本交易规则等的法律制度因素，也有建立诚信和价值规范等的道德因素；社会经济活动也不仅仅是种纯粹的物质活动，在其背后还有人的致善追求，当代学者认为"人类的经济行为与其道德行为在终极目的的意义上难以截然分开"，市场经济不可避免地具有"道德之

---

1 汪道昆撰：《明赐级阮长公传》，《太函集》卷四十五。

2 王卫平认为，构成中国慈善事业思想基础的因素主要有四个：西周以来的民本主义思想、儒家仁义学说、佛教的慈悲观念与善恶报应学说、民间善书所反映的道教思想。（参见王卫平：《论中国古代慈善事业的思想基础》，《江苏社会科学》1999 年第 2 期。）道教与民间慈善业发展的关系问题可参考梁其姿《施善与教化：明清的慈善组织》（台北联经出版公司 1997 年版）。

维"[1]。经济伦理甚至会成为经济发展的核心驱动力，或成为一种经济类型的内在精神气质，比如韦伯就认为，新教伦理是近代资本主义的催生物和精神特征。

道教戒律中的很多经济思想是根源于世俗经济伦理的，比如仁义为利等，这些经济观念在道教产生以前，在世俗经济思想当中就已经存在了。道教戒律吸取了这些思想，又以自己的方式强化了这些经济伦理思想。还有一些经济思想是道教戒律所特有的，比如淡财贵生的思想、无为而富的思想以及重契守信、疏财济世

1　参见万俊人：《道德之维——现代经济伦理导论》，广东人民出版社 2000 年，第 11—12 页。这种致善也未必就是出于人的主观意愿。在经济活动中，人的本性基础到底是利他的善还是自私的恶，对此历来争论甚大。例如孟子曰"人之性善"，而荀子则认为"人性本恶，其善者伪也"（《荀子·性恶》），自私才是人的经济行为的人性基础。但即使根本上是自私的，却也能导向共同的善，人的理性使人走向"化性而起伪"（《荀子·性恶》）的选择。或如十八世纪英国著名道德哲学家、经济学家亚当·斯密所认为的，主观上自私的经济行为会在某种自然秩序的自发调节下产生惠益公众的结果："人类相同的本性，对秩序的相同热爱，对条理美、艺术美和创造美的相同重视，常足以使人们喜欢那些有助于促进社会福利的制度"，尽管富人的"天性是自私的和贪婪的，虽然他们只图自己方便……但是他们还是同穷人一样分享他们所作一切改良的成果。一只看不见的手引导他们对生活必需品做出几乎同土地在平均分配给全体居民的情况下所能做出的一样的分配，从而不知不觉地增进了社会利益"（亚当·斯密：《道德情操论》，蒋自强等译，商务印书馆 1997 年，第 230 页），个人追求私利的动机总"被一只看不见的手推动着，达到一个他无意追求的目的。虽然他没有任何这种意图，但他对社会并不总是更坏。在追求他个人的利益时，他时常比他真实地有意促进社会利益还更加有效地促进了社会的利益"（《国富论》，谢祖钧等译，中南大学出版社 2003 年，第 294 页）。这"看不见的手"有类于先哲老子所说的"天之道"——"天之道，其犹张弓欤？高者抑之，下者举之，有余者损之，不足者补之。天之道，损有余而补不足。"（《老子道德经》第七十七章，四部丛刊本。）

等。这些经济思想是在道教的基本教义思想下产生的，其中渗透着修德意识、救赎观念、济世情怀，赋予经济行为以超经济的内涵，形成道教经济伦理的宗教化特征。这些特有的经济思想对世俗社会的经济伦理思想和实践产生过重大的影响，成为中国传统经济伦理思想中的一个重要部分，曾对许多社会个体产生过深刻影响，成为他们建立经济价值观念、实施经济行为的理论源泉，对于建构社会经济伦理秩序起到了不可忽视的作用。其对商人和商业伦理的影响更为明显，有学者发现，明、清商人当中存在着"晚年遁入道教或深信道教"的现象。相关研究指出："相当数量的商人、从事经济管理的官吏，一方面在经济运营指导思想上受到了劝善书的启发，并自觉地将之运用于经济活动中；另一方面在生活方式上也深受劝善书思想的影响，走向宗教化的选择，故而明清商人在平素商业行为中表现出的重诺守义精神，均有其源自道教劝善书一类宗教伦理影响的一面，他们在晚年向道教的皈依，也正是长期接受道教伦理影响的结果。"[1]

道教戒律经济伦理思想的积极意义是主要的，它对于增强经济行为中的诚信公正意识，对于正确认识财富本质以及促进社会公益、慈善事业等，都发挥了重要的引导作用；但也存在一些消极的因素，如道教不主张最大化地实现经济利润，对财富持着根本的淡泊态度，这导致对经济利益追求动力的削弱，一定程度上

1　姜生：《道教善书思想对明清商业伦理的影响：以〈感应篇集注〉为例》，《理论学刊》2004 年第 11 期。

消解了对于物质发展的激情。再如，有的学者认为，传统社会的
义利观过于强调义而忽视利，导致了道德上一定程度的虚伪等。
然而，一种理论能产生什么样的效果不仅决定于理论本身，还决
定于人们如何去理解和把握它，合理的诠释和应用也能转弊为
利。淡泊财富的观念主要是对于人们的求利之心的一种平衡，如
果缺少这种平衡，整个社会都将走向唯利是图。姜生教授在其
著作中指出人是需要受到有目的的控制的[1]，而对于利欲之心的控
制无疑是最主要的[2]。对道德的重视并不会妨碍对于经济利益的求
索，"求之以道"乃是必要的经济规则。我们很难想象一个规则
缺乏的市场能够健康运转。事实上，经济越发展，对规则的依赖
性越强。市场经济需要个体具备高度的商业道德素质，而恪守商
业道德也能给经营者带来长远的利益。道教戒律的经济观念可以
服务于经济秩序理性化的某些需要，可以为经济的良性发展培育
一些基础性的东西，如节制、勤劳、诚信、自立、公正、自律、
公益等。

1　姜生：《宗教与人类自我控制——中国道教伦理研究》，巴蜀书社 1996 年版。

2　约翰·洛克曾说："我们人类在各种年龄阶段有各种不同的欲望，这不是我们的错处。
　我们的错处是在不能使得我们的欲望接受理智的规范与约束。这中间的区别不在有没
　有欲望，而在有没有管束欲望的能力与不为所惑的功夫。"（[英]约翰·洛克：《教育
　漫话》，教育科学出版社 1999 年版，第 21 页。）

第五节 道教戒的作用

　　道教认为，道教徒的任何宗教认识、宗教践行都与其信仰的实现关系密切，都影响甚至决定着修炼者能否体道、得道。尤其是能否正确进行与体道、得道最直接相关的宗教修炼活动，更是决定着道教徒能否最终实现其信仰追求。因此，道教徒需要一套指导其正确进行修炼活动的规范。道教戒律正是这样的一套规范，故道教戒律在道教内自始至终都受到极高的重视，具有至关重要的地位。通过戒律的受持，道教徒在修炼中的所思所行才能够合乎教义，不违仙道，从而确保最终能够合道登真，"故道学当以戒律为先"，"有经而无戒，犹欲涉海而无舟楫，有口而无舌，何缘度兆身耶"[1]，若"不能与法戒相应，身心又无功德，欲求天福难矣"[2]。受戒弟子不仅能够得到戒律的引导，而且能够得到戒神的直接佑护，"受戒已竟，即有护戒威神随子左右，奉戒精专则保尔成道，如或懈怠，当获冥愆"[3]。具体来说，戒律对道教徒修炼活动的规范控制包括四个方面，即宗教思想、宗教践行、宗教仪式以及炼丹过程。

---

1 《上清洞真智慧观身大戒文》，《道藏》第33册，第803页。

2 《正一法文天师教戒科经》，《道藏》第18册，第232页。

3 （明）周思得编：《上清灵宝济度大成金书》卷一九，《藏外道书》第16册，第673页。

一、受戒入道：对修行品次的规范

各种戒律的繁简差异是适应不同的对象需要而设的，初入道门当习受简单的基本戒律，然后再习受更复杂更高层次的戒律，故戒律的受持也是与修道层次、道阶制度密切相关的。唐代道教授戒次第大约是：

> 始起心入道受三归戒，箓生五戒、八戒，在俗男女无上十戒，新出家者初真戒，正一弟子七十二戒，男官女官老君百八十戒，清信弟子天尊十戒、十四持身品、五千文金钮、太清阴阳戒，太上高玄法师二十七戒、洞神三道要言、五戒、十三戒、七百二十戒门、升玄内教百二十九戒、灵宝初盟闭塞六情戒、中盟智慧上品大戒、大盟三元百八十品戒、上清智慧观身三百大戒。[1]

全真道受戒次序是初真戒、中极戒、天仙大戒，受持天仙大戒后就可成为律师。可见道戒是分级别层次的，但各种戒律在本质上并无差别，故曰："人有尊卑，戒无大小。"[2] "戒有多种，大小异门，究竟归根，同成正道。但三五六八，渐顿稍殊，识悟既明，

---

[1] （唐）张万福：《三洞众戒文·序》，《道藏》第 3 册，第 396 页。

[2] 《洞玄灵宝千真科》，《道藏》第 34 册，第 371 页。撰人不详，约成书于南北朝或隋唐之际。

终持一戒。一戒者唯戒于心，不起他念也。"[1] 如此多的戒律造成了道教戒律经典的丰富，仅《正统道藏》戒律类经典中就收有四十部戒律著作。

传戒，又称开期传戒，指从开坛传戒到传戒圆满的整个过程。道士出家，初入道观者为道童，在子孙庙拜师学经，等到了十方丛林开坛传戒之时，子孙庙的师父便荐其赴丛林受戒。道教全真传戒，是从金元全真教出现以后，长春真人丘处机根据道教已有的戒律，订立的道教全真传戒仪范。清顺治年间，全真龙门派第七代律师王常月方丈又创全真丛林，在北京白云观首次公开设坛传戒。他承袭全真派戒法科仪，讲说《初真戒》《中级戒》《天仙大戒》，合称"三坛圆满大戒"。王常月说："学道不持戒，无缘登真箓。"传戒时，戒坛一般分为三期进行。传戒由十方丛林的方丈负责，称为"传戒律师"，又称传戒本师。传戒期间经过"考偈"：受戒弟子分清名次，按《千字文》次序排号，传戒圆满后，编入《登真箓》。获得戒名后，自愿遵守戒律不犯规戒，经审查合格，发给"戒牒"，以为凭据。

二、持戒调心：对修行思想的控制

一种宗教，必有其核心信仰，对信仰的体认与持守乃是任何

---

1 《七百二十门要戒律诀文》，《三洞众戒文》卷下，《道藏》第 3 册，第 401 页。

宗教最重要的事情。道教认识到，必须通过一定的强制性的体认，才能使人时刻保守道的持有，这就需要对修行思想施以控制，故而道教强调通过戒律的规范与约束来达致对信仰的认同与恪守。《想尔注》说：

> 不欲视之，比如不见，勿令心动。若动，自诫，
> □□，道去复还。心乱遂之，道去之矣……心者，规也，
> 中有吉凶善恶。腹者，道囊，气常欲实。心为凶恶，道
> 去囊空。空者耶（邪）入，便煞人。虚去心中凶恶，道
> 来归之，腹则实矣。[1]

心会随着所见所闻而有所思，产生种种认识，而这些认识并非皆能合道，当心为杂思邪想所左右所迷惑的时候，人也就丧失了道。戒乃是通过主观意识的提醒，防止心陷于迷乱而导致道的丧失，故为道者必须时刻提醒自己加以警觉，不断自我告诫。告诫、警戒正是"戒"的本意。道教将扰乱人之道心的杂想邪念比喻为"寇""贼"。戒的作用好比是防止内贼产生和外贼入侵的防卫，所谓"禁戒以闲内寇，威仪以防外贼"[2]。

因戒律对于持道合真最为关键，故道教所设戒律颇多。但

---

1 《老子想尔注校证》，第6页。
2 （南朝）陆修静：《洞玄灵宝斋说光烛戒罚灯祝愿仪》，《道藏》第9册，第822页。

《七百二十门要戒律诀文》认为，戒所有异，层次不一，但都是
为了达至正道，殊途同归而已，如果能够领悟到戒律的本质精神
所在，则所有的戒律都可简化为一条，那就是戒伏心念、杜邪归
真，"一戒者，唯戒于心，不起他念也"[1]。七百二十门要戒为洞神
三皇派的最高禁戒，视斋心持戒为最要，以调心摄意为宗旨，持
戒才可防邪守寂，故为登真之门户，"外来曰动，内住曰寂……
来不惊寂，去不劳动……为而无为，为道之最"，"变化无穷，由
悟守一；守一须资，唯戒为急。持之不亏，邪不得入。正气相
亲，亲密久之，自然混合，与道同真。资戒果遂，由戒入道，故
谓为门"[2]。

　　元代神霄派道士王惟一在其所撰《道法心传》一书中作《行
持戒行图》（如下页图）并附图论。他之所以将十戒与心的关系表
示成这样的图形，是以"万法从心起，万法从心灭。晓得起灭处，
生死事方决"的认识为前提的。他认为心为一身之主、万法之根，
修心即是修道，修道即是修心，而修心必资戒律以制心，"先持戒
行为根本，次守天条莫妄为"[3]，故戒在外，心在内，修道须持戒
制心。心制则戒成，心不制则戒枉设，二者是互为依存的。

1 2 （唐）张万福：《三洞众戒文》卷下，《道藏》第 3 册，第 401 页。
3 （元）王惟一：《道法心传》，《道藏》第 32 册，第 420 页。

因为戒与心的关系如此重要，故道教戒律十分强调"戒意"
或"戒心"。如《升玄经·太清九戒》第二戒曰："心不得兴恶想
恶念，不得形想评想，贪欲务得，蒙冒财利，贪毒阴贼，谋议非
法，淫邪偏辟，意不平等，嫉妒愚痴，自是狠戾，浊欲饕味，无
有厌足。不知动入罪网，不能自觉心过之罪大无有极。不自心兴，
不得教令于人。摄意持戒，终身奉行。"[2]《无上内秘真藏经》曰：
"何谓九戒……二者戒意，意不妄贪，无犯诸恶……五者戒心，心

---

1 （元）王惟一：《道法心传》，《道藏》第 32 册，第 420 页。

2 （唐）朱法满：《要修科仪戒律钞》卷四，《道藏》第 6 册，第 938 页。

忍如地，无有怨结。"¹修道者心不可起非法邪乱的动机，而当多萌善念，并积极劝助他人培养善心，"心慈，常念于善"²，"不得舍诸正念妄起非想，因以成趣与道相违，常当存神，炁海入彼妙门"³，"见人为恶，劝告人修善，若遇善人，敬而从之"⁴。

"清心谓之斋，克己谓之戒"⁵，戒律对于道教徒的首要作用就是克服一己之心欲，去除邪杂之念想，使心归于澄明正定。因此，戒律对道教徒修行思想的控制是其首要的功能，历来教典与高道都谆谆告诫以戒制心的重要性，如清初王常月就将戒比喻为降魔杵等。

三、以戒制身：对修炼行为的控制

修炼者的一举一动无不关乎求真，每有施为当思合道，"人欲举动，勿违道诫，不可得伤王气"⁶。作为求道者，行无大小，言无轻重，处处要自觉地受戒律的约束，时时不违规矩。行止不当，

---

1 《妙德品》，《无上内秘真藏经》卷七，《道藏》第 1 册，第 481 页。撰人不详，约出于唐初。

2 《洞玄灵宝太上六斋十直圣纪经·九转仙行》，《道藏》第 28 册，第 384 页。约为隋唐道书。

3 （宋）傅洞真撰：《七戒》，《太上玄灵北斗本命延生真经注》卷一，《道藏》第 17 册，第 10 页。

4 《赤松子中诫经》，《道藏》第 3 册，第 447 页。

5 《发明大道品第一》，《无上玄元三天玉堂大法》卷一，《道藏》第 4 册，第 1 页。

6 《老子想尔注校证》，第 10 页。

便即损道，举手投足之处，一言一语之间，当念中规中矩。《正一威仪经》曰："道士行住坐卧，皆当合道，正容敛色，端直其身，不得倾斜，失其仪相，威仪先首，可不慎之。"[1] 可见道教信徒的生活起居都已经被戒律化了，坐卧行走都不可随便。"行住坐卧，出入有法"，这些都是修行入道的门阶，"欲行非足不步，欲进妙道非门不入。十事科戒，为道之门"[2]，因为这一则关乎道教徒的威仪，是出家人应有的行为规范，二则坐卧行走之中都关系到健康，都有养生的因素，坐卧行走之间也得避免有损健康的方式，要养成良好的习惯，"禁久立；禁久坐；禁久渴；禁久视；禁久卧；禁久听"[3]。因此之故，道教戒规延伸到了徒众的一言一行，约束着食宿起居等日常生活的各个方面，如全真道所立《规矩须知》中规定：

> 凡全真视听各有威仪戒忌；凡全真言语各有威仪戒忌；凡全真盥漱各有威仪戒忌；凡全真饮食各有威仪戒忌；凡全真出行各有威仪戒忌；凡全真起立各有威仪戒忌；凡全真坐卧各有威仪戒忌；凡全真作务各有威仪戒忌。[4]

1　《正一威仪经》，《道藏》第 18 册，第 258 页。撰人不详。从内容看应为南北朝或隋唐天师道经典。

2　《玄门十事威仪》，《道藏》第 18 册，第 259 页。撰人不详，从内容文字看，似出于隋唐。

3　（唐）朱法满：《十二禁》，《要修科仪戒律钞》卷五，《道藏》第 6 册，第 941 页。

4　载（清）闵小艮传述：《清规玄妙全真参访外集》，《藏外道书》第 10 册，第 602—605 页。

　　《道德经》认为，感官认识对人的心智是一种强烈的干扰。感觉器官所获取的经验性认知是不全面、不可靠的，结果只能是导致迷惑心智而失道，"五色令人目盲；五音令人耳聋；五味令人口爽；驰骋畋猎，令人心发狂；难得之货，令人行妨"。故当取消对感官信息的依赖，与物同一，以心直悟，"不自见，故明"，"塞其兑，闭其门，挫其锐，解其纷，和其光，同其尘，是谓玄同"。[1]更应当避免因见闻而导致非自然情绪的产生，喜怒哀乐皆于养生不利，为道者应心清体泰，克制情性，达到"情性不动，喜怒不发，五藏皆和同相生，与道同光尘也"[2]的状态。道教将耳目鼻舌身及精神等的活动称为六根，之所以叫作六根，是因为一切不合道的行为都是由人的这些活动所引起和造成的，有所见闻触受则有相应的情绪欲望，有情绪欲望则有邪想入侵，最终导致邪思邪行，去道害身。故对闻见触受的活动要警觉慎察：

　　　　六根者，一曰眼根，二曰耳根，三曰鼻根，四曰舌根，五曰身根，六曰意根。所以谓之六根，六根者能生诸业故也，犹如草木生诸华叶，子实辗转相生，故有六情、六欲、六染、六入、六贼、六尘、六识等也。而色、声、香、味、触、法，本来空寂，不动身心，众生执计，

1　以上引文见：《老子道德经》第十二章、第二十二章、第五十六章，四部丛刊本。
2　《老子想尔注校证》，第 6 页。

妄怀取舍，念念驰竞，烦恼缠身，以是因缘流浪生死。
若能用智慧志审自思，惟悟此六根，则诸根皆尽。[1]

因此，"六情"入戒成为道教必然的要求。《正一法文天师教
戒科经》已经初步提出了相应的规范：

唯道人执志，故能以戒自检。行止举动，爱欲之间，
守戒不违，心无邪倾。若见色利，以戒掩目；若闻好恶
之言，以戒塞耳；若食甘香之美，以戒杜口；若愿想财
宝，放情爱欲，以戒挫心；若趣向奸非，意欲恶事，以
戒折足；守之不废，可谓明矣。[2]

而东晋末年更有灵宝派初级弟子受持的《智慧闭塞六情上品
诫》，系统地以戒律来控制视听举止：

第一诫者目无广瞻，乱诸华色，亡睛失瞳，光不明澈；

第二诫者耳无乱听，混于五音，伤神败正，恶声啼吟；

第三诫者鼻无广嗅，杂气臭腥，易有混浊，形不澄正；

第四诫者口无贪味，脂熏之属，浊注五神，脏腑渍溃；

---

1 《太上洞玄灵宝业报因缘经》卷十，《道藏》第 6 册，第 127 页。据考约出于南北朝末
至隋唐之际。

2 《正一法文天师教戒科经》，《道藏》第 18 册，第 234 页。

第五诫者手无犯恶，不窃人物，贪利入己，祸不自觉；

第六诫者心无爱欲，摇动五神，伤精丧炁，体发迷荒。[1]

　　约出于南北朝的《太上老君戒经》明确地指出"持戒制六情"的重要性，"若不检制，纵恣六情，生为世人所恶，死为鬼之所迫也"[2]。唐张万福称："持戒先制六情，六情恬夷，神道归也。故学士初入中乘，先须闭塞六情，然后渐阶一道，故以为次。"[3]六情戒一直是道教的重要戒律，或稍有发展。如明代所修《灵宝无量度人上经大法》记载的"七禁"实即六情戒，只是将第六戒分作"意"和"思"，并解释说："口不骂詈作秽言则咒法通灵，目不窥秽触则目可视真灵，耳不听淫声则耳能听法音，手不亲秽物则诀目可通神，足不履秽恶则蹑罡可飞升，意不起秽识则可至真仙，思不起杂乱则存思致神明，是名七禁。"[4]

四、按戒行法：对斋醮仪式的控制

　　道教徒的一思一行都受到戒律的规范约束，不仅如此，作为教职人员的出家道士，他们做法事的过程也受到戒律的规范，行

1　《太上洞真智慧上品大诫·智慧闭塞六情上品诫》，《道藏》第 3 册，第 392 页。

2　《太上老君戒经》，《道藏》第 18 册，第 201 页。

3　（唐）张万福：《三洞众戒文》卷下，《道藏》第 3 册，第 399 页。

4　《祛妖拯厄品》，《灵宝无量度人上经大法》卷三十六，《道藏》第 3 册，第 807 页。明代道书，撰人不详。

斋、设醮、作忏、传经等，都须遵循一定的科仪程序。做法事的道士必须严格依照应有的方式执行，恪守相关戒规，否则将受到惩罚。法事重戒规是为了保持法事的规范性，同时也是为了体现和维护宗教仪式的神圣性，因为法事是通过特定的、严格的仪式来获得神圣意义的，如果法事本身不严格，则将破坏这种神圣意义的获得。故各项法事均有相应的仪规戒律，作法者当熟知并谨守这些律规，以完成通神接真、祈福延年、禳灾祛魅的目的。

道士在未入神圣的道场之前，就需遵照戒律净洁身心。《太上大道玉清经》曰："入斋戒道场之法，先当慈悲，第一不阴恶，第二不思色，第三不思媱，第四不思杀，第五不思肉，第六不思胜，第七不思欺。然后沐浴五香，荡除尘累，整其威仪而诣道场。"[1]这是早期的临坛戒法，相对简单，后来的要求则变得更详细、全面和严格。《道门科范大全集》所载《临坛十戒》或可作为后来道场戒法的典型，对法事的整个过程都有规范控制，兹录如下：

第一戒者，不得扰乱形神，常怀专一，喜怒哀乐不萌于心，务致精明以格上圣。第二戒者，不得傲忽圣真，常怀恭敬，企仰尊像，心起精虔，天真大神浮空降接。第三戒者，不得轻慢灵文，常怀信重；三洞经典，玩味诵持；从吾成真，求证道果。第四戒者，不得诽谤法门，

1 《说戒科品》，《太上大道玉清经》卷一，《道藏》第33册，第292页。

常当敬护；弘道明法，济度幽明，各令归依，广获受度。第五戒者，不得忏触道场，常怀精洁，斋戒沐浴，始近法坛；臭秽腥血，无求取祸；鸡狗禽畜，无使突来。第六戒者，不得放纵身心，呼叫喝骂，语笑谨哗，睡眠酗酒；昭事上真，如对君父。第七戒者，不得退转道心，常怀坚固，勿因小慊便灭诚意，精进崇奉，福利无穷。第八戒者，不得减省法事，常怀勤恪，行道诵经，朝真拜圣，使功德满足，幽显沾恩。第九戒者，不得错误章奏，常怀精审，若卤莽灭裂，不加参对，则三天门下，有所遣却，图福反祸，深可震惧。第十戒者，不得商较财利，常怀谦让，施者受者各得欢喜，无使怨恚，自损福田。[1]

斋法是有着古老渊源的宗教仪式，道教产生之初就有了相应的斋法，如五斗米道的涂炭斋、指教斋等。晋后道教斋法日渐成熟，以灵宝斋为突出，形成了系列斋法以及诸多固定斋时，如三元斋日、三会斋日、四始斋日、八节斋日、十直斋日以及正月、三月、五月、七月、九月、十一月等斋月。道教要求，行斋过程中必须持戒、护戒，严格遵守戒律，尤其要遵守专门为指导斋事而订立的斋法之戒。约出于东晋南朝的上清经典《洞真太上八素真经修习功业妙诀》记载了早期的一种《斋法十戒》：

1 《誓火禳灾说戒仪》，《道门科范大全集》卷三十，《道藏》第 31 册，第 828 页。题三洞经箓弟子仲励编修，似为南宋道士。

一者，不得食含血之物，有生炁并熏卒之属，唯菜
非向生之月得食之。二者，平旦啜粥，日中则食，自是
之后，有甘肥美味一切不得复飨。昼则烧香，夜则燃灯
烧香，不乏须臾。坐起卧息，不离法则。三者，弃写因
缘，唯道是务。四者，思经念戒，洗心精进。五者，慈
孝一切，愍念悲穷，开示生道，以劝愚民。六者，悔谢
罪过，求乞生活。七者，委舍荣华，所宝在道。八者，
劳身苦体，为道驱使。九者，愿除众痛，十苦八难，免
度厄世，为太平种民。十者，尊道贵德，心口相副，洗
心精进，志求仙俦，承受经戒，不敢亏违。[1]

此戒指出，在行斋期间必须食蔬、燃灯、念戒、悔过、苦修
等，都是有代表性的斋仪规戒。

《赤松子章历》[2]记载汉魏六朝天师道章醮仪法，对各种章醮所
需法器物件、吉凶时间的规定与选择，以及章符书写法式、章醮
中的避忌与禁戒等均规定详明。如上章醮时不得食酒肉五辛，弟
子不得杀生，上章家中大小鸡犬不得喧哗，大风雨不得章醮，上
章宫曹请官不得越错，章醮信物不得假借于人，不得于治中烧诸

1 《洞真太上八素真经修习功业妙诀》，《道藏》第33册，第468—469页。另，约出于
东晋的《洞神八帝妙精经》载《斋持八戒法》(《道藏》第11册，第385页)，也为早
期斋法之戒。
2 载《道藏》第11册，第173—230页。撰者不详，据大渊忍尔、石井昌子合编《道教
典籍目录》考订，应为唐代道士编集。

臭秽，等等。道教清规产生以后，斋醮仪式中的清规也随之产生，如《天皇至道太清玉册》记载了《醮坛清规》三十五条[1]。

关于斋事醮仪的种种规戒多记录在《道藏》威仪类经典及戒律类经典中，如《洞玄灵宝斋说光烛戒罚灯祝愿仪》《正一威仪经》等。《正一威仪经》假称太上授予天师张道陵诸种正一道士威仪规戒，如受道威仪二十四条，包括初入道当诣师奉受卷契、治箓及三归、五戒，次受七十二戒、百八十戒等；正一受诫威仪三条，依法受持各种戒律，持戒之人不得与非持戒人同床共席，行住坐卧、饮食居止、衣服履屦、车舆几杖，皆宜异之，等等，[2]以及启奏威仪四条、讲经威仪八条、奉斋威仪九条、忏悔威仪二条、礼拜威仪三条、燃灯威仪三条、章奏威仪三条、酿请威仪五条、死亡威仪六条等等。功过格中也有关于斋醮的戒律，如《太微仙君功过格·不善门》规定："斋醮供圣镇信之物一物不备为一过，章词一字差错为一过，误违科律格式一事为一过，威仪有失一事为一过。"[3]

斋醮之中往往也包含着说戒、演戒和授戒的内容，对此，唐代杜光庭《无上黄箓大斋立成仪》中所载甚多。道教忏悔仪式也是道教重要的法仪，与戒律的关系特别密切，其仪式一般都包含

1 见（明）朱权撰：《清规仪范章》，《天皇至道太清玉册》卷四，《道藏》第36册，第391页。

2 见《正一威仪经》，《道藏》第18册，第256页。撰人不详。从内容看应为南北朝或隋唐天师道经典。

3 （金）又玄子：《太微仙君功过格》，《道藏》第3册，第452页。

按照戒律检讨、反省自己所犯下的深重罪过，然后诚心请受相关的戒律，誓心守戒，发愿向善，乞求神真原罪赦过，如《太上灵宝朝天谢罪大忏》《太上上清禳灾延寿宝忏》等。斋时往往是专门习诵戒律的时间，《太极真人说二十四门戒经》指出，十直斋、八节斋、三元斋、四始斋、三会斋"如此等日，同业共行修道戒，人或少或多，同居静室，清斋赞唱，念戒烧香。或在观中名为福地，扫洒房院，即是玄坛，能屈法师诵我妙戒，烧众妙香"[1]。斋时同时也是三界神官校戒之刻，其时"一切众神莫不森然俱至"，"有善功者上名青簿，罪重者下名黑簿"[2]。醮事完结后，后续事宜中仍当遵守一定的规范，依照张万福《醮后诸忌》，则需要守《七戒》七日以上。[3]

五、遵戒寻丹：对炼丹过程的控制

道教炼丹是具有宗教神学意义的仪式过程，它将原本是自然药物和合提炼的物理化学过程附入象征性的仪式，做出神秘化的阐释，使得物理化学过程的产物最终成为凝聚着灵性、象征着真道的神丹

---

1 《太极真人说二十四门戒经》，《道藏》第 3 册，第 412 页。撰人不详，应为南北朝或隋唐道士所造。

2 《太上洞玄灵宝三元品戒功德轻重经》，《道藏》第 6 册，第 883 页。古灵宝经，约出于东晋南朝。

3 （唐）张万福：《醮三洞真文五法正一盟威箓立成仪·醮后诸忌》，《道藏》第 28 册，第 500 页。

妙药。[1]这导致了炼丹与斋戒仪式的结合，使斋戒成为炼丹程序之一部分，至迟在西晋时，这种结合已经产生了。《抱朴子内篇》载：

> 抱朴子曰：金液太乙……合之，皆斋戒百日，不得与俗人相往来，于名山之侧，东流水上，别立精舍，百日成，服一两便仙。若未欲去世，且作地水仙之士者，但斋戒百日矣。若求升天，皆先断谷一年，乃服之也。若服半两，则长生不死，万害百毒，不能伤之，可以畜妻子，居官秩，任意所欲，无所禁也。若复欲升天者，乃可斋戒，更服一两，便飞仙矣。……
>
> 抱朴子曰：合此金液九丹，既当用钱，又宜入名山，绝人事，故能为之者少，且亦千万人中，时当有一人得其经者。故凡作道书者，略无说金丹者也。第一禁，勿令俗人之不信道者，谤讪评毁之，必不成也。郑君言所以尔者，合此大药皆当祭，祭则太乙元君老君玄女皆来鉴省。作药者若不绝迹幽僻之地，令俗闲愚人得经过闻见之，则诸神便责作药者之不遵承经戒，致令恶人有谤毁之言，则不复佑助人，而邪气得进，药不成也。必入

1　[美] 戴维·波普诺《社会学》认为"所有宗教对人类生命周期中的主要事件：出生、青春期、结婚以及死亡都进行了注释，并围绕这些实践发展出了一套仪式体系，人类学家把它称作通过仪式（rites of passage）"（李强等译，中国人民大学出版社 1999 年版，第 454 页），姜生等《中国道教科学技术史》（中华书局 2002 年版）认为道教炼丹术也是一种通过仪式。

名山之中，斋戒百日，不食五辛生鱼，不与俗人相见，尔乃可作大药。作药须成乃解斋，不但初作时斋也。[1]

由引文可知，丹药在炼制期间是需要配合斋戒的，否则无效，而服食丹药的时候也是需要斋戒的。由"诸神便责作药者之不遵承经戒"句也可知，其时道教里已有针对合药炼丹的戒律。炼服丹药的规戒是随着丹药的炼服实践而发展的。如《枕中记·合仙药祭法》称："欲延年养生，求神仙之法，当祭太一君，不祭者作药多不成。纵成，服之无益，不能得仙。故祭者太一临之，或遣玉女来下。神气所加，令药神验。皆斋戒称臣。"其书所列斋戒之仪如下：

凡欲合神药，先斋戒七日，入室沐浴著粉七日讫。具药物必须天晴明及开成除日，若寅日于中庭净地西北向以药物着地，安一高机，机上以枣一升、酒一器、脯一朐，主人再拜长跪启曰：臣（某）天真之子，上皇之孙，上天医女至，奉上上太一君，左玉房仙官，臣（某）合药，服之延年，谨设醮再拜……

凡合仙药，先斋戒三日，煎药于幽隐处，勿使人畜见之，唯作药者自身临之。以木盖器上，勿露之。火唯

1　王明：《金丹》，《抱朴子内篇校释》卷四，中华书局1985年版，第82—84页。

净木，用心伺候。欲多作，任意。药成，纳密器中，勿
泄之。万岁不败。

　　《枕中记·禁忌》又载服药所戒数条，如："凡服食药物，不
欲食蒜、石榴、猪肝、犬肉、猪肉，房中都绝为上。服神药勿向
北方，大忌。"[1]

　　外丹丹戒多涉及时间、地点的选择等方面的禁忌，如约出于
唐宋间的《天皇太一神律避秽经》就专门谈炼丹择日避秽之法。
据该经，道士养生炼丹当遵禁忌，应避十二秽，即在某些时辰或
地点"不可作丹"，"夫十二秽，皆道之所忌，值此辰为之，永劫
不成丹也"。如"日月行道秽"，即逢日蚀月蚀不可作丹；"苍天
神龙交会秽：天有赤云及龙形出者，不可作药"；"阴阳交会秽"，
即春丁卯、夏甲午、秋庚申、冬壬癸，作丹忌之；又如古仙圣所
居之地不可作丹，此为"天地流星秽"；在古墓中、产生室、古
神祠等处所不可作丹，此为"府藏宝器秽"，等等。[2] 道教清规中
也偶有关于炼丹的规范，如禁止将严肃神圣的丹术用于骗人牟利：
"凡谈讲烧丹炼汞，哄骗迷人者，杖责逐出。"[3]

　　宋元以后兴起的金丹道以炼内丹为主，但炼内丹也有必须遵

1　以上引文见：《枕中记》，《道藏》第 18 册，第 473 页、第 470 页、第 466 页。原不题
　　撰人，当为唐孙思邈所作。

2　《天皇太一神律避岁经》，《道藏》第 32 册，第 562 页。撰人不详，似出于唐宋间。

3　（清）闵小艮传述：《清规玄妙全真参访外集·清规榜》，《藏外道书》第 10 册，第 612 页。

循的戒法，"若犯仙戒取次，必被罚也"[1]。"功行周施阴德足，三
清自授真天箓"[2]，内丹修行不事药石烧炼，故其丹戒突出道德伦理
等因素。南宋王庆升所撰《三极至命筌谛》为内丹法杂著，中载
《修丹十戒》：

> 一戒，遏恶；二戒，扬善；三戒，惩忿；四戒，窒
> 欲；五戒，禁酒；六戒，绝茶；七戒，朝实；八戒，暮
> 虚；九戒，高床；十戒，低枕（床三尺、枕三寸为宜）。[3]

此十戒即为道教内丹戒法的一例典型，它体现出内丹法术重
视养生筑基、道德致真的特点。王庆升所著的另一部金丹法著作
《爱清子至命篇》中，记录了名为《十善业》的道戒，当也可视为
内丹之戒。[4] 丹戒是道教所独有的戒律类型，它严格控制着道士炼
丹的过程，目的在于通过对炼丹过程的神圣化而使所得之丹药灵
异化，故丹戒的仪式化功能是最主要的。此外，丹戒中也总结了
一些实际的炼丹经验，对丹术道士起着一定的技术指导作用。

1　《真龙虎九仙经》，《道藏》第 4 册，第 318 页。原题"罗叶二真人注"，约成书于晚唐。

2　《龙虎中丹诀》，《道藏》第 4 册，第 323 页。撰人不详，应为宋代道士所作。

3　（南宋）王庆升：《三极至命筌谛》，《道藏》第 4 册，第 945 页。

4　"十善业者，一曰孝，二曰悌，三曰恕，四曰忠，五曰神圣，谓之五大，又谓之道，乃
　　大道也；六曰智，七曰礼，八曰仁，九曰义，十曰信，谓之五常，又谓之德，乃常道
　　也。"（见王庆升撰：《爱清子至命篇·注沁园春》，《道藏》第 24 册，第 201 页。）

第五章

佛教戒

　　"戒"是佛教文化的重要组成部分，梵文音译"波罗提木叉"。戒在佛教话语体系中涉意广泛，可以说是一个基础性的概念。其一，戒是佛教的基本学业之一。佛教中，必须修持的基本学业包括三种：戒、定、慧。《楞严经》卷六："摄心为戒，因戒生定，因定发慧，是则名为三无漏学。"而戒、定、慧三学中，戒为基本。其二，戒是菩萨所修的六种法门（"六度"）之一。六度就是六种达至彼岸的途径、方法，即布施、持戒、忍辱、精进、禅定、智慧。持戒即严守戒律，使身、口、意清净，不犯恶业。其三，戒是佛教经典的基本分类之一。佛教的经典分为经藏、律藏、论藏三种基本类别，所谓三藏十二部。记载佛所说之教义，契合诸行无常、诸法无我、涅槃寂静之教义的经典，都属于经藏类。佛教最早的经典是《阿含经》，最长的经典是600卷的《大般若经》，最短的是262个字的《般若波罗蜜多心经》。佛教讲究律仪，记载和阐述佛所制定之戒律仪轨的，都属于律藏类。经典教义总是不断发展的，后人对佛典经义的进一步阐释与发展，不断丰富教义体系，逐渐形成一大批体系化的论议解释著作，从而形成了论藏。经藏、律藏、论藏称为"三藏"，能够通晓三藏经典的僧人是水平和层次最高的，称为三藏法师。戒与律相似又相别。戒，强调的是通过主观自觉，谨守规戒，防非去恶，体道明性，远离不合佛法的言行。律，强调的是通过外在的律仪来规范自我的修行，侧重的是他律规范。戒与律往往合称为戒律，有戒、律、律仪等概念，是佛教徒在日常生活和修行中应该遵守的规定，是修行者思想、言论、行为的抉择准绳。

第一节　佛戒的传入

佛教中，持戒是一切修行的根本。《华严经》说："戒为无上菩提本，应当具足持净戒。"但在佛教创立的初始，并没有特别制定戒律，戒律实际上是随着对佛教教义的不断探索和修行实践的不断发展而逐步出现和丰富的。戒律的设置也不是佛陀凭主观臆造的，而是根据不断增多的弟子中出现的各种问题而相应设立的。根据佛经记述，佛陀成道后十二年间，主要给弟子讲解的是"诸恶莫作，众善奉行，自净其意，是诸佛教"的基本教义，还没有对弟子言行的诸种具体约束。但随着佛教实践的扩展，随着来源背景、思想性格各异的信徒的增多，就需要不断地回答某种行为合不合佛法的问题。弟子中有不如法者，佛陀便需要告诫他"以后不可以这样"，对于一些普遍性问题，便制定了约束性的戒律。

这样，通过"随犯随制"的方式，渐渐就形成了系统的戒律。后来，戒律还与修行资历的深浅相联系，不同级别的僧徒要授受不同级别的戒律。

佛教传入中土的时候，已经经历了数百年比较充分的发展，教义教规都已经形成体系。佛教戒律的传入要比佛教的传入晚一百多年。

佛教的传入应该是一个渐进的过程，大概发生在两汉之际。这个过程被流传为一个广泛知晓的故事：东汉永平七年（64），一天，汉明帝刘庄做了一个奇异的梦，他梦见一个金色神人，满身亮光，飞入宫殿。汉明帝于是向大臣们求解，一个见多识广的大臣认为，在西方天竺国有"佛"，是一种神人，圣上大概是梦见佛了。当时，在"飞升"信仰浓厚的中土人士中，佛教容易被理解为一种域外神仙方术。汉明帝十分感兴趣，于是派人西行寻访。寻访使团越天山、过葱岭，终于在西域大月氏国寻访到两位天竺高僧，就是摄摩腾和竺法兰。后摄摩腾和竺法兰应邀跟随使团来到洛阳，汉明帝专门建造白马寺供其入驻。根据《后汉书·楚王英传》的记载，东汉明帝永平八年，即65年时，楚王刘英就已接触了佛教，他"尚浮屠之仁祠，洁斋三月，与神为誓"。"浮屠"是当时对佛教的称谓。这些是反映佛教传入中土的较早的记载。

戒律的正式传入，根据宋代高承的《事物纪原·道释科教·戒律》记载："汉灵帝建宁三年，安世高首出《义决律》二卷，次有比丘诸禁律。魏世天竺三藏昙摩迦罗到许州，至洛，慨魏境僧无律范，遂于嘉平中，与昙谛译《四分羯磨》及《僧祇戒心图》，此盖中国戒律之始也。"也就是在三国时代的曹魏嘉平二年（250），自印度来到中土的高僧昙摩迦罗感觉当时在中土传播的佛教缺很多东西，特别是没有戒律，僧徒只是剃发而不皈依戒律，举行宗教仪式时多用传统的祠祀仪制，不符合佛教的规制。于是他入驻洛阳白马寺，致力于传播律学、传授戒律，并翻译出《僧祇戒心》及《四分羯磨》两种戒本。佛教戒律由是流传汉地，佛教法统也因此奉其为律宗始祖。弘一大师在其《律学要略》中也说："由东汉至曹魏之初，僧人无归戒之举，唯剃发而已。魏嘉平年中，天竺僧人法时（即昙摩迦罗）到中土，乃立羯磨受法；是为戒律之始。当是时可算是真实传授比丘戒的开始，后来渐渐地繁盛起来。"

对比摄摩腾、竺法兰和昙摩迦罗、昙谛到中国的时间，戒律的传入比佛教晚了大约 185 年。据说摄摩腾、竺法兰用白马驮了一批佛经和佛像来洛阳，其中有《四十二章经》。《四十二章经》中其实也涉及一些戒律内容，该经开篇便说："佛言：辞亲出家，识心达本，解无为法，名曰沙门，常行二百五十戒，进止清净，为四真道行，成阿罗汉。"又说："佛言：众生以十事为善，亦以十事为恶；身三、口四、意三。身三者，杀、盗、淫。口四者，两舌、恶骂、妄言、绮语。意三者，嫉、恚、痴，不信三尊，以邪为真。优婆塞行五事，不懈退，至十事必得道也。"但涉及戒律的内容少，且很简单。在汉人对佛教的初期信仰中也不重视这些，直到昙摩迦罗立坛传戒，戒律才成为中土佛教的重要内容。

第二节　佛戒的发展

　　戒律是佛教学说的重要内容之一，也是佛教徒安身立命、修行解脱的基础。佛陀在世时制定了一系列的戒律，讲经说法300多场次，但都没有记载下来，更没有著作。后来，佛陀寂灭后第一年的雨季，弟子大迦叶主持召集僧徒大会，共同回忆佛陀说法的内容，以统一教义，保证正法流传，避免分歧和遗忘。大会在摩竭陀国首都王舍城城郊七叶窟举行，有五百比丘参加，后称"五百集结"。这次经律的结集历时七个月，采取会诵的形式，由在佛陀身边时间最久的阿难尊者负责诵出经藏，由持戒第一的优婆离尊者负责诵出律藏。他们每诵述一段佛陀所说之后，参会比丘一起印证正误，然后确认采纳，包括佛陀何时、何地、因何情况、说与何人等。这样的集结后来又发生了几次，比如佛灭百年后的七百集结、佛灭二百多年后阿育王时期的华氏城集结等。尽管如此，还是避免不了佛教的分裂。到了部派佛教以后，由于不同的教派对教义的不同理解，产生了不同的戒律和不同的戒本。北传中国的是大众部、法藏部、化地部、一切有部的戒律。随着汉地佛教的繁衍，在中国还出现了专攻戒学、以律为宗的教派，产生了一批拥有戒坛并以专门授戒为特色的寺院。

一、中国律宗

佛教产生于古印度，是在印度的古代宗教文化传统中脱胎而来的。传入中土后，其与中国固有的文化传统势必不能立即完全相容。事实上，佛教传入后直至唐朝，一直是在与中国本土文化的重重矛盾之中发展着，有对立，有互鉴，最后在融合中开花结果。戒律也是如此，在民俗习惯、伦理思想完全不同的中国社会，要完全按照印度佛教的戒条规定去实践，在现实中不能完全行得通。实际中，一方面人们对佛教律文的内涵不断进行本土化的阐释，甚至产生了以律藏研究为主旨的律宗，这在其他佛教传播区域中是没有的；另一方面，在一些中国化的佛教派别中，产生了自己独特的戒律，比如禅宗的清规。

自曹魏时昙摩迦罗在洛阳开坛传戒到一百多年后的释道安（312—385），这段时间是佛教戒律系统翻译、丰富和传播的阶段。译经功绩最大的是鸠摩罗什和他带领的一众门下名僧，然后当数释道安、佛陀耶舍等。

鸠摩罗什（344—413），生于西域龟兹国。其父鸠摩罗炎出身天竺望族，世代为相，但他放弃相位出家，东越葱岭到了龟兹国，被龟兹国拜为国师。龟兹王的妹妹一向眼光极高，信奉佛教，却对鸠摩罗炎一见钟情，成了鸠摩罗什的母亲。鸠摩罗什自幼天资出奇，记忆力也十分惊人，七岁时母亲便带着他出家修行，

三十岁左右已是闻名遐迩的高僧，连在遥远东土的东晋，人们也
知道他。鸠摩罗什之所以来到东土是源于战争。东晋时，前秦苻
坚于建元十八年（382）派大将吕光灭了龟兹，顺便把鸠摩罗什
劫持回了凉州。后来，后秦姚兴将鸠摩罗什迎至长安，请他主持
译经，译场规模达八百多人。此后至圆寂前的十余年，鸠摩罗什
以译经说法为业，现存的汉文律藏《菩萨戒本》《十诵戒本》等各
种"律""戒本"及"律论"陆续译出，对中国佛教的译经事业做
出了不可磨灭的贡献。

佛陀耶舍，西域罽宾人，十三岁时，一名僧人经过其家并乞
讨，其父没有施舍，还打了僧人，结果其父手脚痉挛不能行动。
不得已之下，请这个僧人做法事，几天后就恢复了。其父深感敬
畏，于是让佛陀耶舍跟随僧人出家修行。耶舍很是聪敏，十九
岁时便能诵忆大小乘经典数百万字。因其性格孤傲，所在寺院
的僧人不大喜欢他，迟迟没有给他授戒，一直是沙弥身份，直到
二十七岁才得以受具足戒。耶舍的佛学深广，善于清辩，颇有名
声，后被沙勒国请至国内讲学供养。在这期间，云游求学的鸠摩
罗什遇到了耶舍，拜其为师，授读《十诵律》。后来罗什在龟兹国
灭国时被挟至中土，十年后，邀请耶舍东渡，二人最终在长安相
聚，他们惺惺相惜，亦师亦友，曾同在长安合作译经，时常切磋
教义。耶舍最大的译经贡献是与中土僧人竺佛念共同译出了《四
分律》。《四分律》共六十卷，因分四部分得名，是印度上座部佛
教法藏部所传戒律，后来成为中国佛教律学讲传的主要内容，也

成为对中国佛教影响最大、流传最广的戒律。

释道安，东晋时的高僧，译经家。他俗姓卫，常山扶柳（今河北冀州）人，家族先辈多出文人，幼时父母即亡，受养于外兄孔氏。道安相貌生得丑陋，但与鸠摩罗什一样，自幼聪颖，记忆力惊人。七岁读书，过目成诵。十二岁出家，二十四岁到河北邺城师事高僧佛图澄。佛图澄对道安十分赏识，寄予厚望，悉心教导。道安所处的年代，正是东晋十六国战乱频仍的时期，他的大半生都在颠沛流离中度过，但从未动摇修行和传法的信念，成为一代高僧。道安的贡献主要在三个方面：一是译经和释经，特别是对印度佛经做正本清源的解释方面做出了重要贡献。他花费巨大的精力，总结了佛教传入以来的学说，梳理了各种翻译经典，编纂了经书目录《经录》，精心注释经典，并厘清了很多错误。二是建立戒规，制定了一系列戒律，强调传承与修行的规范，如讲经说法的仪式和方法、集众诵戒仪式等。他自己也是于二十岁时受了具足戒。道安对于完备的戒律十分渴望，在《比丘尼戒本序》中曾感叹："云有五百戒。不知何以不至？此乃最急。"三是弘扬佛法，一生辗转各地，每到一处都不懈怠地讲经传道。中年时到襄阳，创立檀溪寺，传法十五年，培育了包括慧远、慧持等名僧在内的数百徒众。道安还倡导僧侣统一以"释"为姓，改变了僧侣姓氏杂乱的历史。

鸠摩罗什、佛陀耶舍、释道安等人的贡献为律宗的产生提供了客观的条件。其后，中土中始终有一批僧人以研习和修持戒律为核心任务，渐次酝酿积累，最终产生了律宗。

大力弘扬四分律的，当从北朝法聪、慧光开始说起，此时距离耶舍译经约六十年。法聪（468—559年），生于北魏时河南新野，八岁时出家。北魏孝文帝时，法聪在平城讲《四分律》，后在襄阳伞盖山白马泉旁筑精舍隐修，南梁晋安王曾多次前往拜访。法聪于南梁大定五年九月以九十二岁遐龄无疾而化。法聪十分重视律学，孜孜不倦弘扬《四分律》，使得《四分律》更加彰显。他对《四分律》还作了疏解，根据他的口授，弟子道覆撰写了《四分律疏》。慧光，河北定州人，十三岁后入少林寺出家，师从高僧，对律学深有造诣，先后到洛阳、安阳等地传法，作《四分律疏》，并删订《羯磨戒本》，奠定了律宗的基础，被后世推为律宗的开山祖师。慧光的亲传弟子较多，如道云、道晖、洪理、昙隐等高僧。道云继承慧光遗志，大力弘扬律学，其弟子道洪传智首，智首传道宣，形成南山律宗；另一弟子洪遵传洪渊，洪渊传法砺，形成相部宗；法砺传道成，道成传怀素，形成东塔宗。律宗三家由是形成。

道宣（596—667），本姓钱，祖籍浙江吴兴，隋文帝开皇十六年出生于都城长安。他未出生便显示出有佛缘，其母怀孕时，曾梦见白月贯怀，有个西域僧人说这孩子是梁代的高僧僧佑转世，将来适合出家，弘扬佛教。少年时的道宣精通文墨，熟读经典，对佛学产生了兴趣。十六岁时落发出家，跟随大禅定寺智首律师研习律学，于二十岁时受具足戒。后入终南山潜修著述，完成《四分律删繁补阙行事钞》，这本著作阐述了他为律学开宗的创见。贞观四年，他赴各地寻访高僧，云游参学。贞观十六年复归终南山丰德寺，并常驻终南山，开设戒坛，制定受戒仪式，完成了开派立宗的事业，南山律宗由是形成。道宣被认为是中国律宗的真正创始人。

与道宣同时弘扬四分律的，还有河北相州日光寺的法砺、住在长安西太原寺东塔的怀素。法砺师从灵裕、洪渊，与慧休合撰《四分律疏》《羯磨疏》等，开创了相部宗。怀素初事法砺的弟子道成，后师玄奘，撰有《四分律开宗记》《新疏拾遗钞》《四分僧尼羯磨文》等，开创东塔宗。东塔宗、相部宗与南山宗后被称为律宗三家。三家各有创见，也各有争论，后来相部宗、东塔宗走向衰微，南山宗则一支独盛。宋代，律宗再兴于允堪、元照二僧。元明二代，律宗稍寂。明末清初，如馨律师以金陵灵谷寺为基，重兴南山律宗。

律宗的教义体系包括戒法、戒体、戒行、戒相四个方面。戒法指的是各种具体戒律，如五戒、八戒，比丘二百五十戒、比丘尼三百四十八戒等，这些戒规是通往解脱的重要途径。戒体是指对于戒律的信念和奉持戒律的意志。僧徒受戒时，发愿遵从，以戒为绳，自律于心。《四分律行事钞资持记》卷上一下曰："戒体者，所谓纳圣法于心胸。"戒行是指实践戒律的具体行为，受戒发愿以后，恒持不违，护持戒律。戒相是指持守戒律者所呈具的威仪相状，也体现持戒的程度。

二、《百丈清规》

佛教自传入中国以来，经过六百多年的发展，在唐代达至鼎盛，北宋时期也有重要发展，形成三论宗、法相宗、天台宗、华严宗、禅宗、净土宗、律宗、密宗等八大代表性宗派并立的局面，可谓蔚为大观。但到了南宋以后，各宗派大多趋于沉寂，唯独禅宗依旧兴盛。这一方面是因为，禅宗重顿悟，抛弃繁琐的外在形式，与其他宗派相比，更"接地气"，也更具思辨性，与正在兴起的宋明理学在认识论与方法论上有着遥相契合之处；另一方面，就是与禅宗独特的禅门规范——"清规"有重要的关系。圣严法师说："百丈清规之对中国佛教的影响，可谓钜而且深了。"[1]

禅宗是最具中国特色的本土佛教宗派，第一代开山祖师是菩提达摩。达摩重视传承统绪，对禅宗的根源进行了理论推演，产生了西天二十八祖的法统。按照这个统绪，禅宗的西天第一代祖师是摩诃迦叶，其后传至第二十八代便是菩提达摩。达摩在南朝梁武帝时（520）来到中国，成为中国禅宗的第一代开山祖师，达摩传衣钵于二祖慧可，其后依次是三祖僧璨、四祖道信、五祖弘忍、六祖惠能，惠能之后不再往下传承衣钵。

摩诃迦叶是佛陀的十大弟子之首，又称为大迦叶。大迦叶是

1　圣严：《律制生活》，台北东初出版社 1995 年修订版，第 102 页。

中印度摩竭陀国人，出身婆罗门望族，其家十分富有，居于首都王舍城不远的摩诃娑罗陀村。但是大迦叶自小淡薄物欲，也不喜欢世俗世界的情欲，喜欢独处思考。八岁时受了传统宗教婆罗门教的戒条，并在家庭的安排下开始学习各种学问技艺，展现出超常的领悟能力。成年后不久，父母就给他娶了一个容貌超凡的妻子，但大迦叶一心向道，与妻子同房而不同床，直到十二年后，大迦叶决定出家修行。当时社会上信仰的大多是传统的婆罗门教和耆那教，大迦叶四处寻访了很多名师，但对他们的学说都不甚满意。就在这时，释迦牟尼刚刚完成证悟，初创佛教，开始说法传道，佛祖的这一新的宗教学说犹如一股清新的春风吹过大地。大迦叶终于寻到佛祖，并为佛法所深深吸引，于是成为弟子。大迦叶十分重视苦修，被称为"头陀第一"，佛学深厚，深受佛祖器重，最终受传衣钵。

根据佛典，确实有佛祖曾于教外别传一支的记载，如《大梵天王问佛决疑经》《五灯会元·七佛·释迦牟尼佛》，就是关于"拈花微笑""衣钵真传"的禅宗典故。一次，大梵天王在灵鹫山召开灵山法会，特别邀请佛祖释迦牟尼说法。开场时，有个礼敬仪式，大梵天王带着部分眷属听众向佛祖献上了一朵金色婆罗花，并一起顶礼膜拜后退入席中。佛祖用手轻轻拈起这朵金婆罗，瞬目扬眉，示于众人，意态安详，却什么话也不说。在场众人谁也不明白佛祖是何意思，面面相觑。这时，唯独摩诃迦叶心有所会，不禁破颜轻轻一笑。佛祖把众人的反应都看在眼里，并当即宣布：

"我有一种精深的佛法，它普照宇宙、无所不包，这是一种奥妙的心法，可让人超脱轮回，可让人摆脱一切虚假的表相而修成正果。它十分玄妙，难以言说，只能以心传心。我现在于教外别传一宗，现在传给摩诃迦叶，希望你能很好地护持，并一直传承下去。"随后，佛祖把自己平时穿的金缕袈裟和用的钵盂授与大迦叶。据此，中国禅宗认为大迦叶是初继禅宗之人，为西天第一祖师。此后代代传承，直至二十八祖菩提达摩。

菩提达摩出身于南天竺贵族家庭，自小遍阅佛经，聪敏过人，后来师事西天第二十七祖师般若多罗，学悟了深厚的佛法。般若多罗见他已精通各种佛学，于是将他的原名菩提多罗改为菩提达摩，因为达摩就是博学的意思。一天，达摩问师父："弘扬佛法是僧人的使命。将来我应该去哪个国家传播佛法呢？"师父说："现在还不是你远游的时候，等到我寂灭之后六十七年，你就到中国广传佛教。"这虽然是宗教故事，但作为佛教的一个重要的传播区域，很多西域高僧都选择远赴东土弘法，达摩最终选择来到中国有其合理的逻辑。达摩在跟随般若多罗祖师修习多年佛法后，在西域诸国大力传教，信徒很多，声名很大。在跟随了师父近四十年后继承了衣钵，不久达摩将眼光投向了东方，决定赴东土讲学。达摩从海上航行，经过三年海上颠簸，从中国南部的南海登陆，当时中国正处于南北朝时期，南方梁朝武帝在位。南北朝时的中国，南北皆有浓厚的佛教信仰氛围，上自皇帝下至百姓，信佛者不计其数，南方寺院尤为昌盛，所谓"南朝四百八十寺，多少楼台烟雨中"，描述的正是这个史实。高僧达摩的到来，震动南朝。广州刺史萧昂亲自迎接，笃信佛教的梁武帝很快便遣使到广州迎请。梁武帝接见达摩时饶有兴趣地和他切磋佛学，梁武帝说："我营造了很多佛寺，组织编译了大量经书，你看我有什么功德？"达摩却说并没有功德，因为真正的功德是清净、圆妙、空寂的，不是尘世能追求的。武帝又问："什么是圣谛第一义？"达摩说佛法空寂，没有什么圣不圣的。武帝又问："现在是谁正在和我谈话呢？"达摩说不知道。武帝愕然，没能领悟达摩之意，这场见面不欢而散。达摩也感到失望，于是他渡长江北上，来到北魏洛阳。经过在南方的遭遇，达摩意识到需要进一步完善自己的教义，并思考如何在中土传教。于是达摩来到嵩山少林寺，择僻静崖壁，面壁坐思，这一坐就是九年！后来达摩出山说法，魏境高僧无不叹服。

达摩面壁期间，嵩山附近有个叫作神光的僧人，听说了达摩的事情后便前往拜见。然而达摩闭目盘坐，不予理会。神光也是个很有毅力的人，他没有气馁，更没有就此离去，一直恭恭敬敬地站立等候。当时正是寒冬季节，冷风凛冽之中偏又飘起漫天大雪，至夜未停。第二天早晨，神光仍旧站在原地，但积雪已没过双膝。达摩见其虔诚，开口问道："你久立雪中，所求何事？"神光说道："请大和尚发慈悲心，为我传道，我将致力于普度众生。"达摩说："修无上妙道，必须行难行之事、忍难忍之情，不是一般人能做到的！"神光于是取刀自断左臂，以明心志。达摩看他确是能成大器之人，便收为徒弟，并为他重新取名慧可。慧可断臂求法，日后果真传承了衣钵，成为禅宗在东土的第二代祖师，开启了中国禅宗的传法世系。

禅宗主张直指人心，见性成佛，强调自修和顿悟，所谓迷时师度、悟时自度，禅师常常对人当头棒喝，促使人瞬间领悟。禅宗在空观上也走得比较彻底，六祖惠能之所以能以一个小火头僧的身份被五祖弘忍大师选定为衣钵传人，就是因为惠能对空观悟得比较透彻。一日，为试探弟子们对空的理解，弘忍命弟子们各作一偈，表达自己的理解。大弟子神秀写道："身是菩提树，心如明镜台。时时勤拂拭，勿使惹尘埃。"弟子们都觉得太好了，但弘忍大师认为仍未见本性，只到门外，未入门内。惠能幼时父母双亡，卖柴为生，一天偶然听人诵读《金刚经》，似有感悟，便去黄梅拜弘忍为师，因为听说弘忍《金刚经》讲得好。就这样，惠能成了小沙弥，在伙房做饭。惠能虽不识字，但听到神秀的偈子便感觉说得还不够见本性，于是他托人悄悄在寺院墙上也写了一偈："菩提本无树，明镜亦非台。本来无一物，何处惹尘埃。"弘忍发现惠能的偈子后内心赞许不已，便在夜里私下给惠能传法，并密授袈裟给惠能，选定他为下一代祖师。之所以密授，是担心弟子们不服而分裂。事实证明后来还是发生了分裂，神秀身为大弟子，影响力较大，得知师父传授衣钵给惠能后竟率人强索硬夺，好在师父早有预料，已命惠能于夜间潜离。神秀后来北上，自诩为宗，是为北宗。而惠能经过五年隐遁，回到师父原来所在的曹溪，开坛说法，声震南方，发扬了禅宗正统，终成一代祖师，被尊为禅宗六祖、曹溪大师。他的学说和经历被弟子辑录为《坛经》。

在惠能的弟子中，成为高僧的较多，其中一个是怀让，怀让有一个很出名的弟子叫马祖道一，马祖道一最得意的弟子是怀海。怀海本名王木尊，福建长乐人，作为马祖道一的法嗣，怀海的后半生基本上常住在江西洪州的百丈山，世人称为百丈禅师、百丈怀海。唐代中期后，朝廷取消对寺院和僧尼个人田产免税规定，僧侣的生存条件不再像以前那样有保障，而且旧的教规和戒律有轻视和排斥劳动的因素，有些戒条认为种植等活动属"不净业"，是犯戒律的。于是怀海发扬禅宗抛却繁琐、素来有参与劳动的传统，大力进行改革，制定了新的修行与生活仪规，这就是著名的《禅门规式》，也被称作《百丈清规》，其为禅宗的衍续发展提供了组织体制、生产方式和生活方式上的保证。"清规"是禅宗特有的内部规范，是禅院的组织规程及内部日常生活的管理规则，是广义的戒律、具有中国特质的佛门规制。《百丈清规》之后，丛林规制又不断丰富发展，《卍续藏经》（一一○、一一一册）收辑有禅宗规范多种，如宋代《禅苑清规》十卷、元代《敕修百丈清规》八卷、清代《百丈清规义证记》十卷等。其他还有些世传的典籍，如《幻住庵清规》《日用清规》《丛林两序须知》等。

第三节　佛戒的体系

任何事都有一个在实践探索中不断发展的过程。佛祖在证悟并创教后，不断收徒并教导弟子。那时的佛教不仅教义没有形成体系，而且也没有什么规制，对僧徒的生活方式和言行也没有多少约束。但时间一长，各种行为就会与教义产生对比，就有了是非的争议。佛祖意识到订立戒律的必要性，不断针对现实中的问题提出了一些规戒。佛祖寂灭后，弟子们在王舍城五百集结大会上将这些规戒记述下来，加以梳理，形成了体系化的戒律。在其后的漫长岁月里，佛教戒律不仅在体系上不断完善，更在理论上有了长足发展。佛僧中有专长律学的律师，寺院中有专司戒律的戒律院。在成熟的佛教戒律体系中，戒律被分成不同的种类。现实中，由于划分标准不同，人们对戒律种类的认识也不同，既有不同教派之间不同的戒律，也有层次不同的戒律，还有因受持对象不同而不同的戒律。

一、在家戒与出家戒

有些人虽然选择佛教作为信仰，但并不脱离世俗的生活，也不脱离家庭，是居家而信佛，这在中国被称为居士，在梵文中，男女居士则分别被称为优婆塞、优婆夷。完全脱离家庭和世俗社会的佛教信徒，在中国称为和尚、尼姑，在梵文中称为比丘、比丘尼。优婆塞、优婆夷、比丘、比丘尼合称"四众弟子"。要成为正式出家的比丘，须满 20 岁，并受持具足戒。而男性不满 20 岁、女性不满 18 岁，但实际上已出家的，只能暂时称为沙弥、沙弥尼；年满 18 岁但还不满 20 岁的沙弥尼，梵文称为式叉摩尼。这样，在家两众优婆塞、优婆夷，出家五众沙弥、沙弥尼、式叉摩尼、比丘、比丘尼，合称为"佛的七众弟子"。

在家两众受持的戒律称为"在家戒"（居士戒），和尚、尼姑受持的戒律是"出家戒"。在家戒有五戒、八关斋戒、十善戒等。五戒内容为：不杀生，不偷盗，不邪淫，不妄语，不饮酒。八关斋戒内容为：不杀生，不偷盗，不邪淫，不妄语，不饮酒，过午不食，不坐卧高广座床，不著香华鬘、不香油涂身、不歌舞倡伎、不往观听。十善内容为：不杀生、不偷盗、不邪淫、不妄语、不恶口、不绮语、不两舌、不悭贪、不瞋恚、不愚痴。

出家戒有沙弥、沙弥尼所受持的十戒，式叉摩尼所受持的六法戒，比丘受持的二百五十戒、比丘尼受持的三百四十八戒叫作具足戒。沙弥、沙弥尼十戒内容为：一、不杀生；二、不盗；三、不淫；四、不妄语；五、不饮酒；六、不著香华鬘，不香涂身；七、不歌舞倡伎，及故往观听；八、不坐高广大床；九、不非时食；十、不蓄金银财宝。六法戒内容为：一、不染心相触；二、不盗人四钱；三、不断畜生命；四、不小妄语；五、不非时食；六、不饮酒。式叉摩尼能受持这六戒两年而不破戒的，就可以进而受具足戒，成为比丘尼。具足戒是比丘、比丘尼所应受持的戒律，因为与沙弥（尼）十戒以及式叉摩尼六法戒相比，它的戒品更加具足，故而称为具足戒。

七众信徒所受之戒各有不同，是专门针对七众所别制定的戒律，所以也称为"别戒"。具体的别戒只适用于某个信教群体，但别戒整体上既含出家戒，也含在家戒。那么，有没有能够通用于僧俗七众的戒律呢？有，这就是与"别戒"相对的"通戒"。比如七佛通戒偈："诸恶莫作，众善奉行，自净其意，是诸佛教。"传说过去七佛曾各作一首偈颂，称为七佛通戒偈。原本有七首，但后世佛教所用的基本上就是前面所引这一首，系迦叶佛所说。七佛通戒偈是所有戒律的根本原则，也是所有僧俗七众都应当受持遵行的通用戒律。

无论居家信佛，还是出家，都有一个最基本的预备性的仪式，那就是"三皈"。"三皈"就是皈依佛、皈依法、皈依僧。皈依三宝，是进入佛门的标志，也是最基本的条件。佛教三宝是指佛宝、法宝、僧宝，是佛教徒皈依的对象。佛宝指的是诸佛或释迦牟尼佛。法宝指佛教的教义教法，体现在三藏经典之中。僧宝指的是佛教僧团。"三皈"是否算"戒"，虽有不同的看法，但无论如何，它是成为佛教徒的基本前提，也是基本路径，是一个佛教徒必须行从的，所以"三皈"是种仪式，也具有戒律的性质。

二、声闻戒和菩萨戒

众所周知，佛教有小乘、大乘之分，其分别在于修行的出发点不同。完整地说，佛教有三乘：小乘（声闻乘）、中乘（缘觉乘）和大乘（菩萨乘）。小乘（声闻乘）修行，以对苦、集、灭、道四圣谛的感悟为根本，知苦、断集、慕灭、修道，从而达至个人解脱的彼岸。中乘（缘觉乘）修行，以觉悟十二因缘为悟道根本，从而达至个人解脱的彼岸，又称独觉乘。大乘（菩萨乘）修行，以布施、持戒、忍辱、精进、禅定、智慧六度为修行法门，以解脱拯救众生为发愿，又称如来乘。小乘、中乘以自度、自利为目标，后世将其合并称为小乘。大乘以普度众生为旨归，地狱不空誓不成佛，度尽众生方证菩提，故称菩萨乘。因大、小乘的区别，故有"声闻戒律"与"菩萨戒律"的区分。

修声闻乘者所受持的戒律就是声闻戒，具体包括《四分律》《十诵律》中的五戒、八戒、十戒、具足戒等。声闻戒分众而受，七众弟子各有所受，因此属于别戒。而修大乘佛教者所受持菩萨戒即涵盖七众别戒，又超越七众别戒，所有信仰佛教者都可以受持，因此菩萨戒是通戒。受持菩萨戒的要求就一个，就是要发菩提心，也就是发愿上求佛道、下度众生。已受五戒的，发菩提心后再受菩萨戒，那就是菩萨优婆塞、菩萨优婆夷。已受十戒的，发菩提心后再受菩萨戒，就是菩萨沙弥、菩萨沙弥尼。已受过具足戒的，发菩提心后再受菩萨戒，就是菩萨比丘、菩萨比丘尼。菩萨戒是大乘菩萨一切戒律的总括之称，包括三个方面的戒律：一是断一切恶的摄律仪戒，二是积集一切善的摄善法戒，三是摄受一切众生的饶益有情戒，故又称为"三聚净戒"，比如称为梵网菩萨戒的十重四十八轻戒、称为瑜伽菩萨戒的四重四十二轻戒等。

三、止持戒和作持戒

从消极还是积极两个方面，所有戒律可以分为两种。一种是限制做出恶的、不合佛法的行为的戒，重在防非止恶，教人诸恶莫作，例如不淫、不盗、不妄语、不非时食，这些就是止持戒。另一种是鼓励利人利己、做合乎佛法行为的戒，重在倡导善行，教人累积善缘，例如四十八轻戒要求礼敬师友、积极学法、多行救赎、勤修福慧等，这些就是作持戒。

犯了止持戒就相当于犯罪，而犯罪有轻重之分，犯了不同的戒条就有不同程度的惩罚。对于犯戒的惩罚，有五种轻重不同的处分。每个层次的处分所对应的那些戒条都有专门的称谓，由重到轻分别是波罗夷、僧残、波逸提、提舍尼、突吉罗。第一，波罗夷，犯此类戒的要被逐出僧人队伍。比如杀、盗、淫、妄语为"四波罗夷"，称为"四重禁戒"；比丘尼戒中有"八波罗夷"，称为"八重禁戒"。第二，僧残，犯此类戒的，需要做特定的补救措施，否则逐出僧人队伍。第三，波逸提，犯此类戒律的要在众僧之前公开悔过，不然将来不但修行无果，还会最终堕入地狱。第四，提舍尼，犯此类戒律的，要真诚地进行坦白。第五，突吉罗，如僧人衣冠不整、露齿戏笑、跳渡沟渠等违戒行为，犯此类戒律后必须要进行自我反省。

作持戒更多涉及的是对佛教徒日常礼仪、修法仪式的规范，例如《四分律》中载述的"二十犍度"。比如"受戒犍度"规定了如何受具足戒、如何制定弟子规则等，"说戒犍度"规定了僧众如何学习戒律、举行忏悔仪式等，"衣犍度"规定了僧人如何着衣，"呵责犍度"规定了如何实施七种惩罚方法，"人犍度"规定了犯了僧残之罪的僧人如何忏悔灭罪，"比丘尼犍度"规定了比丘尼应该如何行事，"法犍度"规定了比丘应该遵守哪些规制，等等。

四、性戒和遮戒

从戒律所禁止之事的性质本身上来看，戒律有性戒与遮戒之分。某种事（行为），如果其本质就是错误的、罪恶的，国家法律或是社会道德准则本就是否定的，即使佛教没有通过戒律加以限制，也是为一般规则所禁止的，针对这样的事（行为）所制定的佛教戒律，就属于性戒，例如五戒中的杀、盗、淫等戒律。某种事（行为），其本身并非是罪恶的，一般社会规则并不予以禁止，但这种事（行为）可能会引发其他罪恶行为，有产生讥嫌的可能，佛教为杜绝衍生罪恶的可能而制定戒律，佛教徒必须遵守。这种戒律在底线上高于一般社会规则要求，这类戒律就属于遮戒，又称为息世讥嫌戒。例如，饮酒是一般人经常做、可以做的事，本身无所谓罪恶，但是酒令智昏甚至由此而做出了杀、盗、淫、妄等行为却是不少见的，因而佛教针对这样的诱发性行为设立了戒律。

第四节　佛戒的作用

　　戒律承载着佛法要义，研习戒律即是修习佛法。持戒是佛教徒修行的根本路径之一，正如佛祖释迦牟尼所强调的，"戒是正顺解脱之本"。从佛教信徒群体来说，戒律也是这个群体的特殊规范，是这个群体区别于其他群体的行为规范。失去这种组织规范，佛教就难以存在，也难以健康发展。因此，释迦牟尼才要创设戒律，要求弟子们务必"持净戒""修善法"。正由于戒律的作用对于佛教如此重要，佛祖的弟子们才在佛祖寂灭后的第一个夏安居就专门诵忆和讨论了戒律，初步形成了律藏，并将弘扬戒律作为振兴佛教、传播佛法的基本任务之一。

一、僧徒修行之法门

　　戒律不仅是用来遵守的，更是用来参悟的，在戒律面前，佛教徒面临着知与行两个方面的任务，从这个角度来说，悟戒、遵戒，对戒律的知行合一就是修行。

每一条戒律后面，都有相应佛法认识的支撑。全面理解了某一条戒律，也就参悟了某一个佛法主张。比如，"不杀生"这一基本戒律，它体现的是佛教的生命伦理观念。在佛教中，有生命的物体分为两种，一种是包括人与所有动物在内的有情众生，另一种是包括植物、山河、大地乃至宇宙的无情众生。佛教主张，一切众生皆有佛性，一切众生也都是平等的，本质上没有高下之分，没有谁是卑贱的，也没有谁是可以自傲的。人人平等，万物平等，而且生命之间互有联系，所以应当尊重所有生命，珍惜所有生命，爱护所有生命，应当对生命、对自然万物持有敬畏之心。故而，杀生成为佛教的第一重戒。杀戒包含不得伤害他人的生命，也包含对自己的生命的戒律，自杀行为是佛教所不允许的。杀戒还包含不得毁坏花草树木，不得毁山掘地、断绝河流的戒律等。在自己不主动杀生之外，佛教进一步倡导护生、放生。护生是反对他人杀生、积极保护自然生态。放生是有意识地将买来的虫鸟禽鱼等放归自然，体现对生命的爱护，所谓"救人一命，胜造七级浮屠"，放生救生被视为最大的功德。中国佛教寺院往往都建有放生池。放生也成为中国佛教各种节日活动中常有的仪式环节。

就生死关怀这一基本哲学命题来说，佛教理想的彼岸境界是"涅槃"。佛教认为，现实世界（此岸）陷于生死轮回，有生、老、病、死、怨憎会、爱别离、求不得、五取蕴等"八苦"，有种种烦恼、痛苦、苦行和轮回，应当通过修行，达至超脱生死、断绝烦恼、无为自在、不生不灭的寂静涅槃之境，故佛教以生死为此岸，以涅槃为彼岸。要达至彼岸，就要凭借智慧，觉悟人生，实现内在精神上的超越与解脱。这种智慧就是契合佛法的正识。而智慧正识的获得，基本的途径就是践行戒律，这就是《楞严经》卷六"摄心为戒，因戒生定，因定发慧"之说的逻辑所在，所以"夫戒之兴，所以防邪检失，禁止四魔。超世之道，非戒不弘，斯乃三乘之津要，万善之窟宅者也"[1]。

每种宗教思想都是一个哲学体系，信仰者必须要用这个哲学体系来安身立命，才算是"得道"。这要求信仰者的内在思想和外在言行都要符合这个哲学体系。思想言行到底符不符合教义，这就需要一套判断的准绳，也需要一套遵循的规则，这就是宗教的戒律。从这个角度来说，修行佛教首先就得守持戒律，"一切众生，初入三宝海，以信为本；住在佛家，以戒为本"[2]。所以，持戒是佛教徒修行的基本法门。佛祖释迦牟尼对戒律极其重视，认为戒律是修行解脱的基础，"戒是正顺解脱之本，故名波罗提木叉，因依此戒得生诸禅定及灭苦智慧，是故比丘当持净戒，勿令毁缺。若人能持净戒，是则能有善法；若无净戒，诸善功德皆不得生"[3]。无论是小乘，还是大乘，佛教诸派无一不把持戒作为修行的起点

1 《四分律序》，《大正藏》第22册，第567页。
2 《菩萨璎珞本业经》下，《大正藏》第24册，第1020页。
3 《佛遗教经》，见《中国佛教思想资料选编》第四卷第一册，中华书局1992年版，第24页。

和基础。"外防为戒，内顺为律"[1]，修行者在具体的时空情境下应该如何想、如何说、如何做，或者不应作何想、不应作何说、不应作何为，都应该以戒律为准判断、抉从，遵戒、守戒的过程就是防非去恶、去伪证真的过程，就是达至涅槃、超脱轮回的过程。

佛教中，通晓戒律、善解戒律的高僧被称为律师，就像善于经藏研究的叫经师，精通论藏或者善于论释佛教经义的叫论师，善于讲经说法的叫法师、善于修禅的叫禅师。《涅槃经·金刚身品》："如果能知佛法所作，善能解说，是名律师。"著名的律师有北魏的慧光，唐朝的法砺、道宣、怀素等。

二、佛门仪轨之范式

戒律与佛教的一系列基本仪轨相联系。要踏入佛门，必经仪式，这其中主要就是传戒仪式。对传戒这一宗教仪式活动，可以从以下四个方面来理解。

第一，由谁传戒。正式的传戒一般要有十名受具足戒十年以上的僧人担任"三师"和"七证"。"三师"包括得戒和尚、羯磨阿阇黎和教授阿阇黎。得戒和尚是传授戒法的导师，是受戒者的戒师父，一般由传戒寺院的方丈或外请的高僧担任。羯磨阿阇黎又称羯磨和尚、羯磨师，负责主持传戒中的系列仪式。教授阿阇

---

1 《毗尼心》，《大正藏》第 85 册，第 659 页。

黎又称教授和尚，负责向受戒者讲授佛教经典、修行与日常行为规范。"七证"是传戒过程中专门负责见证的七位僧人。

第二，由谁受戒。受戒者是出于自愿，请求出家为僧（尼）的人。广泛意义上说，居士也可以受戒。一同受戒的僧人之间是"戒兄弟"关系。从受戒者角度，传戒活动也叫作受戒、纳戒或进戒。

第三，传戒场所。传戒要在有资格的寺院举行，寺院传戒时应当布设坛场、戒坛、学戒堂等。东晋升平元年（357），来自西域的高僧昙摩竭多在洛阳设戒坛传戒，本地僧人根据《戒因缘经》，认为他的传戒道场不合佛法，昙摩竭多于是在泗河浮舟之上设坛，为洛阳竹林寺净检等四名女尼授具足戒，称为船上受戒。晋代以后，各地戒坛日多，如东晋法汰在扬都瓦官寺立坛、僧祐在栖霞寺立坛。根据道宣的《关中创立戒坛图经》，到唐初为止，南方有戒坛三百余所。

第四，传戒程序。传戒要经过请戒忏悔仪、请戒开导法等程序。一般传戒都是连授三坛，即初坛沙弥戒、二坛具足戒和三坛菩萨戒，总为三坛大戒。沙弥戒（或沙弥尼戒）包含十项戒条，是为"沙弥（尼）十戒"。具足戒即比丘二百五十戒、比丘尼三百四十八戒。菩萨戒包含十八轻戒、四十八重戒。

愿出家的人经过传戒，就实现了身份的转换，成为正式的僧人。他在受戒后相应获得传戒寺院发给的戒牒，这是出家为僧的僧籍证明。

第六章

劝善书

　　劝善书是中国独具特色的传统文化典籍，彰显了传统文化重伦理教化的特质。劝善书肇源于先秦两汉，兴于宋，大盛于明清，延续至民国仍有新生。作为宣扬传统伦理道德的通俗读物，劝善书的品种之多数以千计，在旧时民间广为传播，流通量几乎与四书五经相埒。劝善书在思想上融汇儒、释、道三教，在内容上借用宗教神学信仰的力量宣扬伦理教化，在形式上则是家戒文化、官戒文化、道教戒律文化、佛教戒律文化融通汇合的产物，并经改造，成为化导民众的工具，在历史上曾经起过一定的作用。以《太上感应篇》备受重视为标志，劝善书从北宋末走向普泛化，与唐宋以来思想文化上"三教合一"的整体趋势相一致。善书的创作群体、读者群体均十分广泛，既有皇帝、后妃、士大夫，也有普通文人、僧侣。出家人常常以善书赠予他人，寺庙宫观也往往常年免费向信徒、香客、游览者赠送各种善书。出资印制善书，免费广为散发，被视为佛道教信徒做功德的一种方式。

第一节　家戒官戒内容与戒律的融通

《颜氏家训》称："好杀之人，临死报验，子孙殃祸，其数甚多。"清金子升的《金氏家训》也指出："善则降祥，恶则致殃。咸系自取，戒惧须防。"[1]清康熙的《庭训格言》说："凡人存善念，天必绥之福禄，以善报之"，"彼行恶者，子孙或穷败不堪，或不肖而陷于罪戾，以至凶事牵连，如此朕见多矣"。[2]善有善报，恶有恶果，这成为家训坚定的伦理价值观，而这种思想的来源则在于佛教的报应论和道教的神判天罚思想。传统家规的内容中存在着戒律的因素，以五戒为例：

---

1 2　周秀才等编：《中国历代家训大观》，大连出版社1997年版，第942页、第595页。

道教 五戒[1]	佛教 五戒[2]	传统家规
第一， 戒杀	第一， 杀戒	北齐《颜氏家训》："含生之徒，莫不爱命；去杀之事，必勉行之。好杀之人，临死报验，子孙殃祸。"[3] 明高攀龙《家训》："少杀生命，最可养心，最可惜福"，"省杀一命，于吾心有无限安处，积此仁心慈念，自有无限妙处，此又为善中一大功课"。清纪昀《训子书》："无故杀生，必受巨殃"，"生前口腹造孽，死后罚转轮回，投作猪羊鸡鸭，任人宰割烹调。故嗜食家畜，厥罪轻而不罹孽报，因系罚转轮回之物，当罹宰割者也"。[4] 蒋伊《蒋氏家训》："每月朔望放生，家中戒杀，勿食牛犬肉。祭祀婚丧及仕宦喜庆，俱市五净肉，不得特杀。"[5]
第二， 戒盗	第二， 盗戒	唐《太公家教》："他财莫愿"，"财能害己，必须畏之"。[6] 清胡氏《家规》："为盗贼者，出。"《族禁》："盗必干诛，窃亦罹罪，诱拐等事，均犯科条，辱宗甚大。族中子孙，不得有犯。违者，预行逐出，屏勿齿，谱削其名。"[7]

1 《太上老君戒经》，《道藏》第 18 册，第 202 页。
2 《佛说优婆塞五戒相经》，(南朝宋) 求那跋摩译，《大正新修大藏经》第 24 册，第 1476 页。
3 《颜氏家训·归心》，影印文渊阁四库全书本。
4 以上引文见包东波编：《中国历代名人家训精萃》，安徽文艺出版社 1991 年版，第 246—247 页、第 382 页、第 379 页。
5 《中国历代家训大观》，第 694 页。
6 《太公家教》，见周凤五《敦煌写本太公家教研究》，台北明文书局 1986 年版，第 13 页。
7 安徽濉溪县《四铺胡氏家谱》。

续表 1

道教五戒	佛教五戒	传统家规
第三，戒淫	第三，淫戒	唐《太公家教》："他色莫思"，"色能置乱，必须弃之"。[1] 宋《省心杂言》："声色者，败德之具"，"多声色者，残性命以斤斧"。袁采《袁氏世范》："好淫滥，习博弈者，家富则致于破荡，家贫则必为盗窃"。[2]《范文正公训子弟语》："美色莫迷，报应甚速"，"淫念莫萌，怕有报应"。[3] 明高攀龙《家训》："世间惟财色二者，最迷惑人，最败坏人"，"淫人妻女，妻女淫人，夭寿折福，殃留子孙，皆有明验显报"。[4] 清朱伯庐《治家格言》："见色而起淫心，报在妻女。"《蒋氏家训》："宜戒邪淫。"刘德新《余庆堂十二戒》："戒放荡""戒轻薄""戒宿娼"。[5]
第四，戒妄语	第四，妄语戒	唐《太公家教》："口能招祸，必须慎之。"[6] 后唐范质《戒从子诗》："戒尔勿多言，多言众所忌，苟不慎枢机，灾厄从此始，是非毁誉间，适足为身累。"[7] 明《药言》："经目之事，犹恐未真，闻人暧昧，决不可出诸口。一句虚言，折尽平生之福。此语可深省也。"[8]

1　《太公家教》，见周凤五《敦煌写本太公家教研究》，台北明文书局1986年版，第13页。

2　《中国历代家训大观》，第268—269、194—195页。

3　《范文正公训子语》，范氏大族谱编委会、冯阿水编《台湾范氏大族谱》，台中创译出版社1970年铅印本。

4　包东波编：《中国历代名人家训精萃》，安徽文艺出版社1991年版，第245—246页。

5　《中国历代家训大观》，第644页、第695页、889页。

6　《太公家教》，见周凤五《敦煌写本太公家教研究》，台北明文书局1986年版，第13页。

7　《中国历代名人家训精萃》，第114页。

8　《中国历代家训大观》，第889页。

道教 五戒	佛教 五戒	传统家规
第五， 戒酒	第五， 酒戒	曹魏王肃《家戒》："夫酒所以行礼，养性命以为欢乐也。过则为患，不可不慎。"[1] 唐《太公家教》："酒能败身，必须戒之。"[2] 后唐范质《戒从子诗》："戒尔勿酗酒。"[3] 宋《袁氏世范》："凡人生而饮酒无算，食肉无度……家富则致于破荡，家贫则必为盗窃。"清《余庆堂十二戒》："戒酗酒。"《示子弟贴》："即家居，酒肉亦须戒。"[4]

　　家规内容与五戒相同或相似的部分未必尽是受戒律影响而产生的。通过跨文化的比较可以发现，五戒伦理实具某种文化共通性，[5] 但家规至少在表达此种伦理的话语特征上，在证明此种伦理规范合理性的途径及强化此种伦理的力量使用上，毫无疑问地受到了宗教戒律的深刻影响。清胡衍虞撰《居官寡过录》六卷，劝诫"凡是官吏到任，各宜如此，出一片真实化人心肠，劝诲诸役纵，不能人尽回头，岂无一二改恶迁善者乎？衙门有一二改恶之

1　《中国历代家训大观》，第 105 页。

2　《太公家教》，见周凤五《敦煌写本太公家教研究》，台北明文书局 1986 年版，第 13 页。

3　《中国历代名人家训精萃》，第 114 页。

4　以上引文见：《中国历代家训大观》，第 194—195 页、第 889 页、第 757 页。

5　如基督教摩西十戒的后六戒也与佛、道五戒基本相同：不可杀人，不可奸淫，不可偷盗，不可作假见证陷害人，不可贪恋人的房屋、仆婢、牛驴等一切。（《圣经·出埃及记》，中国基督教两会印发，2003 年，第 142 页。）

役，则地方不止有一二受福之民矣"。

第二节　家戒官戒将善书延列为内容

很多家规采纳戒律或道教善书，将其正式延列为家规的内容，要求家族成员日常必读，言行谨遵。如宋代范仲淹的家戒中说："多著工夫看道书，见寿而康者，问其所以，则有所得矣。"清代蒋伊在《蒋氏家训》中规定："子孙有出仕者，宜常看感应、劝善诸书，及《臣鉴录》。慎刑察狱，宁郑重，勿轻忽；严宽厚，勿刻薄，并不必好名，此事关系阴骘不小。"《资敬堂家训》也有："近时最服膺者，袁了凡《了凡四训》、张文端《聪训斋语》"，"天气晴朗，以袁了凡四训付侄孙辈观看"。[1]《了凡四训》正是明清时期最重要的善书之一。清代石成金编撰的《石氏传家宝》中载有道戒《关圣帝君惜字说》，而《四川绵竹方氏宗谱》更被称为"四圣经"的四部道教善书列为必读之书，要求族众时常抄习温故，自幼至老毕生奉行：

> 谱中所列家戒家规，俱系家常日用之理，可法可传，为父兄者应时时讲说与子弟媳妇听之，使其知所效率。再有闲时，可将《太上感应篇》《文昌帝君阴骘文》《关圣帝君觉世经》《孚佑帝君治心经》所言，书在忠孝

1　以上引文见：《中国历代家训大观》，第135页、第697页、830页、832页。

仁爱信义和平礼义廉耻十二字范围之内，以天理良心为主，以四圣经为标准，凡人自幼至老皆当奉此，实行吾愿，后世子孙遵崇之，所求子得子，求寿得寿，如愿两偿。（《四川绵竹方氏宗谱·凡例》）

明万历进士王演畴所定《讲宗约会规》要求族人开展常规性的集体学习，称为"期会"。道教的戒律善书与儒经、国法一同被列为平时期会学习的内容。其期会款式规定：

每月两会，或朔望，或初二、十六。先时约干洒扫，摆列书案坐席，东西相向，两边各几层。宗人照班辈序齿分坐，案上各置所讲书。另设讲读之席于前，负前楹向中堂。定二人为约讲约读，择少年音声响亮，或新进秀才充之。中一棹设云板，命一人司之，为约警。所讲书，如《易·家人》《诗·国风》《大学·修身齐家》《孝经》《小学》，并将国家律法及孝顺事实、《太上感应篇》、善恶果报之类，每会讲几条。盖导之以经书典故，使知各当如此，惕之以法律、报应，使之知不得如此。庶几知所趋避，不为醉梦中人。[1]

---

1 《中国历代家训大观》，第430页。

明清以后，道教戒律也有将家规延列为内容的，如《颜氏家训》《朱子家训》《王阳明训子歌》《女诫》等，都曾被道教规诫所部分采用。而道教戒律内容的世俗化为传统家规吸取戒律内容更进一步提供了可能。道教戒律对世俗伦理的吸收转化使得原有的世俗伦理变得更加易于接受，并增加了宗教神学的解释，赋予了宗教神学的约束力量，增强了原有世俗伦理的渗透力、说服力。这也是世俗家规能够与戒律融合的主要原因所在。

第三节　家戒官戒执行方式的戒律化

功过格是道教戒律独特的执行方式，起源甚早，由于宋元净明道的重视而流行。这是一种将思想行为加以善恶分类与功过量化的道教戒律，它要求持守者按一定的方法自我实施。金朝道士又玄子撰《太微仙君功过格》一卷，被收入《道藏》洞真部戒律类，在功过格中影响最大，包括《功格》三十六条与《过律》三十九条，并提出了功过格的执行范式。

> 凡受持之道，常于寝室床首置笔砚簿籍，先书月份，次书日数，于日下开功过两行，至临卧之时，记终日所为善恶。照此功过格内名色数目，有善则功下注，有恶则过下注之，不得明功隐过。至月终计功过之总数，功过相比，或以过除功，或以功折过，折除之外者明见功

过之数。当书总记，讫再书后月，至一年则大比，自知
罪福，不必问乎休咎。[1]

可见，功过格将戒律的要求加以具体化、数量化，让执行者
自己记录，自我检查，根据计算结果自知吉凶休咎，如此对自己
每天的思想行为定性估价、定量计算，为进一步的行为做出导向。
自《太微仙君功过格》出现后，各类功过格日趋增多，功过格渐
成道、佛砺德修行的重要手段，并为世俗家规所借鉴。元代郑涛
在其先辈所作家规基础上编成的《旌义编》记载，其家"立劝惩
簿，令监视掌之，月书功过，以为善善恶恶之戒，有沮之者，以
不孝论"，又"造二牌，一刻劝字，一刻惩字，下空一截，用纸写
贴，何人有何功，何人有何过，既上劝惩簿，更上牌中，挂会辑
处，三日方收，以示赏罚"。很明显，郑氏家族改造了功过格的形
式，用以对族人进行行为诱导和控制。在家长监督的同时，还引
入了天神决罚的威吓："拯救宗族里党一应等务，令监视置推仁
簿，逐项书之，岁终于家长前会算。其或沽名失实，及执不肯支
者，天必绝之。"据明代王演畴所订《讲宗约会规》记述，其家族
定期开会"周咨族众"，"此会不为空谈，又闻族中某人，有某善
行，即对众称扬，兼书之纪善薄，以共相效法"，这也是对功过格

1 （金）又玄子：《太微仙君功过格》，《道藏》第 3 册，第 449 页。

方式的采用。¹ 再如清顺治进士张习孔所撰《家训》称："吾家有善过格一册，吾尝奉持。"²《四川绵竹方氏家训十九则》中也明确要求，在对青少年子弟的教育中要积极践行道教功过格，以此作为砥德砺行的主要途径。

> 子弟七八岁时便读书习字，学恭敬勤苦等事，不闻邪语做邪事，端其蒙养。到十四五岁时更要加意防闲，第一勿犯色欲，盖人生自十六七岁至二十六七岁时，夭寿穷通都由此时所定，一犯邪淫则终身福泽皆为空花；次父母最当教戒之，至于言行心术，教之以宽厚仁慈谦让恭敬，力行《感应篇》《功过格》，日日知非，日日改过，父母正身作则，又选明师益友熏陶之，久久习惯自然，便可少不肖矣。³

可见，家规将功过格的个人功过计算变为家族的计算，将自我监督与家族监督相结合，但同样采用了书记善恶的方式。家规

---

1 以上引文见：《中国历代家训大观》，第 278 页、第 287 页、第 430 页。道教戒律称，天神掌握着记录人平日善言善行的青簿、记录恶言恶行的黑簿，或称善簿、恶簿，这是每个人的"罪福之籍"，到一定的时间，天神就会根据此簿考校功过，以定人之"寿夭吉凶，富贵贫贱，因缘罪福"。（参见《太上灵宝朝天谢罪大忏》，《道藏》第 3 册，第 477 页；另参《太上洞玄灵宝上品戒经》，《道藏》第 6 册，第 866 页；《太上洞玄灵宝三元品戒功德轻重经》，《道藏》第 6 册，第 883 页）

2 《中国历代家训大观》，第 579 页。

3 《四川绵竹方氏家训十九则》，清抄本。

之所以引入道教功过格，是因为这一方式最便于道德修持，它将监督的力量放在了个人自身，只有自我才能时刻监督自我，而善恶的分类有助于诱导形成向善远恶的品性，增强分辨是非的能力，功过的量化结果无疑会给修持者不断带来鞭策和鼓励。功过格以道德计算的方式使得道德修炼具有了很强的可操作性，从而成为一种被广为借鉴的修持手段。

明清时期的家规，在制作形式上有一些类戒律化的现象，如明末清初王夫之所作家训名为《传家十四戒》，是在祖传"传家十四戒"的基础上制定的。清代刘德新制定的家规名为《余庆堂十二戒》，包括戒妄念、戒恃才、戒挟势、戒怙富、戒骄傲、戒残刻、戒放荡、戒豪华、戒轻薄、戒酗酒、戒赌博、戒宿娼等，完全采用了戒律化的形式，内容也多有类似戒律之处。又如，明徐三重《家则》中所立规条"每条之后间引古人嘉言善行以证明之"[1]，这是善书的编辑方式。这些都是值得注意的现象。这一方式到民国年间仍有继承，如《万福堂家规》设有"戒规"一章。这是强化家规戒命性质的结果。相反地，以家规形式出现的律规、善书在清代也有所出现，如《女范十则》《孚佑帝君治家十则》《元皇帝君赌博十害》等，这是道教世俗化趋势在戒律中的反映。

全真道中，只有先受戒然后才能取得出家者的正式身份。正

---

1 《钦定四库全书总目》子部三十八杂家类存目五，影印文渊阁本。

一道虽以受箓为主，但受箓前先需受戒，[1]戒律授受都有严格的程序和仪式。家规一般在童蒙教育之中已经完成了传授，此后则又经常学习，如定期宣讲、缮列粉牌悬挂祠堂等。据元代郑涛《旌义编》及郑泳《郑氏家仪》，郑氏家族每日清晨都由家长集合众人朝会，命子弟一人宣读男戒女训的家规，然后议事；清代蒋伊《蒋氏家训》载："每月朔望，子弟肃衣冠，先谒家庙，行四拜礼，读家训。"类似记载在不少宗谱中都可见到。某些家族还有授受家规的仪式，尤其是娶他姓女子入室之后，女方应正式接受男方家规。据《旌义编》："娶妇三日，妇则见于祠堂，男则拜于中堂，行受家规之礼。先拜四拜，家长以家规授之，嘱其谨守勿失，复拜四拜而去。又以房匾授之，使其揭于房闼之外，以为出入观省。会茶而退。"[2]这与道教经戒授受仪式有些类似。通过这种仪式，家规的地位得到了巩固。

此外，清代黄六鸿于康熙年间著述官戒《福惠全书》三十二卷。作者黄六鸿，字思湖，江西新昌人，康熙九年（1670）以举人为山东郯城县令，改河北东光县令，后入朝为谏官。《福惠全书》撰于康熙三十三年，刻于康熙三十八年。其书劝诫为官者洁己爱民、力行善事，造福惠于民，"福者，言乎造福之心也；惠

---

1 "佩箓参法，禀经受图，乃为弟子"，"凡未受箓，乃得受经习戒建德，如说修行"，
  　"斋竟授戒，授戒之后按仪传经"（《洞真太上太霄琅书》卷四、卷五，《道藏》第33
  　册，第662页、第664页、第670页），"凡为道民便受护身符及三戒，进受五戒、八戒，
  　然后受箓"（《三洞珠囊》卷六《清戒品》引《正一法文》，《道藏》第25册，第326页）。
2 以上引文见：《中国历代家训大观》，第699页、第284页。

者，言乎施惠之事也。牧宰存造福之心，以施惠于百姓"。地方官吏是百姓的父母，应造福施惠于百姓，故名其书曰《福惠全书》。为官者能造福惠于民则庆泽绵于子孙，必能感彻苍穹而有福报，"其名与报犹影之随物、响之答声"，而倘若"贪小获而忘厚集，骋已虐而弗恤天刑"，则必有恶报。他希望卓识贤侯将该书"目为一篇当官功过格"，仔细实践。[1]

第四节　家戒官戒劝善书的合一共体

宋代以后，尤其是明清时期，出现了一种现象：某些文献同时具有多种属性，它们可能既被视为家规家戒或官戒，又被看作道书，主要是佛道教善书。虽然这与家戒和道书在当时均无明确的概念范围有一定关系，但其交叉重叠乃至合一的现象仍是具有一定的深刻原因的。其内在实质上反映的是三教合一的文化趋变，其外在形式上则反映了戒律与家戒官戒的融合。例如，后期道教出现了专门针对官宦的戒律，如《当官功过格》《居官格》，这类戒条直接以居官者为劝导和约束对象。本书通过对以下几个例子的具体分析来进一步说明这一问题：

1　黄六鸿：《福惠全书》，《四库未收书辑刊》本。

一、宋李邦献《省心杂言》

《省心杂言》产生于宋代，自成书之后不久，就出现了作者之争，并有多种名称，主要有李邦献说、沈道原说、林逋说、尹焞说、佚名说等，迄于清末难有定论。南宋张镃《仕学规范》、清黄虞稷《千顷堂书目》及《续通志》等皆云李邦献作；《永乐大典》所载宋本《省心杂言》前有祁宽、郑望之、沈浚、汪应辰、王大宝五序，后有马藻、项安世、乐章、耆冈及李景初跋，此十人皆谓李邦献所作，后二人为李邦献四世孙，马藻则为李之门人，李曾"出所藏（《省心杂言》）以相付授"[1]。《朱子语类》称"《省心录》乃沈道原作"[2]，明宋濂《题〈省心杂言〉后》支持此说，认为"当以沈道原作为正"[3]；明邓伯羔《艺彀》也称"《省心录》，沈道原作"[4]。题林逋撰的刊本较多，在南宋有临安刊本[5]，明高儒《百川书志》载林逋"《省心诠要》一卷"[6]，《徐氏笔精》称"世传林和靖《省心录》……天顺正德间刻本俱沿袭和靖，未之深考。近日陈眉

1　（宋）马藻：《省心杂言·跋》，《钦定四库全书》子部一，影印文渊阁本。

2　（宋）黎靖德编：《朱子语类》卷一百三十八，《钦定四库全书》子部一，影印文渊阁本。

3　（明）宋濂撰：《文宪集》卷十二，《钦定四库全书》集部六，影印文渊阁本。

4　（明）邓伯羔撰：《艺彀》卷上，《钦定四库全书》子部十，影印文渊阁本。

5　耆冈：《省心杂言·跋》，《钦定四库全书》子部一，影印文渊阁本。

6　见《经籍》，《浙江通志》卷二百四十五，《钦定四库全书》史部十一，影印文渊阁本。

公《续秘籍》亦作和靖著"[1]，《文渊阁书目》亦载林和靖《省心诠
要》一部。清莫友芝《郘亭知见传本书目》载有六种版本《省心
杂言》：《林和靖集》附刊本，名《省心录》；《秘籍》本；《学海
类编》本；聚珍本；函海本以及嘉靖六年景隆刊本，名《省心诠
要》。收入今《藏外道书》的《省心录》为明代宝颜堂订正本，仍
题宋林逋著。

据《四库全书》考证，沈道原并未作此书。[2]就内容、文风
而言，林逋作的可能性很小，他"少孤力学，不为章句。性恬淡
好古，弗趋荣利……初放游江淮间，久之归杭州，结庐西湖之孤
山，二十年足不及城市"[3]，林之所长在诗文，心性高旷。年轻时他
即体弱多病，终身未娶，唯嗜梅鹤，"妻梅子鹤"[4]，如此半生隐遁
的处士便无作训子语之可能，而其思想、文风也与"切近简明，
不为高论，而多足以范世励俗"[5]的《省心杂言》不合。明初宋濂也
有此疑[6]。尹焞（1071—1142）乃程颐得意门生，宋钦宗赐号和靖

---

1 《徐氏笔精》卷六，《钦定四库全书》子部十，影印文渊阁本。

2 "王似所编《朱子语录续类》内有'《省心录》乃沈道原作'之文，必有所据，当定为
  沈本"，"又考王安礼为沈道原作墓志，具列所著《诗传》《论语解》等书，并无《省
  心杂言》之名，足证证非道原作。宋濂遽因《朱子语录》定为道原，其亦考之未审
  矣"（《四库全书总目》卷九十二，影印文渊阁本）。

3 《隐逸上》，《宋史》卷四百五十七，中华书局1977年版，第13432页。

4 （明）张大复：《梅花草堂笔谈》卷十；又见（清）沈复：《浮生六记》卷三。

5 （清）永瑢等：《钦定四库全书简明目录》卷九子部一《省心杂言》条，影印文渊阁本。

6 "逋之所优者诗尔，至于法语格言可以垂世而范俗者，逋或未之有闻也。"见（明）宋濂：
  《题〈省心杂言〉后》，《文宪集》卷十二，《钦定四库全书》集部六，影印文渊阁本。

处士，而林逋（967—1028）死后仁宗曾赐谥和靖先生，尹焞说当因同号而误。[1]李邦献，怀州人，官至直敷文阁，确切生卒年不可考，但其兄长李邦彦卒于1126年，则知其去林逋约百年时间，绝无林书传百年后而复托名李邦献之理。且耆冈、李景初之跋，祁宽、王大宝等序皆言之凿凿，当可为信。李邦献"生于太平之世，富贵之家，老于南迁之后"[2]，一生历任多官，于世事中沉浮，因此集平时座右铭及箴规训诫之辞"著《省心杂言》一编以贻训子孙"[3]是合理之事。

在诸多版本中值得注意的是《省心诠要》的出现。元吴澄《省心诠要序》载：

> 道家者流任永全携书一编至，曰《省心诠要》。予观之，可以警悟人心，可以扶树世教，蔼然君子之言也。

1　按：且尹和靖弟子祁宽曾为《省心杂言》作序，内称《省心杂言》为李邦献之作。

2　（宋）项安世撰：《省心杂言·跋》，《钦定四库全书》子部一，影印文渊阁本。

3　（宋）马藻撰：《省心杂言·跋》，《钦定四库全书》子部一，影印文渊阁本。《四库全书》于此考订最确，定为李氏之书。（参见《钦定四库全书》子部一《〈省心杂言〉提要》）笔者认为，《省心杂言》起初本非一书，乃是李邦献平时杂录座右铭及训诫子辈之语的手稿，故名"杂言"，其孙者冈跋称幼年时曾见此一手稿。此手稿后为人所见，因其于修身范世励俗多有发明，故被辗转传抄以致刊印。因其本为一份较随意的手稿，故无正式书名，聊以"省心"为题。而"省心"实为常用之词，亦多见于其他书名之中，且抄印过程中或各有所取舍，以至造成了此书有多种名称、多种版本。各种传本在内容上各取所需，篇幅及次序差异较大，比较《四库全书》所录宋本与《藏外道书》所录明宝颜堂订正本即可得知。而抄印过程中亦必有略去作者的，便带来了佚名的情况，也产生了作者争论不定的结果。

书无作者姓名，遡其所自，谓和靖处士林逋君复之书
也……然予未能必其果出于林也。以其书之有益，而能
尊之信之以垂世淑人者，诚可尚，乃为识其篇端。永全，
升人也，字玄静，少学于儒，是以能然。[1]

可知元代此书在社会上流传甚广，且被隐去姓名作为道书在
道教中流传。这是因为家训中含有道教戒律所需要的东西，道教
戒律在积极地从家训类世俗作品中汲取营养，客观上则造成了戒
律与家训的合一现象，而《省心杂言》在思想内容上多有道学成
分，"实圣贤心法，所寓如老子之言道德"[2]，这些正是《省心杂言》
从一本家训演变成道教善书的原因。

二、元代叶留《为政善报事类》

《为政善报事类》十卷，元朝叶留著。作者叶留，浙江括苍
人，生平不详。作者自序是书作于元仁宗延祐丙辰三年（1316）。
作者从春秋至南宋间经书、史书、文集、笔记等书籍，采集"历
代之从政、有功在生民，庆流后裔者"编辑一书，期望通过历代
好官洗冤屈、活人命、行仁政、廉洁自律的诸多历史事例，劝导
当世为官者多以生民为念，为官造福一方，以求福荫后代，多类
释、老家言。

---

1 （元）吴澄：《吴文正集》卷十九，《钦定四库全书》集部五，影印文渊阁本。
2 （宋）马藻：《省心杂言·跋》，《钦定四库全书》子部一，影印文渊阁本。

三、明代袁黄《了凡四训》

袁了凡本名黄,号了凡,嘉善人,万历丙戌进士,官兵部主事。袁了凡是明朝重要思想家,是迄今所知中国第一位具名的善书作者。他的《了凡四训》融会禅学、理学与道教思想,劝人积善改过,强调从治心入手的自我修养,提倡记功过格,在社会上流行一时。他童年丧父,奉母命弃举业学医,不久遇到一算术极高的孔先生,称其乃仕路中人,便又投身科举。根据孔先生的卜算,他"某年考第几名,某年当补廪,某年当贡,贡后某年,当选四川一大尹,在任三年半,即宜告归。五十三岁八月十四日丑时,当终于正寝,惜无子",且"自此以后,凡遇考校,其名数先后,皆不出孔公所悬定者","因此益信进退有命,迟速有时,澹然无求"。后来他拜访了当时佛门的高僧大德云谷禅师,云谷告诫说要以积极的道德行为求得立命之道,先天的命运可由后天的修善加以改变,并授予他功过格。他自此躬行功过格,"所行善恶,纤悉必记。夜则设桌于庭,效赵阅道焚香告帝",结果科举考得第一名,得一子嗣,年寿也远远超过了五十三,这些都与原先他所相信的"命"不同。[1]

由其经历可知,在功过格的伦理思想影响下,袁了凡的命

---

[1] 以上引文见:《暗室灯·袁了凡立命篇》,清道光二十二年刻本,《藏外道书》第28册,第542—543页。

运观曾经历过一次大的转变。起初是绝对的宿命观，相信命运前定，人只有消极地等待和听从命运的一切安排，故"不复营求"[1]。但接受功过格后，他产生了努力的念头。经过应验之后，命运观大有转变，他开始相信命运不是绝对的，世俗个体能够参与到命运的发展中去，命运是动态的，个体的努力能影响神天对一个人命运的安排。这样，个体的因素就被纳入个人命运的决定中去，个体的主观选择是有价值的，其思想行为对命运是有意义的。人生的命运、气数基本上由前生造因而定，但也可因今生的善念善行或者恶念恶行而有所改变，"若谓祸福惟天所命，则世俗之论矣"[2]。这正是道教主张自律自救的道德致仙观念的内核。

袁了凡晚年将自己一生的经历与感受写成了四篇短文《立命之学》《改过之法》《积善之方》《谦德之效》，而总名为《戒子文》，用来训诫子孙，教育后辈。后流传中又被称为《训子文》《了凡四训》等。他还著有道、儒、佛融合的善书《祈嗣真诠》。《了凡四训》尤其倡导子孙用功过格的方式自我反省约束，对明清时代功过格的流行起到了重要的推动作用。《了凡四训》与一般家训的不同之处在于，它更像是一份劝善书，虽未假托神真降受，而以自身经历为根据作出，但其中宣扬的完全是功过格、劝善书的伦理观。这一特点使得这本书不但流传甚广、影响深远，而且使其同时具备了两种性质——既是一篇经典家训，又是一部

---

1 （清）赵吉士撰：《焚麈寄》，《寄园所寄》卷六。

2 《暗室灯·袁了凡立命篇》，《藏外道书》第28册，第542—543页。

重要的善书，这是在传播过程中自然形成的。《寿世慈航》《暗室灯》等道书中都收有或部分地收有《了凡四训》。《了凡四训》现象突出地说明了明清时代善书与家规的密切关系，是二者融合的代表。

四、明仁孝皇后《劝善书》

对善书与家规的同等重视，自宋代便已开始，如南宋大臣、名儒真德秀既推崇善书，为《感应篇》作序，又作家训《教子斋规》。后来更有人既制作家规又制作善书，使家规与善书相辅而行，形成家规与善书融合的一种形式，明成祖仁孝徐皇后《内训》《劝善书》即是一个突出的例子。

明成祖仁孝皇后徐氏乃中山王徐达长女，她自幼聪颖，"幼时诵书史，一过不忘"，而且心性贤善，于修身劝善的内容尤为留意，"每观书，得一善事，必一再思曰'奈何效之'"[1]。仁孝皇后于永乐三年"采《女宪》《女诫》作《内训》二十篇"[2]，以加强内宫教育。因"平日喜读《女宪》《女戒》书"[3]，又有很好的内宫管理

---

1 （清）毛奇龄：《胜朝彤史拾遗记》，《笔记小说大观》第 6 册，新兴书局 1962 年版，第 3502 页。

2 《后妃传》，《明史》卷一百一十三，中华书局 1974 年版，第 3510 页。

3 （明）吕毖辑：《永乐纪》，《明朝小史》卷四，江苏广陵古籍刻印社影印玄览堂丛书本，1986 年版。

经验，因此《内训》能补《女诫》之简略，去《女宪》之浅陋，成为一部出色的女教书，清初与《女诫》《女论语》《女范捷录》一起被合编为"女四书"。其书包括《德性》《修身》《积善》《迁善》等二十篇，虽以儒家伦理为本，却深含报应、阴骘的思想，修德劝善的意识突出，如其《积善》篇称："吉凶灾祥匪由天作，善恶之应各以其类。善德攸积，天降阴骘……天之阴骘不爽，于德昭若明鉴。"[1]

仁孝皇后又"存心内典，复取道、释嘉言善行类编之，名《劝善书》"[2]，以与《内训》相辅。此书在思想和材料来源上三教兼采，尤受道教经典影响，"书成于永乐三年。其所采辑兼及三教"[3]。从《藏外道书》所影印之《大明仁孝皇后劝善书》残本来看，此书每卷先摘录同类主题的儒、释、道"嘉言"若干，其后附列相关"感应"故事，分类编撰，"言""行"相配。残本所见三部分"嘉言"及其"感应"的主题分别为报应、戒杀、戒贪。所摘录道教戒杀嘉言为"彼死于枉，我偿其枉，是我杀人乃所以自杀也"，"持心好杀，死入九幽地狱"，等等；儒家嘉言中"好杀之人，临死报验，子孙殃祸，其数甚多"句来自《颜氏家训》。[4]永乐五年，成祖特刊出《内训》《劝善》二书，颁示天下，

---

1 （明）仁孝文皇后徐氏：《内训》，影印文渊阁四库全书本。

2 《永乐纪》，《明朝小史》卷四。

3 《四库全书总目》子部四十一，影印文渊阁本。

4 见《藏外道书》第 1 册，第 226 页。

以"俾教于家"[1]。此二书且又流布外国，影响及于邻邦，如日本于永乐"五年、六年频入贡，且献所获海寇。使还，请赐仁孝皇后所制《劝善》《内训》二书，即命各给百本"[2]。

在道教伦理影响增强的情况下，与民间流行善书相呼应，明清士大夫很重视善书，宫廷中也形成读、抄、刻印、编写善书风气。明永乐帝曾编刊《为善阴骘》等，明后宫所编家训善书更多，"仁孝皇后著《内训》，又有《女诫》，至章圣皇太后又有《女训》，今俱刻之内府，颁在宇内。今上圣母慈圣皇太后所撰述《女鉴》一书，尤为详明典要"[3]；明慈圣皇太后曾命抄《宝善卷》一部，后成为明清皇帝御览、珍藏的书籍之一，该书对道教戒律十分重视，现藏中国社科院历史所图书馆。[4] 又据《清史稿·艺文志》载："《劝善要言》一卷，世祖御撰……《内则衍义》十六卷，顺治十三年，世祖御定。《圣谕广训》一卷。《圣谕》，圣祖御撰；《广训》，世宗推绎。《庭训格言》一卷，雍正八年，世宗御纂。"[5] 可见，在明清宫廷，善书与家训成为相辅而行的教育材料，清康熙《圣谕十六条》、雍正《圣谕广训》等家训更被视为善书而在社

1 （清）纪昀等撰：《四库全书总目提要》卷九十三，影印文渊阁本。
2 《外国传》，《明史》卷三百二十二，第8345页。
3 （明）沈德符："母后圣制"条《万历野获编》卷三。
4 参见潘素龙：《〈宝善卷〉的刊印、传抄及其社会背景》，《中国史研究动态》2004年第9期。
5 《艺文志》，《清史稿》卷一百四十八，中华书局1976年版，第4325页。

会上广为流传。[1] 明代时，皇家日常教育中引入善书的做法甚至被制度化，明中叶后设宗学，凡宗室之子年十岁以上俱入宗学，"诵习《皇明祖训》《孝顺事实》《为善阴骘》诸书，而四书、五经、《通鉴》性理亦相兼诵读"[2]，家训与善书是首要的学习内容，儒经尚为之次。

五、明代吕坤《实政录》

明代吕坤著述的《实政录》就有不少劝善惩恶的内容，介绍了采改过簿等方法以让人改过，并列举了可以许改过以进"改过簿"的条件。其卷四《纪善以重良民事》，主讲采用"记善簿"方式来净化乡里风俗，说明记善的要求、意义和属于善行的条件。卷五《纪恶以示惩戒事》，则用"记恶簿"的方法惩戒作恶之人，开列出属于恶行的条件以及与之相应的惩罚措施。"凡我百姓，各

1　道书《起生丹》中收入了《圣祖仁皇帝圣谕十六条》。据清赤阳子程恩来《南劝善坛序》，两种《圣谕》常被作为道教善书宣讲于鸾坛："每到坛期，斋戒沐浴，先讲《圣谕》与《关圣帝君觉世真经》《文昌帝君阴骘文》，规正人心，至诚感神。"（载《劝世归真》，《藏外道书》第28册，第2页）同时，《圣谕》又是许多家训的制作根据，如《中湘陈氏族谱·家训》言："《圣谕十六条》，剀切详明，四极八埏，咸知钦奉。此而立训，特一家之训也。我族蕃居南省历数百年，恩不掩义，家法相承久矣。第训饬既著于前，则提撕必继于后，所定《家训》十六篇，或本先正名言，或从至性指点，固有可一览而心知其义者。每逢宗祠岁祀，少长咸集之期，恭宣《圣谕》毕，仍将家训宣讲，使秀朴咸知体会，庶家教明而家声振矣。"（《中华族谱集成·陈氏谱卷》第12册，巴蜀书社1995年版，第50页。）
2　《选举志》，《明史》卷六十九，中华书局1974年版，第1689页。

务洗心涤虑，但不杀人放火强奸断路，其余都许改过。"[1]

六、清《金科辑要·闺范篇》

清朝咸丰六年时产生了一部新道书《金科辑要》，此书假托文昌帝君降授而出于湖南醴陵县擂鼓桥。这是一部规戒经典，"系玉帝所定律例"[2]，分例赏、例诛、特宥三部分。其中一篇为《闺范篇》，民国年间曾被抽出单独刊行[3]，分《闺范反求》《特宥闺恶》《例赏闺德》上中下三卷，合于《金科辑要》的体例。《闺范篇》实是以戒律形式写成的家训，它以传统女诫为内容基础，"专属赏罚妇女之条款"[4]，所不同的是附入了神学的特质，"定之上帝，颁示人间"，并借取了道教功过格的方式。民国年间的单行本正是作

1　（明）吕坤：《新吾吕先生实政录》卷五，见《官藏书集成》，黄山书社 1997 年版，第 540 页。

2　《金科辑要闺范篇·凡例》，北京金科流通处乙丑仲春印。

3　姜生教授藏本。扉页题"乙丑（1925）仲春，北京金科流通处印"字样，线装版印，版心注"北京天华馆代印"。书前有壬戌（1922）三月北京金科流通处《敬刊〈金科辑要闺范篇〉弁言》，盖为初次印刷时间。《玉定金科》是清代较有影响的道书，韩国延世大学中央图书馆现藏有韩文全史字本《玉定金科三要辑略》及《玉定金科》（含《例赏辑要》《例诛辑要》《特宥辑要》三种，刻本，进修堂同治十三年重刊），《李源喆文库》（韩国，1937 年版）收有《玉定金科》三种，林洁祥主编的《道教文献》（台湾丹青图书有限公司，1983 年版）收有《玉定金科例诛辑要》《玉定金科例赏辑要》《玉定金科例宥辑要》，日本东洋文库藏有《玉定金科例诛辑要》（三十六卷，北京金科流通处 1926 年排印）。

4　《金科辑要闺范篇·凡例》，北京金科流通处乙丑仲春印。

为家训来刊出的,因为"欲维系风化,必先自家庭始;欲整饬家规,必先自女教始。昔刘向作颂,班昭垂诫,类皆比事属辞,寓惩用劝",故刊玉定天律《闺范篇》以"作闺帏之永式"。[1]

《金科辑要·闺范篇》是明清时期戒律内容家训化、家训形式戒律化现象的代表,其他以道教神的名义制定的家训化戒律还有《孚佑帝君治家十则》[2]《女范十则》[3]及《全人矩矱》所载《敦伦格》《修身格》《劝化格》《闺门格》[4]等。此外,明清道书中也往往直接收入家训,如《寿世慈航》收入《朱子义方》等。

戒律与善书总是具有一定的时代性,某个时代的新事物、新现象往往在戒律中有所反映。如善书《照心宝鉴》卷一中所载的《鬼谷仙师劝戒烟歌》就反映了十八世纪中期后因西方国家大量输入鸦片等物品而形成吸毒广泛的现象,道教希望通过神谕诚命的约束来清除这一堕落的社会风气;再如《元皇帝君赌博十害》[5]明显地也是吸取了家规中普遍禁止赌博的规范,而将世俗的规范宗教化之后再用以劝化社会风俗。由此,戒律与善书具有很强的时

---

1 以上引文见:《敬刊〈金科辑要闺范篇〉弁言》,载《金科辑要闺范篇》,北京金科流通处乙丑仲春印。

2 "和睦为齐家之本。循礼为居家之本。读书为起家之本。力田为成家之本。殷勤为兴家之本。俭用为积家之本。安分为守家之本。肃闺藏为正家之本。积德为保家之本。修身为治家之本。"(《劝世归真》卷三,《藏外道书》第28册,第47—49页。)

3 "孝事父母,孝奉姑舅,敬勉丈夫,义方训子,节烈不磨,宽仁不妒,和睦妯娌,□□推慈,勤俭治家,敦笃亲属。"(《寿世慈航》卷四,《藏外道书》第28册,第857页。)

4 《全人矩矱》卷四,《藏外道书》第28册,第427—447页。

5 《元皇帝君赌博十害》,《劝世归真》卷三,《藏外道书》第28册,第49—50页。

代相关性，它针砭时弊，力挽俗陋，导迷劝俗，济世拯溺，这使得它的社会功能日益明显。而其宗教特色则增加了它的劝世优势，"助王政之禁律，益智者之善性"[1]。这也正是历代统治者重视宗教、扶植宗教、推广宗教戒律善书的最重要原因。

作为宗教团体内部规范的戒律，如何会与一般民众发生关系，成为其生活方式的一部分？通过本章的论述可知，戒律对传统家规存在过深刻影响，通过家规这样一个重要而独特的接受系统，戒律的伦理规范一定程度地融入了一般民众的价值观念，并对其生活方式产生影响。戒律对家规的影响，在本质上乃是宗教道德对家族伦理的涉入，无论是封建君主所作的帝王家训，封建官僚、知识分子所作的仕宦家训，还是一般家族所作的平民家训，有很多都曾不同程度地受到戒律这一特殊伦理规范的影响。家规对宗教戒律善恶、报应等思想的引入，对戒律内容与约束方式的借鉴，深刻地影响了传统社会里民众的思想与生活方式，形成了世俗伦理规范与宗教伦理规范的互动关系。它们相互影响，相互促进，成为中国传统伦理思想与伦理制度发展史的重要组成部分，而其融合则成为传统社会后期儒、释、道三教合一的一种方式和途径。尤其是明清时代，劝善书在宫廷与士大夫上层及市间广泛传播，形成道教伦理对家族道德、社会伦理的强大影响。

---

1 《释老志》，《魏书》卷一百一十四，中华书局1974年版，第3035页。

第七章

以戒为名的文化器物

"文化"具有隐性和附着性，其外化展现需要借助于可视的物或者行为。能够展现特定"文化"之内涵的物或者行为的，一为特定的符号，如文字、绘画；二为特定的器物，如配饰、宗教造像；三为特殊活动，如音乐、舞蹈、戏曲，还有前述各种展现形式的综合形式。"戒"文化在漫长的传承衍化过程中，产生了许多与之相关的表达行为和文化器物，它们构成了戒文化的重要承载，比如上古时期的戒舞、斋戒，历代的家戒、官戒文献。这里，对一些以戒为名的文化器物略作介绍。

第一节　戒牒

出家人的身份和有关资格的证明，一是戒牒，二是度牒。度牒是正式出家的僧尼、道士等神职人员的身份凭证，由官方发放。戒牒是受戒的证明，由宗教管理机构或传戒师发放。戒牒与传戒活动相关，是传戒活动的产物。传戒是设立法坛，为出家的僧尼、道士或在家的教徒传授戒法的一种宗教仪式，传戒受戒的戒期完毕，由传戒寺观发给戒牒。戒牒上除了注明僧尼道士的俗名、原籍、年龄、师名、所属寺观名称外，还要注明所受戒名，有的还有三师七证的签字。宋代王溥《唐会要·僧尼所隶》载："（会昌）六年五月制：……所度僧尼，令祠部给牒。"宋马永卿《嬾真子》卷二载："今之僧尼戒牒云'知月黑白大小'及'结解夏之制'，皆五印度之法也。"

佛教、道教都存在戒牒。有戒就必须授，中国佛教、道教的传戒制度各有其发展历史。道教授受戒律源远流长，在敦煌文书中，有份珍贵的 P.3417 号文献《唐景云二年道士王景仙从雍州长安县怀阴乡东明观三洞法师中岳先生张泰受十戒十四持身品牒（十戒经盟文）》，这份唐代道士受十戒经的牒文反映出唐代道士受戒的实况。南宋道士吕元素《道门定制》卷十《更籍换案道场五戒牒》记录了建置道场、更籍换案的仪式，由传度师传授太上五戒。南宋道教全真派兴起后，传戒制度日渐严格规范，长春真人丘处机根据道教已有的戒律，订立了道教全真传戒仪范，以单传密授为主。全真戒律公开授受，起自第七代传戒律师王常月。王常月主要传授《初真戒律》《中极戒》《天仙大戒》，合称"三堂大戒"，凡从他受此三戒之道士，须经百天戒期。清顺治丙申年（1656）三月，王常月于北京白云观中传戒，三登戒坛，授弟子千余人，遂使全真传戒制度闻名大江南北。

根据中国道教协会《关于全真派道士传戒的规定》，当代全真派道士传戒活动由中国道教协会在符合条件的宫观举办，出席活动的包括律坛传戒律师和首座、证盟、监戒、保举、演礼、纠仪、提科、登箓、迎请大师及护坛大师等，拟受戒道士依照程序申请并参加受戒，传戒戒条以初真戒、中极戒、天仙戒为准，传戒活动时间一般不少于 28 天。1989 年，中国道教协会决定恢复全真传戒，当年 11 月至 12 月，北京白云观举行了 20 天的隆重传戒受戒仪典，受戒 75 人，这是新中国成立后首次传戒，之后 1995年在成都市青城山、2002 年在鞍山市千山五龙宫两次传戒，仪式具体程序略有不同，但都包含授予净戒牒。净戒牒加盖中国道教协会传戒专用章，作为全真派道士经过传戒、正式入道的凭证。全真派修道之阶次也是以所传受戒律为标志。

道教正一派以崇尚符箓为特点，传度符箓更是自古以来作为正一派弟子正式入道修行和修行品阶的凭证，授箓之后，持有箓牒才有神职道位。授箓仪式中包含授戒。道教正一派国内授箓传度法会于 1995 年 12 月 5 日至 7 日在道教正一祖庭江西龙虎山天师府恢复举行，首次就有 190 多位箓生参加。

第二节　戒衣

宗教服饰戒衣指宗教徒所穿的法衣，是神职人员或者信徒特有的服饰，往往是一种宗教或一个教派的标识。

依佛教戒律的规定，比丘可拥有三种衣服，谓之"三衣"，比丘尼有"五衣"。比丘应常随身携带三衣一钵，《大坚固婆罗门缘起经》中说，出家为僧，"但持三衣一钵，余无所有"。衣为蔽体，钵以乞食，三衣瓦钵，略称衣钵。至后世，比丘临将寂灭时，常将钵传与门人，作为传法信物，因此才有称主要弟子为"衣钵传人"的说法。戒衣之于僧侣是极简而重要的物品，明代高僧蕅益大师在《灵峰宗论·戒衣辨》中说"三衣之制，千佛所同，故即名千佛衣"，认为"出家有戒衣，犹居官有公服也"。佛教授戒过程中的一个环节，就是为受戒者披上戒衣。清代赵翼《题长椿寺九莲菩萨画像》诗中说："贵极重闱袆翟贱，诚皈佛乘戒衣尊。"

比丘拥有的三种衣服为僧伽梨、郁多罗僧、安陀会。僧伽梨，在大众集会、授戒说戒、入人群乞食等时候穿，由九至二十五条布片缝制而成，又称九条衣、大衣、杂碎衣。郁多罗僧，在礼拜、听讲、布萨时穿，专门掩盖上半身而披，用七块布缝成，也称七条衣、上衣。安陀会，日常劳务时或就寝时所穿的贴身衣，掩盖腰部以下，用五块布缝成，也称五条衣、内衣、中宿衣、作务衣。比丘尼在三衣之外，还有僧祇支、厥修罗，合称比丘尼五衣。比丘尼只穿三衣的话，盖不住肩部和胸部。僧祇支即覆肩衣，穿在里面，可覆盖左肩与两腋。厥修罗即下裙，覆于腰部。佛教戒衣又称袈裟。戒衣一般由僧徒自制，宋代刘克庄《同孙季蕃游净居诸庵》诗言："戒衣皆自衲，因讲始停针。"

僧尼戒衣的制法，是将整块布切割成长短不一的布片，纵向缝合之后，再根据规定的条数做横的缝合，这一裁剪样式称为田相。据说，最初的三衣是一块长方形的整布。一天，佛陀带着弟子阿难外出，经过一片田地时，佛陀见到方方块块的沟畦忽有所感，修行证道就像是耕种福田，便和阿难尊者说以后衣服就照这样去做，故而僧尼戒衣又称"福田衣"。僧尼戒衣在颜色上有特殊要求，必须进行"坏色"处理，也就是禁用五正色（青、黄、赤、白、黑）及五间色（绯、红、紫、绿、碧）的布料，应当染成茜、泥、木兰色，以破坏衣色的整齐，这样做是为了让僧尼免除贪着。坏色即浊色、袈裟色，故僧尼戒衣又称为袈裟。唐刘禹锡《佛衣铭》诗云："坏色之衣，道不在兹。"元张昱《慧具庵自泝东回》诗云："慧师新自上京回，坏色袈裟染劫灰。"袈裟在中国，大多用近似黑色的布制作，因此往往用"缁衣"指称僧人、佛教。唐刘商《题禅居废寺》诗："凋残精舍在，连步访缁衣。"清代方文《庐山诗》云："欧公辟浮屠，晚乃好缁衣。"《红楼梦》第五回有诗："勘破三春景不长，缁衣顿改昔年妆。"自唐代武则天开始，朝廷常赐高僧紫衣、深绯衣以示宠贵，因而沿成大红袈裟。另外，尚有"点净"的做法。唐代南山律宗开山之祖道宣说："在受用新袈裟时，须以少分故衣贴于新衣，或墨点于新衣上，称为点净。净即离过非而为清净之义。依此点法而受用，称为点净。"（《四分律删繁补阙行事钞》卷中三）

　　道士的道袍有戒衣、大褂、得罗、法衣、花衣、衲衣等种类。比如法衣，紫色，称"天仙洞衣"，在举行大型斋醮科仪的道场法事中，由品阶较高的道士穿着。道教的戒衣为黄色，受戒道士所穿。大襟长及腿腕，袖宽二尺四寸以上，袖长随身。黄色属土，土可化育万物，戒衣采用黄色，即示以庄重，又寓有"道化万物，参赞化育"之意。从前道教传戒仪式中"三衣"之制，给领受初真戒、中极戒和天仙大戒的道士分别着用。现在传戒是一次授完，所以仅用此种戒衣。

第三节　戒尺

"戒"，警戒，惩戒；"尺"，尺度，标尺，标准。戒尺是象征规矩，用来提醒遵守规矩，甚至用来惩戒不守规矩者的物品。戒尺有宗教法器、学堂教具、家法刑具等类属。

戒尺是一种宗教法器。例如，在佛教里，戒师向僧徒说戒时应当使用戒尺。这种戒尺是两块长方形小木，一仰一俯放置，下面的仰木尺寸略大于上面的俯木。仰木长七寸六分、厚六分、阔一寸余。俯木长七寸四分、厚五分余、阔一寸。两木四边一般有镂空。上木正中竖安木钮一只，钮长二寸五分、高七分，方便捉钮敲击下木。在需要的时候，戒师就拿起上面那片俯木，敲击下面的仰木，以发出警醒之声。《百丈清规·沙弥得度》记载："设戒师座几，与住持分手，几上安香烛、手炉、戒尺。"《禅林象器笺》记载："受戒专用之，故得戒尺之称。"佛教戒尺多用在皈依、剃度、传戒、说法以及"瑜伽焰口施食"等仪式活动中。道教法器里也有戒尺。全真教授戒仪式中设有监戒大师，负责监察入戒者，不许犯戒违律，如有不法者，量律轻重，以戒尺责罚忏悔。道教正一派在授箓仪式中也设有护戒大师、监察使者，箓坛护戒大师向箓坛监察使者授予箓坛戒尺，监察使者手秉戒尺巡视，护戒威严。《道藏·天皇至道太清玉册》中有《清规戒尺式》："用木造，阔一寸四分，厚四分，长三尺。"戒尺上有铭文曰："法非此不行，礼非此不齐，德非此不修，人非此不耻。"除了传戒护戒，戒尺在仪式上还有用于警觉众人，令收摄心神、正定思维、安定法会秩序的作用。道教法尺还有令尺，如斋醮科仪中镇坛辟邪的法器天蓬尺等。

戒尺曾经是一种学堂教具，是古代教师和家庭子女教育必备的工具。古代教育观念认为"教不严，师之惰"，要做到严，则需必要的惩戒手段，包括体罚。生于清光绪二十一年（1895）的近代著名记者、出版家邹韬奋在《我的母亲》一文里回忆说，十岁的时候，私塾老先生教的是《孟子见梁惠王》，到年底的时候，父亲考其学业，听其背书，"很严厉，桌上放着一根两指阔的竹板"，背不出的时候就用竹板打手掌，"背完了半本'梁惠王'，右手掌打得发肿有半寸高"，母亲心疼得饮泣吞声，但又希望儿子上进，勉强硬着头皮说"打得好"。鲁迅的启蒙老师寿镜吾老先生是一个博学而又极为严厉的人，在他的三味书屋里，有戒尺，还有罚跪的规则。随着传统私塾制度退出历史舞台，学堂"戒尺"也成为一种回忆。现代教育禁止体罚，戒尺也就没有了用武之地。

戒尺还曾经是一种家法刑具。古代的家族往往累世同居，一个大的家族常常有几十人、几百人甚至上千人。如何管理家族是一个重大问题，因此大家族一般都制定有家法族规，也就是家戒。这是一种家族内部制度。有规矩就要守持，就要维护，对于违反的族人就要施以惩戒，惩戒的方式自然包括体罚。而用于体罚的"刑具"，则因家族不同而各式各样，有的就是戒尺。这种家法刑具往往被置于祠堂或者大堂中，有的称呼为"家法"。惩戒族人时往往聚众"请家法"，就是由族长、家长召集全体家族的人，宣布违规者的事实行为和违反的戒条，并请出"家法"（戒尺等）实施责罚。明代小说《醒世恒言·白玉娘忍苦成夫》里有："（张万户）教左右快取家法来，吊起贱婢打一百皮鞭。"清代李渔的剧本《蜃中楼·抗姻》有"叫丫鬟取家法来，待我赏他个下马威"句。古代严格的家戒不乏其例，如隋唐时期以柳公绰的家法尤为著名，"公绰理家甚严，子弟克禀诫训，言家法者，世称柳氏云"（《旧唐书·柳公绰传》）。唐御史大夫陈崇《陈氏家法三十三条》规定，"立刑杖厅一所，凡弟侄有过必加刑责"，对于"不遵家法，不从家长令，妄作是非"的各种行为，分别施以十到五十的杖决。[1] 至宋朝陈旭时，其家已"宗族千余口，世守家法，孝谨不衰，阖门之内，肃于公府"[2]。元代浦江郑氏"虽家庭中，凛如公府。子弟有小过，颁白者犹鞭之"[3]。

---

1 《义门陈氏大成宗谱》卷首《陈氏家法三十三条》。

2 《孝义传》，《宋史》卷四百五十六，中华书局 1977 年版，第 13392 页。

3 （元）黄溍：《青梀居士郑君墓铭》，《文献集》卷九下，影印文渊阁四库全书本。

第四节　戒刀

　　戒刀是僧人的一种日常用具，是比丘所持的十八物之一，用于裁衣、剃发、剪甲、削果、砍柴等。因为配用这种刀是佛教戒律所允许的，所以称为戒刀。宋代赞宁的《僧史略》中说："（比丘）及持澡罐、漉囊、锡杖、戒刀、斧子、针筒，此皆为道具也。"戒者，警戒之意，僧人配戒刀也有时时警醒要断一切诸恶的用意。僧人的戒刀是修行用具，不得用以杀生。

　　戒刀的产生，主要源于生活日用所需。据《根本说一切有部毗奈耶杂事》卷三所载，佛陀在室罗筏城时，看到有比丘要裁制三衣，因为没有剪裁的工具，有人用手撕或用牙咬布匹，这样很不方便，且容易损坏布料。于是佛陀便允许僧人储备使用刀子，并规定只能用钝铁做刀，不可加以装饰，刀形应该是弯曲如鸟的羽毛或者似鸡翎而不尖直两种，分大、中、小三种规格，只供割切三衣（袈裟）等之用。《行事钞·钵器制听篇》中说戒刀用途有六种，割皮、剪甲、破疮、裁衣、割衣上毛缕、净果。戒刀是日常生活用品，而不是像有些文学艺术作品里所演绎的可以作为武器。"禅杖打开危险路，戒刀杀尽不平人"，在《水浒传》等古典文学作品中，戒刀为一种出家人所使用的兵器，根据书中的描写，戒刀可为单刀，也可为双刀，为短柄刀，可随身携带，比如武松使用的就是雪花镔铁打造而成的双戒刀，鲁智深也随身挎着一口戒刀。《西游记》中，悟空、八戒也曾用过戒刀，如《西游记》第二十二回《八戒大战流沙河　木叉奉法收悟净》讲的是收服被贬下界在八百里流沙河兴风作浪的天庭卷帘大将的故事，在收服了这个吃人的水妖并赐名沙悟净后，唐僧说："悟空，取戒刀来，与他落发。"将沙悟净剃度了。这里体现的倒是戒刀的正确用法。

大足石窟佛教造像、安岳石窟佛教造像、新疆柏孜克里克千佛洞窟造像中，有不少使用戒刀的造像。禅门公案中，有一些关于戒刀的故事。例如，禅宗第二代祖师慧可断臂求法（见第五章佛教戒）。

另一则公案是"俱胝一指"。唐代有个大禅师俱胝修习禅宗，总感觉自己悟道不深。有一次，著名的天龙禅师云游到俱胝所住持的寺庙，俱胝便将自己的困惑求教于他。天龙禅师向他竖起一根手指，以此作为开示，俱胝禅师"当下大悟"（《景德传灯录》卷十一）。受天龙禅师竖一指而悟道，从此之后，凡有人参学，他就竖起一指来教导，因而人称"天龙一指禅"。汾阳善昭禅师颂曰："天龙一指悟俱胝，当下无私物匪齐。万互千差宁别说，直教今古勿针锥。"当时俱胝禅师座下有一个小沙弥，有些人求见不到俱胝禅师，就问小沙弥说："俱胝禅师有什么法要？"小沙弥经常学禅师竖起指头。后来就有人将这事告诉了俱胝禅师。有一天，俱胝禅师将戒刀藏在袖中，问小沙弥："听说你会佛法，是吗？"小沙弥答："是。"俱胝问："如何是佛？"小沙弥果然竖起一指，俱胝突然一刀斩断了他的那根指头，小沙弥痛得大叫，往外跑去。

这时，俱胝又唤小沙弥，小沙弥回头时，俱胝迅即问道："如何是佛？"小沙弥习惯性地要举起指头时，却发现手指不见了，于是豁然开悟了。禅宗重顿悟，俱胝以指代道，让来访者开悟，因为俱胝已经开悟了。小沙弥自己未开悟，却以为手指就是道，其实是执着于相。俱胝砍去其手指，就是破相，就是告诉小沙弥"诸法空相"的道理，道就是道，不是文字经典或者手指能表述的，正所谓"凡所有相，皆是虚妄。若见诸相非相，即见如来"（《金刚经·如理实见分》）。

第五节　戒珠

戒珠也称念珠、数珠、诵珠等，是很多宗教里信徒礼敬修行的器物，如佛教、道教、天主教、伊斯兰教、印度教、锡克教等。现在也演变成平常人的一种饰物。

戒珠在道教多称为念珠、流珠等。约出于南北朝的道经《太上三元流珠经》云："受之用白真珠，圆正明朗，大如桐子者三百六十五枚，应星宿之度，日月所会之期。"约出于唐宋时期的道经《太玄金锁流珠引》云："昼夜斗转，周天无穷，如水流之不绝，星圆如珠，故曰流珠也。"道教的念珠在早期，尤其在上清宗的修持中，主要是内炼和充当法信之用，"流珠"亦指人体内"三宫"之一的上丹田，如《上清黄庭内景经》云："若得三宫存玄丹，太一流珠安昆仑，重重楼阁十二环，自高自下皆真人。"据道教典籍记载，汉末魏晋初期，太极葛仙公首先以念珠作为修行辅助之用，如白玉蟾真人《上清集》中记载，葛仙公初炼丹时，常以念珠持于手中，每日坐丹炉边，常念玉帝全号一万遍。将念珠作为炼气习定的工具逐渐成为道教的修习方式，如宋代道士陈泥丸真人《翠虚吟》云："聚气归脐为胎息，手持念珠数呼吸。"《道法会元·元素元辉府玉册》亦云：炼气习定时，"擎念珠，每一息掐一珠，各量人平常出入，渐渐加之"。此外，据《道法会元·正一忠孝家书白捉五雷大法》记载，也有祭炼念珠作为驱邪伏魔的法器之用。道教的念珠在珠子的个数上有一些独特的含义，比如《太上三元流珠经》中以三百六十五颗珠子代表星宿运转的度数。常见的有一百零八颗念珠，代表周天星斗运转之数，也是天罡地煞的总和；八十一颗代表老君八十一化，也代表九九纯阳之气；二十八颗代表二十八星宿；二十四颗代表二十四气；十二颗代表十二雷门等。

戒珠在佛教里又称佛珠、念珠、数珠、诵珠、咒珠等，是念佛、念菩萨名号或持咒等时用以计数的法具。传入中国的经典有关戒珠的包括：《佛说木槵子经》《佛说校量数珠功德经》《金刚顶瑜伽念珠经》等，讲述戒珠起源、持珠念三宝之功德等。念珠可以令佛弟子自省，高僧大德配戴挂珠时也可增加威仪。戒珠一般是圆球形的，表示圆满，也就是完美无缺的意思。每串念珠由一个主珠、若干其他的珠子和穿绳三部分组成。主珠代表着佛，穿绳代表着法，若干其他的珠子代表着僧，佛、法、僧三宝都包含在一串念珠之中。"戒珠"也有比喻的意义，比喻佛法、戒律如明珠之洁白无瑕，可庄严人身，故当精进勤修净戒，如护爱自己怀中之明珠。《法华经·序品》云："精进持净戒，犹如获明珠。"又《梵网经》卷下云："戒如明日月，亦如璎珞珠。"

佛教经典记载佛珠的起源，一般以《佛说木槵子经》所载佛陀对波流离王的启示为通说。经文中写道："佛告王曰：若欲灭烦恼障、报障者，当贯木槵子一百八，以常自随；若行、若坐、若卧，恒当至心无分散意，称佛陀、达摩、僧伽名，乃过一木槵子；如是渐次度木槵子，若十，若二十，若百，若千，乃至百千万。若能满二十万遍，身心不乱，无诸谄曲者，舍命得生第三焰天，衣食自然，常安乐行。若复能满一百万遍者，当得断除百八结业，始名背生死流、趣向泥洹，永断烦恼根，获无上果。"据《佛说校量数珠功德经》所载，使用不同质料的念珠、珠子数不同的念珠，在持诵修行时所获功德不同，菩提子念珠和一百零八颗的念珠为最好："若用铁为数珠者，诵掐一遍得福五倍。若用赤铜为数珠者，诵掐一遍得福十倍。若用真珠、珊瑚等为数珠者，诵掐一遍得福百倍。若用木槵子为数珠者，诵掐一遍得福千倍。若求往生诸佛净土及天宫者，应受此珠。若用莲子为数珠者，诵掐一遍得福万倍。若用因陀啰佉叉为数珠者，诵掐一遍得福百万倍。若用乌嚧陀啰怯叉为数珠者，诵掐一遍得福千万倍。若用水精为数珠者，诵掐一遍得福万万倍。若菩提子为数珠者，或用掐念或但手持，数诵一遍其福无量，不可算数难可校量。""其数珠者，要当须满一百八颗。如其难得，或为五十四、或二十七、或十四亦皆得用，此即数珠法相差别。"念珠是修行的工具，念佛、持咒、诵经同时数拨珠子计数，可以获福，增加功德，可以摄心，消除妄念，心系诸佛，珠可助道。

汉地佛教比较重视戒珠。南朝梁简文帝《湘宫寺智倩法师墓志铭》云："戒珠靡缺，忍铠无违。"《旧唐书·李辅国传》载，李辅国"不茹荤血，常为僧行，视事之隙，手持念珠，人皆信以为善"。唐代宗有文："戒珠在握，明镜入怀。"唐王勃《广州宝庄严寺舍利塔碑》说："人握戒珠，家藏宝印。"唐朝紫阁山草堂寺飞锡和尚以随息念佛为珠，其《念佛三昧宝王论》云："世上之人，多以宝玉、水精、金刚、菩提、木槵，为数珠矣。吾则以出入息为念珠焉，称佛名号，随之于息。""行住坐卧常用此珠。"这可算得上一种创新吧。戒珠有时可以作为礼品赠送，清袁枚《随园诗话》卷九载："彼此有情，临行，以所挂戒珠作赠，挥泪而别。"

浙江绍兴有座戒珠寺，原为东晋书圣王羲之的住宅。相传王羲之有两样所好，一是爱鹅，一是癖珠。王羲之为了让十指灵活有力，增加书写的气势，随身佩带一颗较大的明珠，不时于掌中摩挲。一天，王羲之手搓明珠站在池畔观赏白鹅戏水，这时一位僧友造访，王羲之随手将明珠放在桌上，与之叙谈。后来，珠子遗失，便怀疑僧人拿了，虽不便明言，但脸上流露鄙夷之色。僧人深感委屈，却有口难辩，回去后郁闷而死。几天后，大白鹅也死了，腹内剖出珠子，真相大白。王书圣心中悔恨交加，从此戒掉赏珠子的习惯，并舍宅为寺，取名"戒珠寺"，取《法华经·序品》中"精进持净戒，犹如获明珠"之禅意，也是阐明舍宅之本意。南北朝时佛教兴起，舍宅为寺也是当时风尚。

清代朝服的独特配挂物朝珠似与戒珠有所联系。清代皇室笃信佛教，清朝各帝都推崇佛教，有些皇帝还精研佛学。顺治帝取有法号行痴，康熙皇帝笃信观音菩萨，雍正帝自号圆明居士和破尘居士，写有《教乘法数》《集云百问》等十余部佛学著作，拈香敬佛念佛珠已融入乾隆帝的日常生活，"老佛爷"慈禧以观世音菩萨转世自居。清朝皇帝、后妃、文官五品及武官四品以上，另外侍卫和京官等，均可佩挂朝珠，并且可作为皇帝所赏赐的物品。朝珠共一百零八颗，每二十七颗间穿入一粒大珠，大珠共四颗，称分珠，根据官品大小和地位高低，用珠和绦色都有区别。

第六节　戒香

戒香是佛教等对香的一种称呼。燃香是平常人生活中常见的一种现象，用于改善居所环境，安神定心，也常见于一些民间风俗活动之中。对于一些宗教，燃香更有着丰富的含义，如佛教《菩萨处胎经》卷二有"三界所有香，不如戒香胜"，道教三清朝科的高功说文中有"九天之上，惟道独尊；万法之中，焚香为先"
之语。

　　燃香习俗的形成源流复杂，最早可能是源于古代的祭天仪
式"燔柴"。作为原始宗教的一种重大祭祀方式，古代进行祭天仪
式时，要将玉帛、牛羊等祭品置于积柴上而焚之，因为"火性炎
上"，通过烟火，祭品才能上达神明。根据宋代三藏法师法贤翻译
的《佛说戒香经》，佛教的戒香源于佛陀。一日，佛的弟子阿难向
佛陀请教："我见世间有三种香，所谓根香、花香、子香。此三种
香遍一切处，那么香和修道有什么关系呢？"佛陀回答："你说的
不全对。根香、花香、子香并非遍及一切地方，风吹不到的地方
就闻不到它。世上有一种真正的好香，它不为风向所影响，不论
什么人离得远近，都能闻得到，这是什么香呢？一个人如果能受
持五戒等戒律，勤为善行，他就能产生戒香。这种戒香能遍及一
切地方，不论顺风、逆风都能闻到。"接着，佛陀为在场大众说了
一首偈子：

　　　　世间所有诸花果，乃至沉檀龙麝香；
　　　　如是等香非遍闻，唯闻戒香遍一切。
　　　　旃檀郁金与苏合，优钵罗并摩隶花；
　　　　如是诸妙花香中，唯有戒香而最上。
　　　　所有世间沉檀等，其香微少非遍闻；
　　　　若人持佛净戒香，诸天普闻皆爱敬。

如是具足清净戒，乃至常行诸善法；

是人能解世间缚，所有诸魔常远离。

佛教尚香，一是因为将燃香作为积累功德的方式。佛教将戒香比喻为戒律，认为持戒修行能够产生利己利人的福德，戒德薰于四方，犹如花之芬芳，能涤除尘世的污浊。二是将燃香作为一种礼敬仪式，表示对佛的诚敬和供养，故佛教各种仪式中一般都有上香的环节。明代屠隆《昙花记·郊行卜佛》中有"远望玉毫光，礼慈容，拈戒香"之句。"晨昏三叩首，早晚一炷香"是僧俗信众的基本功课。三是将燃香作为一种修行辅助，认为香能沟通凡圣，香与圆满的智慧相通，燃香有助于通佛悟道。南朝齐张公礼的《龙藏寺碑》中说"戒香恒馥，法轮常转"，唐代著名诗僧寒山有诗云"烧香请佛力，礼拜求僧助"，北宋陈与义《焚香》诗中有"明窗延静书，默坐消尘缘。即将无限意，寓此一炷烟。当时戒定慧，妙供均人天"句。四是借助戒香正法怡人，宁静身心。唐代司空图《为东都敬爱寺讲律僧惠确化募雕刻律疏》中有"启秘藏而演毗尼，熏戒香以消烦恼"句，清代纳兰性德《浪淘沙》词中有"曾染戒香消俗念"句。五是将戒香视为庄严的表征。燃香能使法身庄严，甚至香即是法身的一种分身。《六祖坛经·忏悔品》里提到五分法身之香，即以香比喻五分法身，分别是戒香、定香、慧香、解脱香、解脱知见香。

道教中称香为太真天香、道香、戒香等。道教认为香分八种，道香、德香、无为香、自然香、清净香、妙洞香、灵宝慧香、超三界香，宋初东华派创始人宁全真在《上清灵宝大法》中就有详细的说明。道教烧香的意义主要有供养诸神、传诚达信、召亡返魂、清静身心、辟秽除邪、与人祈福等。《祝香咒》云："道由心学，心假香传。香焚玉炉，心存帝前。""香自诚心起，烟从信里来。一诚通天界，诸真下瑶阶。"道教供奉神灵时，一般要求须有香、花、灯、火、果五种供奉之物，香为五供之首。道教倡导修持"三香"、荡除"三业"。燃香敬神就是表示要持守"香"的本质，修行做人要修持"三香"，心香、身香、口香。"心香"是指心地善良，心存善念，不生邪念，不生恶念；"身香"是指做人要身正品端，纯朴善良，不做恶事，不做亏心事；"口香"是指积累口德，不出口伤人，不口出诳语、口出脏话等。心香则心善而不恶，故无"心业"；身香则身正而不邪，故无"身业"；口香则口净而不脏，故无"口业"。这就是修持"三香"，荡除"三业"。全真派祖师王重阳《踏莎行·咏烧香》词云："身是香炉，心同香子，香烟一性分明是，依时焚爇透昆仑，缘空香袅呈祥瑞。"

燃香之俗，本有其源，后因宗教、医疗辅助等原因，变得广泛。尤其是魏晋南北朝以来，佛道二教的尚香，起了巨大推动作用。颜博文《香史序》云："返魂飞气，出于道家；游檀伽罗，盛于缁庐。"由是而产生了香道。相关著述颇多，如汉朝郑玄《汉宫香方注》，北宋颜博文《香史》、洪刍《香谱》、陈敬《新纂香谱》，南宋范成大《桂海香志》，明朝周嘉胄《香乘》等。平常人燃香，往往是取其清雅，抑或凝神定心。唐杜牧《送容州中丞赴镇》诗云："烧香翠羽帐，看舞郁金裙。"明代屠隆《香笺》总结说："物外高隐，坐语道德，焚之可以清心悦神""温灯夜读，焚以远辟睡魔""酒筵醒客""祛邪避秽"，乃至"随其所适，无施不可"。佛家上香以三支为宜，表示戒、定、慧三无漏学，也表示供养佛、法、僧三宝。道教敬香，也以三炷为准，是为"三清香"，以三炷香代表道教三宝（道、经、师），也代表天、地、人，故燃香以敬"三清"，并敬天、敬地、敬圣贤。烧香时先选香，不要断香；点燃香；左手持香，右手护香，双手举香至额，躬身敬礼，最后插入香炉。

第七节　戒指

戒指是一种圆环状饰物，戴于手指之上，材料丰富，以贵金属居多。

根据文献记载，在中国历史上，戒指在古代多称为"指环"，还有"手记""约指""驱环""代指"等称谓，从元代起才称为"戒指"。元代关汉卿的戏曲《望江亭》的第三折中有戏文曰："（正旦云）这个是金牌？衙内见爱我，与我打戒指儿罢。"明代王圻《三才图会》记载："后汉孙程十九人立顺帝有功，各赐金钏指环……即今之戒指也。"

根据已发掘的文物，新石器时期，戒指就已经出现。大汶口遗址出土文物里就有 20 枚指环，其中有几枚还是套在死者指骨之上。大汶口遗址出土的还有头饰笄、颈饰玉管、腕饰臂环、玉镯等，多属玉石、兽骨等材质的饰品。商朝时的文物中有一种"韘"（音同"射"）的饰物，韘套在拇指或食指上，更有在射箭时用于钩弦的功能，如殷墟妇好墓出土的韘。韘兴于春秋战国。在由骑射民族建立的清朝，韘又有所流行，称为扳指。根据文献考证，戒指源于三代，与后宫侍寝礼制有关，是后宫嫔妃侍寝的标志，侍寝则在该嫔妃右手上戴一枚银戒，处于不便期间，则给其戴一枚金戒指在左手上，以示戒身。汉代经学家毛亨在对《诗经·邶风·静女》中"贻我彤管"作的注解里说："后妃群妾以礼御于君所，女史书其日月，授之以环，以进退之。生子月辰，则以金环退之。当御者，以银环进之，着于左手；既御，着于右手。事无大小，记以成法。"明代学者都印的《三馀赘笔》记称："今世俗用金银为环，置妇人指间，谓之戒指。按《诗》注：'古者后妃群妾，以礼进御于君，女史书其日月，授之以环，以进退之。……事无大小，记以成法，则世俗之名'戒指'者，有自来矣。"明代学者王三聘在《古今事物考》卷六"指环"条也采用这一说法："古者后妃群妾御于君所，当御者，以银环进之，娠则以金环退之。进者着于右手，退者着于左手，本三代之制，即今之'代指'也。"《现代汉语词名探源词典》中说，"嫔妃月经来潮之日，即戴戒指，表明不可与帝王同房。'戒指'即'戒止'"。

秦汉时期，指环也被称为"约指"等，有约束、禁戒避讳等意。汉朝经学家郑玄在《诗笺》中记载："谓之手记，亦曰指环。"反映西汉遗闻轶事的《西京杂记》中曰："汉戚姬以百炼金为驱环，照见指骨，上恶之，以赐侍儿鸣玉、耀光等各四枚。"西汉时还赋予戒指辟邪减厄的意义。汉代戒指还是用于赏赐的一种财物，《太平御览》卷七百一十八引《后汉书》云："孙程等十九人立顺帝有功，各赐金钏指环。"东汉第七个皇帝顺帝刘保经历坎坷，最后是在孙程等十九个宦官的拥助下立为皇帝的。顺帝赏给孙程等人大量金戒指等财物，还将他们全部封侯。东汉魏晋时期，戒指在民间有所兴起。汉代繁钦的《定情诗》云："何以道殷勤？约指一双银。"反映了将"约指"作为定情信物。《晋书·西戎传》载："大宛娶妇，先以同心指环为聘。"反映了用指环作为聘礼。南朝刘敬叔《异苑》卷六中记载："与君一睹，后面无期，以指环一双赠之。"反映了以戒指为纪念礼物。唐代文献少有关于戒指的记载，刘禹锡在《马嵬行》诗中写道："传看千万眼，缕绝香不歇。指环照骨明，首饰敌连城。"到了宋朝，戒指开始在民间进一步流行。南宋吴自牧的《梦梁录》卷二十《嫁娶》条载："且论聘礼，富贵之家当备三金送之，则金钏、金镯、金帔坠者是也。若铺席宅舍无金器，以银镀代之。"在浙江湖州三天门南宋墓中，曾出土一套金属饰品，包含金霞帔坠、金钏、金戒指三种，戒指为金镶绿松石戒指，可见南宋嘉礼"三金"确有实证。元代确切出现了"戒指"名称。明清时期，戒指成为社会各阶层广泛喜爱的饰品，贵金属戒指、珠宝戒指更是财富的表征，戒指的工艺也更加讲究。

清末民初，受西方文化影响，戒指作为婚事物品更为流行，民国时期徐珂编著的清代掌故遗闻汇编《清稗类钞》中说："大宛娶妇先以同心指环为聘，今乃以为订婚之纪念品，则欧风所渐也。"

戒指文化在其他国家也是源远流长。在古罗马，戒指是被用来做印章的，象征着权力。古埃及、古希腊与欧洲同样有戴戒指的文化风俗。欧洲女性是在14世纪时开始普遍戴戒指的，戴在什么手指上各有所含义。比如有的说法是：戴在食指上表示想结婚，戴在中指上代表正在恋爱，戴在无名指上代表已经订婚或结婚，戴在小指上表示单身。有些民族的文字戒还与宗教和民族信仰相关联。

第八节　戒坛

戒坛是佛教、道教举行授戒仪式的特定场所，也称戒场、戒台。唐代南山律师道宣所撰《关中创立戒坛图经》云："原夫戒坛之兴，所以立于戒也。"唐白居易《大唐泗州开元寺明远大师塔碑铭序》有"乃升讲座，乃登戒坛"语。宋代周文璞《戒坛》诗云："相君孙女小乘僧，身入祇园佛律行。三级戒坛秋色冷，个中蝼蚁亦长生。"明代田艺蘅《留青日札·戒坛》载："杭州昭庆寺，每年三月开戒坛，为天下僧人受戒之所，名曰万善戒坛。"近代潘飞声《自玉泉泛舟》诗曰："戒坛如可上，吾欲学皈依。"

佛教戒坛的出现，源于楼至菩萨向佛陀的请示。据《关中创立戒坛图经》记载，佛祖驻在祇树给孤独园说法传道期间，楼至菩萨请求佛祖建立戒坛，作为护持戒律以及为出家人戒度的地方。佛祖便同意了，建立了三座戒坛。佛院大门东面建了"佛为比丘结戒坛"，佛院大门西建了"佛为比丘尼结戒坛"，外院东门南面建了"僧为比丘受戒坛"。戒坛从地面起共有三层，表示入佛三空的意思。随着佛教戒律经典及仪式的传入，中国也陆续建立戒坛。开始建坛的具体时间，文献记载不一，大体是在三国两晋时期。宋代高承《事物纪原·道释科教·戒坛》载："汉魏之僧，虽剃染而戒法未备，唯受三归。嘉平、正元中（249—256），（昙摩迦罗、昙谛）既传戒律，立大僧羯磨法，斯盖比丘立戒坛之始也。又曰，起于南朝（420—589）求那跋摩为宋国比丘于蔡州岸受戒为始。"据《比丘尼传·晋竹林寺净检尼传》的记载，东晋升平元年（357），沙门昙摩羯多始于洛阳立戒坛。《关中创立戒坛图经》也认为始于求那跋摩南朝宋元嘉年间（424—453）在南京南林寺创建戒坛为僧尼授戒。

综合文献与文物遗迹来看，我国佛教戒坛始于曹魏嘉平、正元年间，系昙摩迦罗、昙谛于洛阳所建。东晋法汰于扬都（南京）瓦官寺立坛，支道林于石城（山西黎城南）、汾州（浙江新昌）立坛，支法存于若耶（浙江绍兴）立坛；南朝宋智严于上定林寺（南京）立坛，慧观于石梁寺（天台山）立坛，求那跋摩于南林寺立坛，南朝齐僧敷于芜湖立坛，南朝梁法超于南涧（南京）立坛，僧祐于上云居、栖霞、归善、爱敬等寺中（皆于南京）立坛。

至唐代初年，各地所设戒坛累至数百处。唐代道宣律师创立新式戒坛，形成戒坛定式，建立戒坛之风益盛，官设戒坛也受到重视，如永泰元年（765），唐代宗敕令密宗大兴善寺建造戒坛。唐代宗还发布过一道《戒坛敕》，说"戒分律仪，释门宏范。用申奖导，俾广胜因。允在严持，烦于申谢"，强调戒坛的重要性。唐代自太宗始，往往在宫中设有戒坛，称为内临坛。据《宋会要》记载，宋代共设立戒坛七十四处。戒坛总体上是不断发展的，戒坛的兴衰既与佛教自身的发展相关，也与历代的宗教政策密切关联。全国最大的佛教戒坛存于北京附近马鞍山的戒坛寺。戒坛寺始建于唐高祖武德五年（622），原名慧聚寺，规模形成于辽代，人称其神州第一坛，为国内最高等级受戒处，是中国北方保存辽代文物最多、最完整的寺院，保留了佛塔、经幢、戒坛等辽代佛教珍品。杭州原也有一戒坛寺，始建于南梁，先后有龙兴、祥符、南庵等名。嵩山戒坛寺也曾很有名。京郊的戒坛寺戒坛与杭州昭庆寺戒坛、泉州开元寺甘露戒坛并称三大戒坛。泉州开元寺始建于唐代，寺内紫云殿后面有棵千年老桑树，据说唐朝时候，这里常降甘露，行昭和尚就在这里开挖了一口甘露井，到北宋天禧三年（1019）时，寺僧在井上建坛，此为甘露戒坛之来历。杭州昭庆寺原为五代时吴越王钱元瓘所建立，时称菩提院，宋太祖乾德年间因南山宗永智律师卓锡于此而再度兴盛，宋太宗太平兴国七年（982）敕赐"大昭庆寺"匾额。太平兴国年间始筑戒坛，明

唐李邕《少林寺戒坛铭》
拓本局部

隆庆二年（1568），敕赐"律宗万善戒坛"匾额。

现存与戒坛相关的著名书法作品有唐代李邕《少林寺戒坛铭》、元代溥光《嵩山戒坛寺石刻》等。李邕，唐代著名书法家，书法独步一时，曾任北海太守，故世称李北海。《少林寺戒坛铭》系小字行书，气韵生动，颇有二王之风。溥光，元代高僧，金元佛教大头陀教第十一代宗师，其书法与同时代的赵孟頫齐名，《嵩山戒坛寺石刻》是大字楷书碑刻。

我国道教中的全真派也有戒坛与传戒仪式。道教戒坛又称玄都律坛，系道教法坛之一种。道教法坛是道教举行宗教活动的场所，大体上分为醮坛、箓坛和戒坛三类。醮坛是道教举行斋醮科仪的法坛。箓坛是正一派道士授受经箓的法坛，授箓过程中包含授戒，比如经常会授予能够度死济生的《九真妙戒》。金元之际，王重阳创立道教全真派，著有《重阳立教十五论》，阐述修道规戒。其弟子长春真人丘处机见传统戒律节目繁多，不便道士遵行受修，于是就统一制定了初真、中极、天仙三坛大戒，作为全真道授受戒律的范本，并采用单传秘授的方法，授戒度人，传播全真教义。明末清初，全真道龙门支派律宗的第七代律师王常月改变丘处机的旧制，改单传秘授为设坛公开授戒，于是全真道观始有戒坛。此举带来了道教的一次复兴。署名王常月本人撰于顺治十三年（1656）的《初真戒律序》说："故不避僭妄之罪，按法于丙申岁（1656）三月望日就白云观设立戒坛，传戒演钵。"其弟子龙起潜撰于康熙十三年的《戒坛引言》也记载，王常月"当世祖章皇帝时，于京都白云观，设立戒坛，传戒演钵，一时授受弟子千有余人"。现存北京白云观的戒坛，系长方形亭坛，一方背墙，坛前有空地为授戒时道众集聚处。坛上设授戒时证盟、监戒、保举、演礼、纠仪、提科、登箓和引请等八大师的坐处。著名的玄都律坛还有崂山太清宫戒坛、武汉长春观戒坛、沈阳太清宫戒坛、千山五龙宫戒坛等。

第九节　戒石

戒石，指镌刻戒勉官吏铭文的石碑，即戒石铭，亦称戒碑，多立于古代官衙中。

将戒勉文字刻于器物之上，置于庭室或随身携带的做法，自商周时期便已经产生，如商汤有著名的日新盘铭。这种铭文器具用于自我戒励或者以特定的人物为戒励对象。如周武王在位时，其子姬诵尚幼，无法教以君道，为传位万世，便将自己的教导以格言形式刻于器物上，以使他长大后接受训诫，"予一人所闻，以戒后世子孙"[1]。后世因不断加强吏治的需要，刻制戒石立于官衙

1　（清）王聘珍撰，王文锦点校：《大戴礼记训诂·武王践阼》，第 107 页。

以教育官吏逐渐成为一种常见的治吏辅助手段，并且从个别官吏的自觉刻制发展到皇帝钦命刻制，内容也逐渐固定。这种制度化的戒石，出现于唐代，定型于宋代，流布于明清。例如，唐玄宗时期对地方官吏时常颁布戒敕，并且让书法名家书写后颁赐给各地官吏，命刻石立于衙署以为鉴戒，唐玄宗开元二十四年（736）颁布的《令长新戒》《处分县令敕》《戒牧宰敕》等均被刻碑流传。据宋代欧阳修《集古录》载："开元之治盛矣，玄宗尝自择县令一百六十三人，赐以丁宁之戒，其后天下为县者，皆以新戒刻石，今犹有存者。"[1]

官衙戒石在宋代因历任皇帝的大力推行开始变得广泛。大宋开国皇帝太祖赵匡胤总结历代兴亡教训，注重加强对各级官吏的教育。宋太祖赵匡胤将后蜀孟昶的《戒谕辞》加以简化，抽取其中的四句进行组合，成为一则新的官戒，敕令官员习守："尔俸尔禄，民膏民脂；下民易虐，上天难欺。"因其简洁而扼要，流传为后世最常见的一则官戒，也成为后世戒石的固定内容。宋太宗赵光义于北宋太平兴国八年（983）将这十六字官戒再次颁示天下，并要求以戒石铭形式刻石立于各府州县衙门之中，这是《御制戒石铭》的由来。此后，戒石成为州县官衙的"标配"，内容相对固定，一般也都采用黄庭坚书版。明太祖令各府州县立《戒石铭》于衙署堂甬道，并建亭保护，形成"戒石亭"。明朝时期，"公生

1　（宋）欧阳修：《集古录》卷六，新文丰出版公司编辑部编：《石刻史料新编》（第一辑）第 24 册，台北新文丰出版公司 1982 年版，第 17885 页。

明，廉生威”这一官戒广泛流行，明清的戒石往往是正面刻“公
生明”，背面刻《御制戒石铭》。戒石铭碑文于清朝乾隆年间传入
日本。日本桃园天皇宽延二年（1749），日本国福岛县二本松藩
的藩王丹羽高宽，将十六字碑文刻于该藩一巨石上，将其作为藩
政官员的铭戒。

福建仙游县文庙南宋年间《戒石铭》
（采自福建省文物局网）

现存的唐代以来的戒石仍有不少，官方文献之外的文学作品
中关于戒石的见证也颇多。北宋诗人、尚书都官员外郎梅尧臣
《矮石榴树子赋》载："有矮石榴，高倍尺，中讼庭，丽戒石。"记
录了某处官衙内栽种石榴树以陪饰戒石。明代文学家田艺蘅在
《留青日札·戒石》中记载："我朝立石于府州县甬道中，作亭覆

之，名曰戒石。镌二大字于其前，其阴刻'尔俸尔禄，民膏民脂，下民易虐，上天难欺'十六字。"清初诗人孙枝蔚《徐州独无戒石不知废自何时》诗云："州县立戒石，其来盖已久。"清代知县朱象贤《闻见偶录》载："今凡府、州、县衙署，于大堂之前正中俱立一石，南向刻'公生明'三字，北向刻'尔俸尔禄，民膏民脂，下民易虐，上天难欺'十六字。官每升堂，即对此石也。予考旧典，此名戒石。所刻之十六字，乃宋太宗赐郡国以戒官吏，立石堂前，欲令时时在目，不敢忽忘之意。先是后蜀孟昶撰戒官僚二十四句，至宋太宗表出四句，元明以至国朝，未有更易。"

参考文献

[1] 吴苏仪.画说汉字 [M].西安：陕西师范大学出版社，2011.

[2] 徐中舒.甲骨文字典 [M].成都：四川辞书出版社，2014.

[3] 刘兴隆.新编甲骨文字典 [M].北京：国际文化出版公司，1993.

[4] 王文耀.简明金文词典 [M].上海：上海辞书出版社，1998.

[5] 左丘明.左传 [M].上海：上海古籍出版社，2016.

[6] 刘勰.文心雕龙：卷四 [M].范文澜，注.北京：人民文学出版社，1958.

[7] 论语 [M].北京：中华书局，2006.

[8] 郭庆藩.庄子集释 [M].北京：中华书局，1961.

[9] 王聘珍.大戴礼记训诂 [M].王文锦，点校.北京：中华书局，1983.

[10] 苏辙.古今家诫序 [M]// 沈德潜.唐宋八大家文.长沙：岳麓书社，1995.

[11] 徐少锦，陈延斌.中国家训史 [M].太原：山西人民出版社，2003.

[12] 张静.先秦两汉家训研究 [D].郑州：郑州大学，2013.

[13] 诸葛亮.诸葛亮集 [M].段熙仲，闻旭初，点校.北京：中华书局，2012.

[14] 李必有.魏晋南北朝家族教育的特点 [J].安徽师范大学学报，1999，（5）.

[15] 李光杰.唐代家训文献研究 [D].长春：吉林大学，2009.

[16] 汉书：食货志 [M].北京：中华书局，1962.

[17] 朱熹.四书集注 [M].长沙：岳麓书社，1997

[18] 宋书 [M].北京：中华书局，1974.

[19] 南齐书：孝义传 [M].北京：中华书局，1972.

[20] 常建华.中华文化通志 [M].上海：上海人民出版社，1998.

[21] 上海图书馆.中国丛书综录：2[M].上海：上海古籍出版社，1982.

[22] 长孙无忌，等.唐律疏议 [M].北京：中华书局，1983.

[23] 周秀才，等.中国历代家训大观 [M].大连：大连出版社，1997.

[24] 包东波.中国历代名人家训精萃 [M].合肥：安徽文艺出版社，1991.

[25] 陈氏家法三十三条 [M]// 陈出新，陈炅颐.义门陈氏大

成宗谱.木活字本.

[26] 宋史 [M].北京：中华书局，1977.

[27] 青槎居士郑君墓铭 [M]//黄潘.文献集：卷九下.影印文渊阁四库全书本.

[28] 吴讷，徐师曾.文章辨体序说；文体明辨序说 [M].北京：人民文学出版社，1962.

[29] 周礼 [M].北京：中华书局，2014.

[30] 蔡邕.独断 [M].北京：中华书局，1985.

[31] 汉书 [M].北京：中华书局，1964.

[32] 后汉书 [M].北京：中华书局，1965.

[33] 卫宏.汉旧仪：卷上 [M].孙星衍，校.北京：中华书局，1985.

[34] 时运生.中国古代的为官之道：古代官箴述论 [J].人文杂志，1996，（6）.

[35] 徐师曾.文体明辨序说 [M].北京：人民文学出版社，1998.

[36] 许敬宗.诫励：卷六百九十一 [M]//罗国威，整理.日藏弘仁本文馆词林校证.北京：中华书局，2001.

[37] 晋书：卷六 [M].北京：中华书局，1974.

[38] 王若饮，等.册府元龟 [M].北京：中华书局，1960.

[39] 魏书 [M].北京：中华书局，1974.

[40] 隋书：卷四十七 [M].北京：中华书局，1973.

[41] 田乙.唐代官戒研究 [D].临汾：山西师范大学，2014.

[42] 宋会要辑稿 [M].北京：中华书局，1956.

[43] 吕本中.官箴 [M].丛书集成初编本.北京：中华书局，2010.

[44] 崔宪涛.中国古代官箴书的几个问题 [J].理论学刊，2005，（1）.

[45] 李林甫，等.中书省集贤院史馆轨使院 [M]// 陈仲夫，点校.唐六典：卷九.北京：中华书局，1992.

[46] 杜金.明清民间商业运作下的官箴书传播 [J].法制与社会发展，2011，（3）.

[47] 欧阳修.唐令长新戒 [M]// 新文丰出版公司编辑部.石刻史料新编：第一辑第 24 册.台北：新文丰出版公司，2006.

[48] 倪涛撰.令长新戒 [M]// 新文丰出版公司编辑部.石刻史料新编：第四辑第 5 册.台北：新文丰出版公司，2006.

[49] 裴传永."箴"的流变与历代官箴书创作 [J].理论学刊，1999，（2）.

[50] 孙季萍，冯勇.中国传统官僚政治中的权力制约机制 [M].北京：北京大学出版社，2010.

[51] 王云五.丛书集成初编 [M].北京：商务印书馆，1936.

[52] 王明.太平经合校 [M].北京：中华书局，1960.

[53] 饶宗颐.老子想尔注校证 [M].上海：上海古籍出版社，1991.

[54] 李养正.道教概说 [M].北京：中华书局，1989.

[55] 姜生，汤伟侠.中国道教科学技术史：汉魏两晋卷 [M].北京：科学出版社，2002.

[56] 姜生.原始道教之兴起与两汉社会秩序 [J].中国社会科学，2000，（6）.

[57] 小林正美.六朝道教史研究 [M].李庆，译.成都：四川人民出版社，2001.

[58] 唐长孺.魏晋期间北方天师道的传播 [M]// 魏晋南北朝史论拾遗.北京：中华书局，1983.

[59] 任继愈.中国道教史 [M].北京：中国社会科学出版社，2001.

[60] 王明.抱朴子内篇校释 [M].北京：中华书局，1985.

[61] 陈国符.道藏源流考 [M].北京：中华书局，1963.

[62] 唐六典 [M].影印文渊阁四库全书本.

[63] 宋濂.文宪集 [M].影印文渊阁四库全书本.

[64] 王志忠.明清全真教论稿 [M].成都：巴蜀书社，2000.

[65] 张廷玉，等.明史 [M].北京：中华书局，1974.

[66] 王常月.初真戒说 [M]// 胡道静，等.藏外道书：第 12 册.成都：巴蜀书社，1992.

[67] 闵智亭.道教的根本教理及其核心信仰 [J].中国宗教，2003，（4）.

[68] 王卡.中国道教基础知识 [M].北京：宗教文化出版社，

1999.

[69] 张清夜.玄门戒白 [M].清手抄本.

[70] 颜氏家训 [M].影印文渊阁四库全书本.

[71] 王永平.道教与唐代社会 [M].北京：首都师范大学出版社，2002.

[72] 老子道德经 [M].四部丛刊本.

[73] 丁原明.黄老学论纲 [M].济南：山东大学出版社，1997.

[74] 明史纪事本末：卷十四 [M].影印文渊阁四库全书本.

[75] 约翰·洛克.教育漫话 [M].傅任敢，译.北京：教育科学出版社，1999.

[76] 姜生.道教善书思想对明清商业伦理的影响：以《感应篇集注》为例 [J].理论学刊，2004，（11）.

[77] 余英时.士与中国文化 [M].上海：上海人民出版社，1987.

[78] 王卫平.论中国古代慈善事业的思想基础 [J].江苏社会科学，1999，（2）.

[79] 亚当·斯密.道德情操论 [M].蒋自强，等译.北京：商务印书馆，1997.

[80] 戴维·波普诺.社会学 [M].李强，等译.北京：中国人民大学出版社，1999.

[81] 圣严.律制生活 [M].台北：台北东初出版社，1995.

[82] 孙亦平.论佛教戒律的特点及其在佛教发展中的作用[J].佛学研究,1998.

[83] 姜生.宗教与人类自我控制[M].成都:巴蜀书社,1996.

[84] 佛遗教经[M]//石峻,等.中国佛教思想资料选编:第四卷第一册.北京:中华书局,1992.

[85] 太公家教[M]//周凤五.敦煌写本太公家教研究.台北:台北明文书局,1986.

[86] 范文正公训子弟语[M]//范氏大族谱编委会,冯阿水编.台湾范氏大族谱.台中:创译出版社,1970.

[87] 黎靖德.朱子语类:卷一百三十八[M]//钦定四库全书:子部一.影印文渊阁本.

[88] 四库全书总目:卷九十二[M].影印文渊阁本.

[89] 清史稿[M].北京:中华书局,1976.

[90] 中华族谱集成:第12册[M].成都:巴蜀书社,1995.

[91] 官箴书集成编委会.官箴书集成[M].合肥:黄山书社,1997.

[92] 王力.古代汉语词典[M].北京:中华书局,2000.